folio
junior

Sempé / Goscinny

Le Petit Nicolas

édition spéciale

Le Petit Nicolas
Les récrés du Petit Nicolas
Les vacances du Petit Nicolas

IMAV éditions

Le Petit Nicolas, les personnages, les aventures et les éléments caractéristiques
de l'univers du Petit Nicolas sont une création de René Goscinny et Jean-Jacques Sempé.
Droits de dépôt et d'exploitation de marques liées à l'univers du Petit Nicolas
réservés à IMAV éditions. Le Petit Nicolas® est une marque verbale
et figurative enregistrée. Tous droits de reproduction ou d'imitation
de la marque et de tout logo interdits et réservés.

Le Petit Nicolas - Les récrés du Petit Nicolas - Les vacances du Petit Nicolas
© 2012, IMAV éditions / Goscinny - Sempé
© Éditions Gallimard Jeunesse, 2014, pour la présente édition.

www.petitnicolas.com

Le Petit Nicolas

*À Henri Amouroux,
parrain de ce Nicolas*

Un souvenir qu'on va chérir

Ce matin, nous sommes tous arrivés à l'école bien contents, parce qu'on va prendre une photo de la classe qui sera pour nous un souvenir que nous allons chérir toute notre vie, comme nous l'a dit la maîtresse. Elle nous a dit aussi de venir bien propres et bien coiffés.

C'est avec plein de brillantine sur la tête que je suis entré dans la cour de récréation. Tous les copains étaient déjà là et la maîtresse était en train de gronder Geoffroy qui était venu habillé en martien. Geoffroy a un papa très riche qui lui achète tous les jouets qu'il veut. Geoffroy disait à la maîtresse qu'il voulait absolument être photographié en martien et que sinon il s'en irait.

Le photographe était là, aussi, avec son appareil et la maîtresse lui a dit qu'il fallait faire vite, sinon, nous allions rater notre cours d'arithmétique. Agnan, qui est le premier de la classe et le chouchou de la maîtresse, a dit que ce serait dommage de ne pas avoir arithmétique, parce qu'il aimait ça et qu'il avait bien fait tous ses problèmes. Eudes, un copain qui est très fort, voulait donner un coup de poing sur le nez d'Agnan, mais Agnan a des lunettes et on ne peut pas taper sur lui aussi souvent qu'on le voudrait. La maîtresse s'est mise à crier que nous étions insupportables et que si ça continuait il n'y aurait pas de photo et qu'on irait en classe. Le photographe, alors, a dit : « Allons, allons, allons, du calme, du calme. Je sais comment il faut parler aux enfants, tout va se passer très bien. »

Le photographe a décidé que nous devions nous mettre sur trois rangs ; le premier rang assis par terre, le deuxième, debout autour de la maîtresse qui serait assise sur une chaise et le troisième, debout sur des caisses. Il a vraiment des bonnes idées, le photographe.

Les caisses, on est allés les chercher dans la cave de l'école. On a bien rigolé, parce qu'il n'y avait pas beaucoup de lumière dans la cave et Rufus s'était mis un vieux sac sur la tête et il criait : « Hou ! Je suis le fantôme. » Et puis, on a vu arriver la maîtresse. Elle n'avait pas l'air contente, alors nous sommes vite partis avec les caisses. Le seul qui est resté, c'est Rufus. Avec son sac, il ne voyait pas ce qui se passait et il a continué à crier : « Hou ! Je suis le fantôme », et c'est la maîtresse qui lui a enlevé le sac. Il a été drôlement étonné, Rufus.

De retour dans la cour, la maîtresse a lâché l'oreille de Rufus et elle s'est frappé le front avec la main. « Mais vous êtes tout noirs », elle a dit. C'était vrai, en faisant les guignols dans la cave, on s'était un peu salis. La maîtresse n'était pas contente, mais le photographe lui a dit que ce n'était pas grave, on avait le temps de se laver pendant que lui disposait les caisses et la chaise pour la photo. À part Agnan, le seul qui avait la figure propre, c'était Geoffroy, parce qu'il avait la tête dans son casque de martien, qui ressemble à un bocal. « Vous voyez, a dit Geoffroy à la maîtresse, s'ils étaient venus tous habillés comme moi, il n'y aurait pas d'histoires. » J'ai vu que la maîtresse avait bien envie de tirer les oreilles de Geoffroy, mais il n'y avait pas de prise sur le bocal. C'est une combine épatante, ce costume de martien !

Nous sommes revenus après nous être lavés et peignés. On était bien un peu mouillés, mais le photographe a dit que ça ne faisait rien, que sur la photo ça ne se verrait pas.

« Bon, nous a dit le photographe, vous voulez faire plaisir à votre maîtresse ? » Nous avons répondu que oui, parce que nous l'aimons bien la maîtresse, elle est drôlement gentille quand nous ne la mettons pas en colère. « Alors, a dit le photographe, vous allez sagement prendre vos places pour la photo. Les plus grands sur les caisses, les moyens debout, les petits assis. » Nous on y est allés et le photographe était en train d'expliquer à la maîtresse qu'on obtenait tout des enfants quand on était patient, mais la maîtresse n'a pas pu l'écouter jusqu'au bout. Elle a dû nous séparer, parce que nous voulions être tous sur les caisses.

« Il y a un seul grand ici, c'est moi ! » criait Eudes et il poussait ceux qui voulaient monter sur les caisses. Comme Geoffroy insistait, Eudes lui a donné un coup de poing sur le bocal et il s'est fait très mal. On a dû se mettre à plusieurs pour enlever le bocal de Geoffroy qui s'était coincé.

La maîtresse a dit qu'elle nous donnait un dernier avertissement, après ce serait l'arithmétique, alors, on s'est dit qu'il fallait se tenir tranquilles et on a commencé à s'installer. Geoffroy s'est approché du photographe : « C'est quoi, votre appareil ? » il a demandé. Le photographe a souri et il a dit : « C'est une boîte d'où va sortir un petit oiseau, bonhomme. » « Il est vieux votre engin, a dit Geoffroy, mon papa il m'en a donné un avec parasoleil, objectif à courte focale, téléobjectif, et, bien sûr, des écrans… » Le photographe a paru surpris, il a cessé de sourire et il a dit à Geoffroy de retourner à sa place. « Est-ce que vous avez au moins une cellule photoélectrique ? » a demandé Geoffroy. « Pour la dernière fois, retourne à ta place ! » a crié le photographe qui, tout d'un coup, avait l'air très nerveux.

On s'est installés. Moi, j'étais assis par terre, à côté d'Alceste. Alceste, c'est mon copain qui est très gros et qui mange tout le temps. Il était en train de mordre dans une tartine de confiture et le photographe lui a dit de cesser de manger, mais Alceste a répondu qu'il fallait bien qu'il se nourrisse.

« Lâche cette tartine ! » a crié la maîtresse qui était assise juste derrière Alceste. Ça l'a tellement surpris, Alceste, qu'il a laissé tomber la tartine sur sa chemise. « C'est gagné », a dit Alceste, en essayant de racler la confiture avec son pain. La maîtresse a dit qu'il n'y avait plus qu'une chose à faire, c'était de mettre Alceste au dernier rang pour qu'on ne voie pas la tache sur sa chemise. « Eudes, a dit la maîtresse, laissez votre place à votre camarade. » « Ce n'est pas mon camarade, a répondu Eudes, il n'aura pas ma place et il n'a qu'à se mettre de dos à la photo, comme ça on ne verra pas la tache, ni sa grosse figure. » La maîtresse s'est fâchée et elle a donné comme punition à Eudes la conjugaison du verbe : « Je ne dois pas refuser de céder ma place à un camarade qui a renversé sur sa chemise une tartine de confiture. » Eudes n'a rien dit, il est descendu de sa caisse et il est venu vers le premier rang, tandis qu'Alceste allait vers le dernier rang. Ça a fait un peu de désordre, surtout quand Eudes a croisé Alceste et lui a donné un coup de poing sur le nez. Alceste a voulu donner un coup de pied à Eudes, mais Eudes a esquivé, il est très agile, et c'est Agnan qui a reçu le pied, heureusement, là où il n'a pas de lunettes. Ça ne l'a pas empêché, Agnan, de se mettre à pleurer et à hurler qu'il ne voyait plus, que personne ne l'aimait et qu'il voulait mourir. La maîtresse l'a consolé, l'a mouché, l'a repeigné et a puni Alceste, il doit écrire cent fois : « Je ne dois

pas battre un camarade qui ne me cherche pas noise et qui porte des lunettes. » « C'est bien fait », a dit Agnan. Alors, la maîtresse lui a donné des lignes à faire, à lui aussi. Agnan, il a été tellement étonné qu'il n'a même pas pleuré. La maîtresse a commencé à les distribuer drôlement, les punitions, on avait tous des tas de lignes à faire et, finalement, la maîtresse nous a dit : « Maintenant, vous allez vous décider à vous tenir tranquilles. Si vous êtes très gentils, je lèverai toutes les punitions. Alors, vous allez bien prendre la pose, faire un joli sourire et le monsieur va nous prendre une belle photographie ! » Comme nous ne voulions pas faire de la peine à la maîtresse, on a obéi. Nous avons tous souri et on a pris la pose.

Mais, pour le souvenir que nous allions chérir toute notre vie, c'est raté, parce qu'on s'est aperçu que le photographe n'était plus là. Il était parti, sans rien dire.

En haut, de gauche à droite : Martin (qui a bougé), Poulot, Dubéda, Coussignon, Rufus, Aldebert, Eudes, Champignac, Lefèvre, Toussaint, Charlier, Sarigaut.
Au milieu : Paul Bojojof, Jacques Bojojof, Marquou, Lafontan, Lebrun, Dubos, Delmont, de Fontagnés, Martineau, Geoffroy, Mespoulet, Falot, Lafageon.
Assis : Rignon, Guyot, Hannibal, Croutsef, Bergès, la maîtresse, Agnan, Nicolas, Faribol, Grosini, Gonzalès, Pichenet, Alceste, et Mouchevin (qui vient d'être renvoyé).

Les cow-boys

J'ai invité les copains à venir à la maison cet après-midi pour jouer aux cow-boys. Ils sont arrivés avec toutes leurs affaires. Rufus avait mis la panoplie d'agent de police que lui avait offerte son papa avec le képi, les menottes, le revolver, le bâton blanc et le sifflet à roulette ; Eudes portait le vieux chapeau boy-scout de son grand frère et un ceinturon avec des tas de cartouches en bois et deux étuis dans lesquels il y avait des revolvers terribles avec des crosses faites dans le même genre d'os que le poudrier que papa a acheté à maman après qu'ils se sont disputés à cause du rôti qui était trop cuit mais maman disait que c'était parce que papa était arrivé en retard. Alceste était en Indien, il avait une hache en bois et des plumes sur la tête, il ressemblait à un gros poulet ; Geoffroy, qui aime bien se déguiser et qui a un papa très riche qui lui donne tout ce qu'il veut, était habillé complètement en cow-boy, avec un pantalon en mouton, un gilet en cuir, une chemise à carreaux, un grand chapeau, des revolvers à capsules et des éperons avec des pointes terribles. Moi, j'avais un masque noir qu'on m'avait donné pour Mardi gras, mon fusil à flèches et un mouchoir rouge autour du cou qui est un vieux foulard à ma maman. On était chouettes !

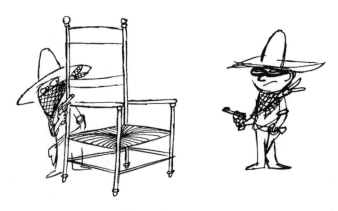

On était dans le jardin et maman nous avait dit qu'elle nous appellerait pour le goûter. « Bon, j'ai dit, alors voilà, moi je suis le jeune homme et j'ai un cheval blanc et vous, vous êtes les bandits, mais à la fin c'est moi qui gagne. » Les autres, ils n'étaient pas d'accord, c'est ça qui est embêtant, quand on joue tout seul, on ne s'amuse pas et quand on n'est pas tout seul, les autres font des tas de disputes. « Pourquoi est-ce que ce ne serait pas moi le jeune homme, a dit Eudes, et puis, pourquoi je n'aurais pas un cheval blanc, moi aussi ? » « Avec une tête comme la tienne, tu peux pas être le jeune homme », a dit Alceste. « Toi, l'Indien, tais-toi ou je te donne un coup de pied dans le croupion ! » a dit Eudes qui est très fort et qui aime bien donner des coups de poing sur les nez des copains et le coup du croupion ça m'a étonné, mais c'est vrai qu'Alceste ressemblait à un gros poulet. « En tout cas, moi, a dit Rufus, je serai le shérif. » « Le shérif ? a dit Geoffroy. Où est-ce que tu as vu un shérif avec un képi, tu me fais rigoler ! » Ça, ça n'a pas plu à Rufus, dont le papa est agent de police. « Mon papa, il a dit, il porte un képi et il ne fait rigoler personne ! » « Il ferait rigoler tout le monde s'il s'habillait comme ça au Texas », a dit Geoffroy et Rufus lui a donné une gifle, alors, Geoffroy a sorti un revolver de l'étui et il a dit : « Tu le regretteras, Joe ! » et Rufus lui a donné une autre gifle et Geoffroy est tombé assis par terre en faisant pan ! avec son revolver ; alors Rufus s'est appuyé les mains sur le ventre, et il a fait des tas de grimaces et il est tombé en disant : « Tu m'as eu, coyote, mais je serai vengé ! »

Moi je galopais dans le jardin en me donnant des tapes dans la culotte pour avancer plus vite et Eudes s'est approché de moi. « Descends de ce cheval, il a dit. Le cheval blanc, c'est moi qui l'ai ! » « Non monsieur, je lui ai dit, ici je suis chez moi et le cheval blanc, c'est moi qui l'ai », et Eudes m'a donné un coup de poing sur le nez. Rufus a donné un grand coup de sifflet à roulette. « Tu es un voleur de chevaux, il a dit à Eudes, et à Kansas City, les voleurs de chevaux, on les pend ! » Alors, Alceste est venu en courant et il a dit : « Minute ! Tu peux pas le pendre, le shérif, c'est moi ! » « Depuis quand, volaille ? » a demandé Rufus. Alceste, qui pourtant n'aime pas se battre, a pris sa hache en bois et avec le manche, toc ! il a donné un coup sur la tête de Rufus qui ne s'y attendait pas. Heureusement que sur la tête de Rufus il y avait le képi. « Mon képi ! Tu as cassé mon képi ! » il a crié Rufus et il s'est mis à courir après Alceste, tandis que moi je galopais de nouveau autour du jardin.

« Eh, les gars, a dit Eudes, arrêtez ! J'ai une idée. Nous on sera les bons et Alceste la tribu des Indiens et il essaie de nous capturer et puis il prend un prisonnier, mais nous on arrive et on délivre le prisonnier et puis Alceste est vaincu ! » Nous on était tous pour cette idée qui était vraiment chouette, mais Alceste n'était pas d'accord. « Pourquoi est-ce que je ferais l'Indien ? » il a dit Alceste. « Parce que tu as des plumes sur la tête, idiot ! a répondu Geoffroy, et puis si ça ne te plaît pas, tu ne joues plus, c'est vrai ça, à la fin, tu nous embêtes ! » « Eh bien, puisque c'est comme ça, je ne joue plus », a dit Alceste et il est allé dans un coin bouder et manger un petit pain au chocolat qu'il avait dans sa poche. « Il faut qu'il joue, a dit Eudes, c'est le seul Indien que nous ayons, d'ailleurs, s'il ne joue pas, je le plume ! » Alceste a dit que bon, qu'il voulait bien, mais à condition d'être un bon Indien à la fin. « D'accord, d'accord, a dit Geoffroy, ce que tu peux être contrariant, tout de même ! » « Et le prisonnier, ce sera qui ? j'ai demandé. » « Ben, ça sera Geoffroy, a dit Eudes, on va l'attacher à l'arbre avec la corde à linge. » « Ça va pas, non ? a demandé Geoffroy, pourquoi moi ? Je ne peux pas être le prisonnier, je suis le mieux habillé de tous ! » « Ben quoi ? a répondu Eudes, ce n'est pas parce que j'ai un cheval blanc que je refuse de jouer ! » « Le cheval blanc c'est moi qui l'ai ! » j'ai dit. Eudes s'est fâché, il a dit que le cheval blanc c'était lui et que si ça ne me plaisait pas il me donnerait un autre coup de poing sur le nez. « Essaie ! » j'ai dit et il a réussi. « Bouge pas, Oklahoma Kid ! » criait Geoffroy et il tirait des coups de revolver partout ; Rufus, lui, donnait du sifflet à roulette et il disait : « Ouais, je suis le shérif, ouais, je vous arrête tous ! » et Alceste lui a donné un coup de hache sur le képi en disant qu'il le faisait prisonnier et Rufus s'est fâché parce que son sifflet à roulette était tombé dans l'herbe, moi je pleurais et je disais à Eudes qu'ici j'étais chez moi et que je ne voulais plus le voir; tout le monde criait, c'était chouette, on rigolait bien, terrible.

Et puis, papa est sorti de la maison. L'air pas content. « Eh bien, les enfants, qu'est-ce que c'est que ce vacarme, vous ne savez pas vous amuser gentiment ? » « C'est à cause de Geoffroy, monsieur, il ne veut pas être le prisonnier ! » a dit Eudes. « Tu veux ma main sur la figure ? » a demandé Geoffroy et ils ont recommencé à se battre, mais papa les a séparés. « Allons, les enfants, il a dit, je vais vous montrer comment il faut jouer. Le prisonnier ce sera moi ! » Nous on était drôlement contents ! Il est chouette mon papa ! Nous avons attaché papa à l'arbre avec la corde à linge et à peine on avait fini, que nous avons vu monsieur Blédurt sauter par-dessus la haie du jardin.

Monsieur Blédurt, c'est notre voisin qui aime bien taquiner papa. « Moi aussi je veux jouer, je serai le Peau-Rouge Taureau Debout ! » « Sors d'ici Blédurt, on ne t'a pas sonné ! » Monsieur Blédurt il était formidable, il s'est mis devant papa avec les bras croisés et il a dit : « Que le visage pâle retienne sa langue ! » Papa faisait des drôles d'efforts pour se détacher de l'arbre et monsieur Blédurt s'est mis à danser autour de l'arbre en poussant des cris. Nous on aurait bien aimé rester voir papa et monsieur Blédurt s'amuser et faire les guignols, mais on n'a

pas pu parce que maman nous a appelés pour le goûter et après on est allés dans ma chambre jouer au train électrique. Ce que je ne savais pas, c'est que papa aimait tellement jouer aux cow-boys. Quand on est descendus, le soir, monsieur Blédurt était parti depuis longtemps, mais papa était toujours attaché à l'arbre à crier et à faire des grimaces.

C'est chouette de savoir s'amuser tout seul, comme ça !

Le Bouillon

Aujourd'hui, à l'école, la maîtresse a manqué. Nous étions dans la cour, en rang, pour entrer en classe, quand le surveillant nous a dit : « Votre maîtresse est malade, aujourd'hui. »

Et puis, monsieur Dubon, le surveillant, nous a conduits en classe. Le surveillant, on l'appelle le Bouillon, quand il n'est pas là, bien sûr. On l'appelle comme ça, parce qu'il dit tout le temps : « Regardez-moi dans les yeux », et dans le bouillon il y a des yeux. Moi non plus je n'avais pas compris tout de suite, c'est des grands qui me l'ont expliqué. Le Bouillon a une grosse moustache et il punit souvent, avec lui, il ne faut pas rigoler. C'est pour ça qu'on était embêtés qu'il vienne nous surveiller, mais, heureusement, en arrivant en classe, il nous a dit : « Je ne peux pas rester avec vous, je dois travailler avec monsieur le directeur, alors, regardez-moi dans les yeux et promettez-moi d'être sages. »

Tous nos tas d'yeux ont regardé dans les siens et on a promis. D'ailleurs, nous sommes toujours assez sages.

Mais il avait l'air de se méfier, le Bouillon, alors il a demandé qui était le meilleur élève de la classe. « C'est moi, monsieur ! » a dit Agnan, tout fier. Et c'est vrai, Agnan c'est le premier de la classe, c'est aussi le chouchou de la maîtresse et nous on ne l'aime pas trop, mais on ne peut pas lui taper dessus aussi souvent qu'on le voudrait, à cause de ses lunettes. « Bon, a dit le Bouillon, tu vas venir t'asseoir à la place de la maîtresse et tu surveilleras tes camarades. Je reviendrai de temps en temps voir comment les choses se passent. Révisez vos leçons. » Agnan, tout content, est allé s'asseoir au bureau de la maîtresse et le Bouillon est parti.

« Bien, a dit Agnan, nous devions avoir arithmétique, prenez vos cahiers, nous allons faire un problème. » « T'es pas un peu fou ? » a demandé Clotaire. « Clotaire, taisez-vous ! » a crié Agnan, qui avait vraiment l'air de se prendre pour la maîtresse. « Viens me le dire ici, si t'es un homme ! » a dit Clotaire et la porte de la classe s'est ouverte et on a vu entrer le Bouillon tout content. « Ah ! il a dit. J'étais resté derrière la porte pour écouter. Vous, là-bas, regardez-moi dans les yeux ! » Clotaire a regardé, mais ce qu'il a vu n'a pas eu l'air de lui faire tellement plaisir. « Vous allez me conjuguer le verbe : je ne dois pas être grossier envers un camarade qui est chargé de me surveiller et qui veut me faire faire des problèmes d'arithmétique. » Après avoir dit ça, le Bouillon est sorti, mais il nous a promis qu'il reviendrait.

Joachim s'est proposé pour guetter le surveillant à la porte, on a été tous d'accord, sauf Agnan qui criait : « Joachim, à votre place ! » Joachim a tiré la langue à Agnan, il s'est assis devant la porte et il s'est mis à regarder par le trou de la serrure. « Il n'y a personne, Joachim ? » a demandé Clotaire. Joachim a répondu qu'il ne voyait rien. Alors, Clotaire s'est levé et il a dit qu'il allait faire manger son livre d'arithmétique à Agnan, ce qui était vraiment une drôle d'idée, mais ça n'a pas plu à Agnan qui a crié : « Non ! J'ai des lunettes ! » « Tu vas les manger aussi ! » a dit Clotaire, qui voulait absolument qu'Agnan mange quelque chose. Mais Geoffroy a dit qu'il ne fallait pas perdre de temps avec des bêtises, qu'on ferait mieux de jouer à la balle. « Et les problèmes, alors ? » a demandé Agnan, qui n'avait pas l'air content, mais nous, on n'a pas fait attention et on a commencé à se faire des passes et c'est drôlement chouette de jouer entre les bancs. Quand je serai grand, je m'achèterai une classe, rien que pour jouer dedans. Et puis, on a entendu un cri et on a vu Joachim, assis par terre et qui se tenait le nez avec les mains. C'était le Bouillon qui venait d'ouvrir la porte et Joachim n'avait pas dû le voir venir. « Qu'est-ce que tu as ? » a demandé le

Bouillon, tout étonné, mais Joachim n'a pas répondu, il faisait ouille, ouille, et c'est tout, alors, le Bouillon l'a pris dans ses bras et l'a emmené dehors. Nous, on a ramassé la balle et on est retournés à nos places.

Quand le Bouillon est revenu avec Joachim, qui avait le nez tout gonflé, il nous a dit qu'il commençait à en avoir assez et que si ça continuait, on verrait ce qu'on verrait. « Pourquoi ne prenez-vous pas exemple sur votre camarade Agnan ? il a demandé, il est sage, lui. » Et le Bouillon est parti. On a demandé à Joachim ce qu'il lui était arrivé et il nous a répondu qu'il s'était endormi à force de regarder par le trou de la serrure.

« Un fermier va à la foire, a dit Agnan, dans un panier, il a vingt-huit œufs à cinq cents francs la douzaine... » « C'est de ta faute, le coup du nez, a dit Joachim. » « Ouais ! a dit Clotaire, on va lui faire manger son livre d'arithmétique, avec le fermier, les œufs et les lunettes ! » Agnan, alors, s'est mis à pleurer. Il nous a dit que nous étions des méchants et qu'il le dirait à ses parents et qu'ils nous feraient tous renvoyer et le Bouillon a ouvert la porte. On était tous assis à nos places et on ne disait rien et le Bouillon a regardé Agnan qui pleurait tout seul assis au bureau de la maîtresse. « Alors quoi, il a dit le Bouillon, c'est vous qui vous dissipez, maintenant ? Vous allez me rendre fou ! Chaque fois que je viens, il y en a un autre qui fait le pitre ! Regardez-moi bien dans les yeux, tous ! Si je reviens encore une fois et que je vois quelque chose d'anormal, je sévirai ! » et il est parti de nouveau. Nous, on s'est dit que ce n'était plus le moment de faire les guignols, parce que le surveillant, quand il n'est pas content, il donne de drôles de punitions. On ne bougeait pas, on entendait seulement renifler Agnan et mâcher Alceste, un copain qui mange tout le temps. Et puis, on a entendu un petit bruit du côté de la porte. On a vu le bouton de porte qui tournait très doucement et puis la porte a commencé à s'ouvrir petit à petit, en grinçant. Tous, on regardait et on ne respirait pas souvent, même Alceste s'est arrêté de mâcher. Et, tout d'un coup, il y en a un qui a crié : « C'est le Bouillon ! » La porte s'est ouverte et le Bouillon est entré, tout rouge. « Qui a dit ça ? » il a demandé.

« C'est Nicolas ! » a dit Agnan. « C'est pas vrai, sale menteur ! » et c'était vrai que c'était pas vrai, celui qui avait dit ça, c'était Rufus. « C'est toi ! C'est toi ! C'est toi ! » a crié Agnan et il s'est mis à pleurer. « Tu seras en retenue ! » m'a dit le Bouillon. Alors je me suis mis à pleurer, j'ai dit que ce n'était pas juste et que je quitterais l'école et qu'on me regretterait bien. « C'est pas lui, m'sieur, c'est Agnan qui a dit le Bouillon ! » a crié Rufus. « Ce n'est pas moi qui ai dit le Bouillon ! » a crié Agnan. « Tu as dit le Bouillon, je t'ai entendu dire le Bouillon, parfaitement, le Bouillon ! » « Bon, ça va comme ça, a dit le Bouillon, vous serez tous en retenue ! » « Pourquoi moi ? a demandé Alceste. Je n'ai pas dit le Bouillon, moi ! » « Je ne veux plus entendre ce sobriquet ridicule, vous avez compris ? » a crié le Bouillon, qui avait l'air drôlement énervé. « Je ne viendrai pas en retenue ! » a crié Agnan et il s'est

34

roulé par terre en pleurant et il avait des hoquets et il est devenu tout rouge et puis tout bleu. En classe, à peu près tout le monde criait ou pleurait, j'ai cru que le Bouillon allait s'y mettre aussi, quand le directeur est entré. « Que se passe-t-il, le Bouil… monsieur Dubon ? » il a demandé, le directeur. « Je ne sais plus, monsieur le directeur, a répondu le Bouillon, il y en a un qui se roule par terre, un autre qui saigne du nez quand j'ouvre la porte, le reste qui hurle, je n'ai jamais vu ça ! Jamais » et le Bouillon se passait la main dans les cheveux et sa moustache bougeait dans tous les sens.

Le lendemain, la maîtresse est revenue, mais le Bouillon a manqué.

Le football

Alceste nous a donné rendez-vous, à un tas de copains de la classe, pour cet après-midi dans le terrain vague, pas loin de la maison. Alceste c'est mon ami, il est gros, il aime bien manger, et s'il nous a donné rendez-vous, c'est parce que son papa lui a offert un ballon de football tout neuf et nous allons faire une partie terrible. Il est chouette, Alceste.

Nous nous sommes retrouvés sur le terrain à trois heures de l'après-midi, nous étions dix-huit. Il a fallu décider comment former les équipes, pour qu'il y ait le même nombre de joueurs de chaque côté.

Pour l'arbitre, ça a été facile. Nous avons choisi Agnan. Agnan c'est le premier de la classe, on ne l'aime pas trop, mais comme il porte des lunettes on ne peut pas lui taper dessus, ce qui, pour un arbitre, est une bonne combine. Et puis, aucune équipe ne voulait d'Agnan, parce qu'il est pas très fort pour le sport et il pleure trop facilement. Là où on a discuté, c'est quand Agnan a demandé qu'on lui donne un sifflet. Le seul qui en avait un, c'était Rufus, dont le papa est agent de police.

« Je ne peux pas le prêter, mon sifflet à roulette, a dit Rufus, c'est un souvenir de famille. » Il n'y avait rien à faire. Finalement, on a décidé qu'Agnan préviendrait Rufus et Rufus sifflerait à la place d'Agnan.

« Alors ? On joue ou quoi ? Je commence à avoir faim, moi ! » a crié Alceste.

Mais là où c'est devenu compliqué, c'est que si Agnan était arbitre, on n'était plus que dix-sept joueurs, ça en faisait un de trop pour le partage. Alors, on a trouvé le truc : il y en a un qui serait arbitre de touche et qui agiterait un petit drapeau, chaque fois que la balle sortirait du terrain. C'est Maixent qui a été choisi. Un seul arbitre de touche, ce n'est pas beaucoup pour surveiller tout le terrain mais Maixent court très vite, il a des jambes très longues et toutes maigres, avec de gros genoux sales. Maixent, il ne voulait rien savoir, il voulait jouer au ballon, lui, et puis il nous a dit qu'il n'avait pas de drapeau. Il a tout de même accepté d'être arbitre de touche pour la première mi-temps. Pour le drapeau, il agiterait son mouchoir qui n'était pas propre, mais bien sûr, il ne savait pas en sortant de chez lui que son mouchoir allait servir de drapeau.

« Bon, on y va ? » a crié Alceste.

Après, c'était plus facile, on n'était plus que seize joueurs.

Il fallait un capitaine pour chaque équipe. Mais tout le monde voulait être capitaine. Tout le monde sauf Alceste, qui voulait être goal, parce qu'il n'aime pas courir. Nous, on était d'accord, il est bien, Alceste, comme goal ; il est très large et il couvre bien le but. Ça laissait tout de même quinze capitaines et ça en faisait plusieurs de trop.

« Je suis le plus fort, criait Eudes, je dois être capitaine et je donnerai un coup de poing sur le nez de celui qui n'est pas d'accord ! » « Le capitaine c'est moi, je suis le mieux habillé ! » a crié Geoffroy, et Eudes lui a donné un coup de poing sur le nez.

C'était vrai, pourtant, que Geoffroy était bien habillé, son papa, qui est très riche, lui avait acheté un équipement complet de joueur de football, avec une chemise rouge, blanc et bleu.

« Si c'est pas moi le capitaine, a crié Rufus, j'appelle mon papa et il vous met tous en prison ! »

Moi, j'ai eu l'idée de tirer au sort avec une pièce de monnaie. Avec deux pièces de monnaie, parce que la première s'est perdue dans l'herbe et on ne l'a jamais retrouvée. La pièce, c'était Joachim qui l'avait prêtée et il n'était pas content de l'avoir perdue ; il s'est mis à la chercher, et pourtant Geoffroy lui avait promis que son papa lui enverrait un chèque pour le rembourser. Finalement, les deux capitaines ont été choisis : Geoffroy et moi.

« Dites, j'ai pas envie d'être en retard pour le goûter, a crié Alceste. On joue ? »

Après, il a fallu former les équipes. Pour tous, ça allait assez bien, sauf pour Eudes. Geoffroy et moi, on voulait Eudes parce que, quand il court avec le ballon, personne ne l'arrête. Il ne joue pas très bien, mais il fait peur. Joachim était tout content parce qu'il avait retrouvé sa pièce de monnaie, alors on la lui a demandée pour tirer Eudes au sort, et on a perdu la pièce de nouveau. Joachim s'est remis à la chercher, vraiment fâché, cette fois-ci, et c'est à la courte paille que Geoffroy a gagné Eudes. Geoffroy l'a désigné comme gardien de but, il s'est dit que personne n'oserait s'approcher de la cage et encore moins mettre le ballon dedans. Eudes se vexe facilement. Alceste mangeait des biscuits, assis entre les pierres qui marquaient son but. Il n'avait pas l'air content. « Alors, ça vient, oui ? » il criait.

On s'est placés sur le terrain. Comme on n'était que sept de chaque côté, à part les gardiens de but, ça n'a pas été facile. Dans chaque équipe on a commencé à discuter. Il y en avait des tas qui voulaient être avant-centre. Joachim voulait être arrière droit, mais c'était parce que la pièce de monnaie était tombée dans ce coin et il voulait continuer à la chercher tout en jouant.

Dans l'équipe de Geoffroy ça s'est arrangé très vite, parce que Eudes a donné des tas de coups de poing et les joueurs se sont mis à leur place sans protester et en se frottant le nez. C'est qu'il frappe dur, Eudes!

Dans mon équipe, on n'arrivait pas à se mettre d'accord, jusqu'au moment où Eudes a dit qu'il viendrait nous donner des coups de poing sur le nez à nous aussi : alors, on s'est placés.

Agnan a dit à Rufus : « Siffle ! » et Rufus, qui jouait dans mon équipe, a sifflé le coup d'envoi. Geoffroy n'était pas content. Il a dit : « C'est malin ! Nous avons le soleil dans les yeux ! Il n'y a pas de raison que mon équipe joue du mauvais côté du terrain ! »

Moi, je lui ai répondu que si le soleil ne lui plaisait pas, il n'avait qu'à fermer les yeux, qu'il jouerait peut-être même mieux comme ça. Alors, nous nous sommes battus. Rufus s'est mis à souffler dans son sifflet à roulette.

« Je n'ai pas donné l'ordre de siffler, a crié Agnan,

l'arbitre c'est moi ! » Ça n'a pas plu à Rufus qui a dit qu'il n'avait pas besoin de la permission d'Agnan pour siffler, qu'il sifflerait quand il en aurait envie, non mais tout de même. Et il s'est mis à siffler comme un fou. « Tu es méchant, voilà ce que tu es ! » a crié Agnan, qui a commencé à pleurer.

« Eh, les gars ! » a dit Alceste, dans son but.

Mais personne ne l'écoutait. Moi, je continuais à me battre avec Geoffroy, je lui avais déchiré sa belle chemise rouge, blanc et bleu, et lui il disait : « Bah, bah, bah ! Ça ne fait rien ! Mon papa, il m'en achètera des tas d'autres ! » Et il me donnait des coups de pied, dans les chevilles. Rufus courait après Agnan qui criait : « J'ai des lunettes ! J'ai des lunettes ! » Joachim, il ne s'occupait de personne, il cherchait sa monnaie, mais il ne la trouvait toujours pas. Eudes, qui était resté tranquillement dans son but, en a eu assez et il a commencé à distribuer des coups de poing sur les nez qui se trouvaient le plus près de lui, c'est-à-dire sur ceux de son équipe. Tout le monde criait, courait. On s'amusait vraiment bien, c'était formidable !

« Arrêtez, les gars ! » a crié Alceste de nouveau.

Alors Eudes s'est fâché. « Tu étais pressé de jouer, il a dit à Alceste, eh bien, on joue. Si tu as quelque chose à dire, attends la mi-temps ! »

« La mi-temps de quoi ? a demandé Alceste. Je viens de m'apercevoir que nous n'avons pas de ballon, je l'ai oublié à la maison ! »

On a eu l'inspecteur

La maîtresse est entrée en classe toute nerveuse. « Monsieur l'inspecteur est dans l'école, elle nous a dit, je compte sur vous pour être sages et faire une bonne impression. » Nous on a promis qu'on se tiendrait bien, d'ailleurs la maîtresse a tort de s'inquiéter, nous sommes presque toujours sages. « Je vous signale, a dit la maîtresse, que c'est un nouvel inspecteur, l'ancien était déjà habitué à vous, mais il a pris sa retraite… » Et puis, la maîtresse nous a fait des tas et des tas de recommandations, elle nous a défendu de parler sans être interrogés, de rire sans sa permission, elle nous a demandé de ne pas laisser tomber des billes comme la dernière fois que l'inspecteur est venu et qu'il s'est retrouvé par terre, elle a demandé à Alceste de cesser de manger quand l'inspecteur serait là et elle a dit à Clotaire, qui est le dernier de la classe, de ne pas se faire remarquer. Quelquefois je me demande si la maîtresse ne nous prend pas pour des guignols. Mais, comme on l'aime bien, la maîtresse, on lui a promis tout ce qu'elle a voulu. La maîtresse a regardé pour voir si la classe et nous nous étions bien propres et elle a dit que la classe était plus propre que certains d'entre nous. Et puis, elle a demandé à Agnan, qui est le premier de la classe et le chouchou, de mettre de l'encre dans les encriers, au cas où l'inspecteur voudrait nous faire une dictée. Agnan a pris la grande bouteille d'encre et il allait commencer à verser dans les encriers du premier banc, là où sont assis Cyrille et Joachim, quand quelqu'un a crié : « Voilà l'inspecteur ! » Agnan a eu tellement peur qu'il a renversé de l'encre partout sur le banc. C'était une blague, l'inspecteur n'était pas là et la maîtresse était très fâchée. « Je vous ai vu, Clotaire, elle a dit. C'est vous l'auteur de cette plaisanterie stupide. Allez au piquet ! » Clotaire s'est mis à pleurer, il a dit que s'il allait au piquet, il allait se faire remarquer et l'inspecteur allait lui poser des tas de questions et lui il ne savait rien et il allait se mettre à pleurer et que ce n'était pas une blague, qu'il avait vu l'inspecteur passer dans la cour avec le directeur et comme c'était vrai, la maîtresse a dit que bon, ça allait pour cette fois-ci. Ce qui était embêtant, c'est que le premier banc était tout plein d'encre, la maîtresse a dit alors qu'il fallait passer ce banc au dernier rang, là où on ne le verrait pas. On s'est mis au travail et ça a été une drôle d'affaire, parce qu'il fallait remuer tous les bancs et on s'amusait bien et l'inspecteur est entré avec le directeur.

On n'a pas eu à se lever, parce qu'on était tous debout, et tout le monde avait l'air bien étonné. « Ce sont les petits, ils... ils sont un peu dissipés », a dit le directeur. « Je vois, a dit l'inspecteur, asseyez-vous, mes enfants. » On s'est tous assis, et, comme nous avions retourné leur banc pour le changer de place, Cyrille et Joachim tournaient le dos au tableau. L'inspecteur a regardé la maîtresse et il lui a demandé si ces deux élèves étaient toujours placés comme ça. La maîtresse, elle a fait la tête de Clotaire quand on l'interroge, mais elle n'a pas pleuré. « Un petit incident... » elle a dit. L'inspecteur n'avait pas l'air très content, il avait de gros sourcils, tout près des yeux. « Il faut avoir un peu d'autorité, il a dit. Allons, mes enfants, mettez ce banc à sa place. » On s'est tous levés et l'inspecteur s'est mis à crier : « Pas tous à la fois : vous deux seulement ! » Cyrille et Joachim ont retourné le banc et se sont assis. L'inspecteur a fait un sourire et il a appuyé ses mains sur le banc. « Bien, il a dit, que faisiez-vous, avant que je n'arrive ? » « On changeait le banc de place », a répondu Cyrille. « Ne parlons plus de ce banc ! a crié l'inspecteur, qui avait l'air d'être nerveux. Et d'abord, pourquoi changiez-vous ce banc de place ? » « À cause de l'encre », a dit Joachim. « L'encre ? » a demandé l'inspecteur et il a regardé ses mains qui étaient toutes bleues. L'inspecteur a fait un gros soupir et il a essuyé ses doigts avec un mouchoir.

Nous, on a vu que l'inspecteur, la maîtresse et le directeur n'avaient pas l'air de rigoler. On a décidé d'être drôlement sages.

« Vous avez, je vois, quelques ennuis avec la discipline, a dit l'inspecteur à la maîtresse, il faut user d'un peu de psychologie élémentaire », et puis, il s'est tourné vers nous, avec un grand sourire et il a éloigné ses sourcils de ses yeux. « Mes enfants, je veux être votre ami. Il ne faut pas avoir peur de moi, je sais que vous aimez vous amuser, et moi aussi, j'aime bien rire. D'ailleurs, tenez, vous connaissez l'histoire des deux sourds : un sourd dit à l'autre : tu vas à la pêche ? et l'autre dit : non, je vais à la pêche. Alors le premier dit : ah bon, je croyais que tu allais à la pêche. » C'est dommage que la maîtresse nous ait défendu de rire sans sa permission, parce qu'on a eu un mal fou à se retenir. Moi, je vais raconter l'histoire ce soir à papa, ça va le faire rigoler, je suis sûr qu'il ne la connaît pas. L'inspecteur, qui n'avait besoin de la permission de personne, a beaucoup ri, mais comme il a vu que personne ne disait rien dans la classe, il a remis ses sourcils en place, il a toussé et il a dit : « Bon, assez ri, au travail. » « Nous étions en train d'étudier les fables, a dit la maîtresse, *Le Corbeau et le Renard*. « Parfait, parfait, a dit l'inspecteur, eh bien, continuez. » La maîtresse a fait semblant de chercher au hasard dans la classe, et puis, elle a montré Agnan du doigt : « Vous, Agnan, récitez-nous la fable. » Mais l'inspecteur a levé la main. « Vous permettez ? » il a dit à la maîtresse, et puis, il a montré Clotaire. « Vous, là-bas, dans le fond, récitez-moi cette fable. » Clotaire a ouvert la bouche et il s'est mis à pleurer. « Mais, qu'est-ce qu'il a ? » a demandé l'inspecteur. La maîtresse a dit qu'il fallait excuser Clotaire, qu'il était très timide, alors, c'est Rufus qui a été interrogé. Rufus c'est un copain, et son papa, il est agent de police. Rufus a dit qu'il ne connaissait pas la fable par cœur, mais qu'il savait à peu près de quoi il s'agissait et il a commencé à expliquer que c'était l'histoire d'un corbeau qui tenait dans son bec un roquefort. « Un roquefort ? » a demandé l'inspecteur, qui avait l'air de plus en plus étonné.

« Mais non, a dit Alceste, c'était un camembert. » « Pas du tout, a dit Rufus, le camembert, le corbeau il n'aurait pas pu le tenir dans son bec, ça coule et puis ça sent pas bon ! » « Ça sent pas bon, mais c'est chouette à manger, a répondu Alceste. Et puis, ça ne veut rien dire, le savon ça sent bon, mais c'est très mauvais à manger, j'ai essayé, une fois. » « Bah ! a dit Rufus, tu es bête et je vais dire à mon papa de donner des tas de contraventions à ton papa ! » Et ils se sont battus.

Tout le monde était levé et criait, sauf Clotaire qui pleurait toujours dans son coin et Agnan qui était allé au tableau et qui récitait *Le Corbeau et le Renard*. La maîtresse, l'inspecteur et le directeur criaient « Assez ! ». On a tous bien rigolé.

Quand ça s'est arrêté et que tout le monde s'est assis, l'inspecteur a sorti son mouchoir et il s'est essuyé la figure, il s'est mis de l'encre partout et c'est dommage qu'on n'ait pas le droit de rire, parce qu'il faudra se retenir jusqu'à la récréation et ça ne va pas être facile.

L'inspecteur s'est approché de la maîtresse et il lui a serré la main. « Vous avez toute ma sympathie, mademoiselle. Jamais, comme aujourd'hui, je ne me suis aperçu à quel point notre métier est un sacerdoce. Continuez ! Courage ! Bravo ! » Et il est parti, très vite, avec le directeur.

Nous, on l'aime bien, notre maîtresse, mais elle a été drôlement injuste. C'est grâce à nous qu'elle s'est fait féliciter, et elle nous a tous mis en retenue !

Rex

En sortant de l'école, j'ai suivi un petit chien. Il avait l'air perdu, le petit chien, il était tout seul et ça m'a fait beaucoup de peine. J'ai pensé que le petit chien serait content de trouver un ami et j'ai eu du mal à le rattraper. Comme le petit chien n'avait pas l'air d'avoir tellement envie de venir avec moi, il devait se méfier, je lui ai offert la moitié de mon petit pain au chocolat et le petit chien a mangé le petit pain au chocolat et il s'est mis à remuer la queue dans tous les sens et moi je l'ai appelé Rex, comme dans un film policier que j'avais vu jeudi dernier.

Après le petit pain, que Rex a mangé presque aussi vite que l'aurait fait Alceste, un copain qui mange tout le temps, Rex m'a suivi tout content. J'ai pensé que ce serait une bonne surprise pour papa et pour maman quand j'arriverais avec Rex à la maison. Et puis, j'apprendrais à Rex à faire des tours, il garderait la maison, et aussi, il m'aiderait à retrouver des bandits, comme dans le film de jeudi dernier.

Eh bien, je suis sûr que vous ne me croirez pas, quand je suis arrivé à la maison, maman n'a pas été tellement contente de voir Rex, elle n'a pas été contente du tout. Il faut dire que c'est un peu de la faute de Rex. Nous sommes entrés dans le salon et maman est arrivée, elle m'a embrassé, m'a demandé si tout s'était bien passé à l'école, si je n'avais pas fait de bêtises et puis elle a vu Rex et elle s'est mise à crier : « Où as-tu trouvé cet animal ? » Moi, j'ai commencé à expliquer que c'était un pauvre petit chien perdu qui m'aiderait à arrêter des tas de bandits, mais Rex, au lieu de se tenir tranquille, a sauté sur un fauteuil et il a commencé à mordre dans le coussin. Et c'était le fauteuil où papa n'a pas le droit de s'asseoir, sauf s'il y a des invités !

Maman a continué à crier, elle m'a dit qu'elle m'avait défendu de ramener des bêtes à la maison (c'est vrai, maman me l'a défendu la fois où j'ai ramené une souris), que c'était dangereux, que ce chien pouvait être enragé, qu'il allait nous mordre tous et qu'on allait tous devenir enragés et qu'elle allait chercher un balai pour mettre cet animal dehors et qu'elle me donnait une minute pour sortir ce chien de la maison.

J'ai eu du mal à décider Rex à lâcher le coussin du fauteuil, et encore, il en a gardé un bout dans les dents, je ne comprends pas qu'il aime ça, Rex. Et puis, je suis sorti dans le jardin, avec Rex dans les bras. J'avais bien envie de pleurer, alors, c'est ce que j'ai fait. Je ne sais pas si Rex était triste aussi, il était trop occupé à cracher des petits bouts de laine du coussin.

Papa est arrivé et il nous a trouvés tous les deux, assis devant la porte, moi en train de pleurer, Rex en train de cracher. « Eh bien, il a dit papa, qu'est-ce qui se passe ici ? » Alors moi j'ai expliqué à papa que maman ne voulait pas de Rex et Rex c'était mon ami et j'étais le seul ami de Rex et il m'aiderait à retrouver des tas de bandits et il ferait des tours que je lui apprendrais et que j'étais bien malheureux et je me suis remis à pleurer un coup pendant que Rex se grattait une oreille avec la patte de derrière et c'est drôlement difficile à faire, on a essayé une fois à l'école et le seul qui y réussissait c'était Maixent qui a des jambes très longues.

Papa, il m'a caressé la tête et puis il m'a dit que maman avait raison, que c'était dangereux de ramener des chiens à la maison, qu'ils peuvent être malades et qu'ils se mettent à vous mordre et puis après, bing! tout le monde se met à baver et à être enragé et que, plus tard, je l'apprendrais à l'école, Pasteur a inventé un médicament, c'est un bienfaiteur de l'humanité et on peut guérir, mais ça fait très mal. Moi, j'ai répondu à papa que Rex n'était pas malade, qu'il aimait bien manger et qu'il était drôlement intelligent. Papa, alors, a regardé Rex et il lui a gratté la tête, comme il me fait à moi, quelquefois. « C'est vrai qu'il a l'air en bonne santé, ce petit chien », a dit papa et Rex s'est mis à lui lécher la main. Ça lui a fait drôlement plaisir à papa. « Il est mignon », il a dit papa, et puis, il a tendu l'autre main et il a dit : « La patte, donne la papatte, allons, la papatte, donne! » et Rex lui a donné la papatte et puis il lui a léché la main et puis il s'est gratté l'oreille, il était drôlement occupé, Rex. Papa, il rigolait et puis il m'a dit : « Bon, attends-moi ici, je vais essayer d'arranger ça avec ta mère », et il est entré dans la maison. Il est chouette, papa! Pendant que papa arrangeait ça avec maman, je me suis amusé avec Rex, qui s'est mis à faire le beau et puis comme je n'avais rien à lui donner à manger, il s'est remis à gratter son oreille, il est terrible, Rex!

Quand papa est sorti de la maison, il n'avait pas l'air tellement content. Il s'est assis à côté de moi, il m'a gratté la tête et il m'a dit que maman ne voulait pas du chien dans la maison, surtout après le coup du fauteuil. J'allais me mettre à pleurer, mais j'ai eu une idée. « Si maman ne veut pas de Rex dans la maison, j'ai dit, on pourrait le garder dans le jardin. » Papa, il a réfléchi un moment et puis il a dit que c'était une bonne idée, que dans le jardin Rex ne ferait pas de dégâts et qu'on allait lui construire une niche, tout de suite. Moi j'ai embrassé papa.

Nous sommes allés chercher des planches dans le grenier et papa a apporté ses outils. Rex, lui, il s'est mis à manger les bégonias, mais c'est moins grave que pour le fauteuil du salon, parce que nous avons plus de bégonias que de fauteuils.

Papa, il a commencé à trier les planches. « Tu vas voir, il m'a dit, on va lui faire une niche formidable, un vrai palais. » Et puis j'ai dit : « On va lui apprendre à faire des tas de tours et il va garder la maison ! » « Oui, a dit papa, on va le dresser pour chasser les intrus, Blédurt par exemple. » Monsieur Blédurt, c'est notre voisin, papa et lui, ils aiment bien se taquiner l'un l'autre. On s'amusait bien, Rex, moi et papa ! Ça s'est un peu gâté quand papa a crié, à cause du coup de marteau qu'il s'est donné sur le doigt et maman est sortie de la maison. « Qu'est-ce que vous faites ? » a demandé maman.

Alors moi, je lui ai expliqué que nous avions décidé, papa et moi, de garder Rex dans le jardin, là où il n'y avait pas de fauteuils et que papa lui fabriquait une niche et qu'il allait apprendre à Rex à mordre monsieur Blédurt, pour le faire enrager. Papa, il ne disait pas grand-chose, il se suçait le doigt et il regardait maman. Maman n'était pas contente du tout. Elle a dit qu'elle ne voulait pas de bête chez elle et regardez-moi un peu ce que cet animal a fait de mes bégonias ! Rex a levé la tête et il s'est approché de maman en remuant la queue et puis il a fait le beau. Maman l'a regardé et puis elle s'est baissée et elle a caressé la tête de Rex et Rex lui a léché la main et on a sonné à la porte du jardin.

Papa est allé ouvrir et un monsieur est entré. Il a regardé Rex et il a dit : « Kiki ! Enfin te voilà ! Je te cherche partout. » « Mais enfin, monsieur, a demandé papa, que désirez-vous ? » « Ce que je désire ? a dit le monsieur. Je désire mon chien ! Kiki s'est échappé pendant que je lui faisais faire sa petite promenade et on m'a dit qu'on avait vu un gamin l'emmener par ici. » « Ce n'est pas Kiki, c'est Rex, j'ai dit. Et tous les deux on va attraper des bandits comme dans le film de jeudi dernier et on va le dresser pour faire des blagues à monsieur Blédurt ! » Mais Rex avait l'air tout content et il a sauté dans les bras du monsieur. « Qui me prouve que ce chien est à vous, a demandé papa, c'est un

chien perdu ! » « Et le collier, a répondu le monsieur, vous n'avez pas vu son collier ? Il y a mon nom dessus ! Jules Joseph Trempé, avec mon adresse, j'ai bien envie de porter plainte ! Viens, mon pauvre Kiki, non mais ! » et le monsieur est parti avec Rex.

On est restés tout étonnés, et puis maman s'est mise à pleurer. Alors, papa, il a consolé maman et il lui a promis que je ramènerais un autre chien, un de ces jours.

Djodjo

Nous avons eu un nouveau, en classe. L'après-midi, la maîtresse est arrivée avec un petit garçon qui avait des cheveux tout rouges, des taches de rousseur et des yeux bleus comme la bille que j'ai perdue hier à la récréation, mais Maixent a triché. « Mes enfants, a dit la maîtresse, je vous présente un nouveau petit camarade. Il est étranger et ses parents l'ont mis dans cette école pour qu'il apprenne à parler français. Je compte sur vous pour m'aider et être très gentils avec lui. » Et puis la maîtresse s'est tournée vers le nouveau et elle lui a dit : « Dis ton nom à tes petits camarades. » Le nouveau n'a pas compris ce que lui demandait la maîtresse, il a souri et nous avons vu qu'il avait des tas de dents terribles. « Le veinard, a dit Alceste, un copain gros, qui mange tout le temps, avec des dents comme ça, il doit mordre des drôles de morceaux ! » Comme le nouveau ne disait rien, la maîtresse nous a dit qu'il s'appelait Georges MacIntosh. « Yes, a dit le nouveau, Dgeorges. » « Pardon, mademoiselle, a demandé Maixent, il s'appelle Georges ou Dgeorges ? » La maîtresse nous a expliqué qu'il s'appelait Georges, mais que dans sa langue, ça se prononçait Dgeorges. « Bon, a dit Maixent, on l'appellera Jojo. » « Non, a dit Joachim, il faut prononcer Djodjo. » « Tais-toi, Djoachim », a dit Maixent et la maîtresse les a mis tous les deux au piquet.

La maîtresse a fait asseoir Djodjo à côté d'Agnan. Agnan avait l'air de se méfier du nouveau, comme il est le premier de la classe et le chouchou de la maîtresse, il a toujours peur des nouveaux, qui peuvent devenir premiers et chouchous. Avec nous, Agnan sait qu'il est tranquille.

Djodjo s'est assis, toujours en faisant son sourire plein de dents. « C'est dommage que personne ne parle sa langue », a dit la maîtresse. « Moi je possède quelques rudiments d'anglais », a dit Agnan, qui, il faut le dire, parle bien. Mais après qu'Agnan eut sorti ses rudiments à Djodjo, Djodjo l'a regardé et puis il s'est mis à rire et il s'est tapé le front avec le doigt. Agnan était très vexé, mais Djodjo avait raison. Après, on a su qu'Agnan lui avait raconté des choses sur son tailleur qui était riche et sur le jardin de son oncle qui était plus grand que le chapeau de sa tante. Il est fou, Agnan !

La récréation a sonné et nous sommes sortis, tous, sauf Joachim, Maixent et Clotaire, qui étaient punis. Clotaire est le dernier de la classe et il ne savait pas sa leçon. Quand Clotaire est interrogé, il n'a jamais de récréation.

Dans la cour, on s'est mis tous autour de Djodjo. On lui a posé beaucoup de questions, mais lui, tout ce qu'il faisait, c'était nous montrer des tas de dents. Et puis, il s'est mis à parler, mais on n'a rien compris, ça faisait « oinshouinshouin » et c'est tout. « Ce qu'il y a, a dit Geoffroy qui va beaucoup au cinéma, c'est qu'il parle en version originale. Il lui faudrait des sous-titres. » « Je pourrais peut-être traduire », a dit Agnan qui voulait essayer ses rudiments encore un coup. « Bah, a dit Rufus, toi, tu es un dingue ! » Ça, ça lui a plu, au nouveau, il a montré Agnan du doigt et il a dit : « Aoh ! Dinguedinguedingue ! » Il était tout content. Agnan, lui, il est parti en pleurant, il pleure tout le temps, Agnan. Nous, on a commencé à le trouver drôlement chouette, Djodjo, et moi, je lui ai donné un bout de mon morceau de chocolat de la récréation. « Qu'est-ce qu'on fait comme sport dans ton pays ? » a demandé Eudes. Djodjo, bien sûr, n'a pas compris, il continuait à dire « dinguedinguedingue », mais Geoffroy a répondu : « En voilà une question, ils jouent au tennis, chez eux ! » « Espèce de guignol, a crié Eudes, je ne te parle pas, à toi ! » « Espèce guignol ! Dinguedingue ! » a crié le nouveau qui avait l'air de beaucoup s'amuser avec nous. Mais Geoffroy n'avait pas aimé la façon dont lui avait répondu Eudes. « Qui est un guignol ? » il a demandé et il a eu tort parce que Eudes est très fort et il aime bien donner des coups de poing sur les nez et ça n'a pas raté pour celui de Geoffroy. Quand il a vu le coup de poing, Djodjo s'est arrêté de dire « dinguedingue » et « espèce guignol ». Il a regardé Eudes et il a dit : « Boxing ? très bon ! » Et il a mis ses poings devant sa figure et il a commencé à danser tout autour d'Eudes comme les boxeurs à la télévision chez Clotaire, parce que nous on n'en a pas encore et moi je voudrais bien que papa en achète une. « Qu'est-ce qui lui prend ? » a demandé Eudes. « Il veut faire de la boxe avec toi, gros malin ! » a répondu Geoffroy qui se frottait le nez. Eudes a dit « bon » et il a essayé de boxer avec Djodjo. Mais Djodjo se débrouillait drôlement mieux qu'Eudes. Il lui donnait tout un tas de coups et Eudes commençait à se fâcher : « S'il ne laisse pas son nez en place, comment voulez-vous que je me batte ? » il a crié et bing ! Djodjo a donné un coup de poing à Eudes qui l'a fait tomber assis. Eudes n'était pas fâché. « T'es costaud ! » il a dit en se relevant. « Costaud, dingue, espèce guignol ! » a répondu le nouveau, qui apprend drôlement vite. La récréation s'est terminée, et, comme d'habitude, Alceste s'est plaint qu'on ne lui laissait pas le temps de terminer les quatre petits pains pleins de beurre qu'il apporte de chez lui.

En classe, quand nous sommes entrés, la maî-

tresse a demandé à Djodjo s'il s'était bien amusé, alors, Agnan s'est levé et il a dit: « Mademoiselle, ils lui apprennent des gros mots ! » « C'est pas vrai, sale menteur ! » a crié Clotaire, qui n'était pas sorti en récréation. « Dingue, espèce guignol, sale menteur », a dit Djodjo tout fier.

Nous, on ne disait rien, parce qu'on voyait que la maîtresse n'était pas contente du tout. « Vous devriez avoir honte, elle a dit, de profiter d'un camarade qui ignore votre langue ! Je vous avais demandé pourtant d'être gentils, mais on ne peut pas vous faire confiance ! Vous vous êtes conduits comme des petits sauvages, des mal élevés ! » « Dingue, espèce guignol, sale menteur, sauvage, mal élevé », a dit Djodjo, qui avait l'air de plus en plus content d'apprendre tant de choses.

La maîtresse l'a regardé avec des yeux tout ronds. « Mais… mais, elle a dit, Georges, il ne faut pas dire des choses comme ça ! » « Vous avez vu, mademoiselle ? Qu'est-ce que je vous disais ? » a dit Agnan. « Si tu ne veux pas rester en retenue, Agnan, a crié la maîtresse, je te prierai de garder tes réflexions pour toi ! » Agnan s'est mis à pleurer. « Vilain cafard ! » a crié quelqu'un, mais la maîtresse n'a pas su qui c'était, sinon, j'aurais été puni, alors, Agnan s'est roulé par terre en criant que personne ne l'aimait, que c'était affreux et qu'il allait mourir, et la maîtresse a dû sortir avec lui pour lui passer de l'eau sur la figure et le calmer.

Quand la maîtresse est revenue, avec Agnan, elle avait l'air fatiguée, mais heureusement, la cloche a sonné la fin de la classe. Avant de partir, la maîtresse a regardé le nouveau et lui a dit : « Je me demande ce que tes parents vont penser. » « Vilain cafard », a répondu Djodjo en lui donnant la main.

La maîtresse avait tort de s'inquiéter, parce que les parents de Djodjo ont dû penser qu'il avait appris tout le français dont il avait besoin.

La preuve, c'est que Djodjo n'est plus revenu à l'école.

Le chouette bouquet

C'est l'anniversaire de ma maman et j'ai décidé de lui acheter un cadeau comme toutes les années depuis l'année dernière, parce qu'avant j'étais trop petit. J'ai pris les sous qu'il y avait dans ma tirelire et il y en avait beaucoup, heureusement, parce que, par hasard, maman m'a donné de l'argent hier. Je savais le cadeau que je ferais à maman : des fleurs pour mettre dans le grand vase bleu du salon, un bouquet terrible, gros comme tout.

À l'école, j'étais drôlement impatient que la classe finisse pour pouvoir aller acheter mon cadeau. Pour ne pas perdre mes sous, j'avais ma main dans ma poche, tout le temps, même pour jouer au football à la récréation, mais, comme je ne joue pas gardien de but, ça n'avait pas d'importance. Le gardien de but c'était Alceste, un copain qui est très gros et qui aime bien manger. « Qu'est-ce que tu as à courir avec une seule main ? » il m'a demandé. Quand je lui ai expliqué que c'était parce que j'allais acheter des fleurs pour ma maman, il m'a dit que lui, il aurait préféré quelque chose à manger, un gâteau, des bonbons ou du boudin blanc, mais, comme le cadeau ce n'était pas pour lui, je n'ai pas fait attention et je lui ai mis un but. On a gagné par 44 à 32.

Quand nous sommes sortis de l'école, Alceste m'a accompagné chez le fleuriste en mangeant la moitié du petit pain au chocolat qui lui restait de la classe de grammaire. Nous sommes entrés dans le magasin, j'ai mis tous mes sous sur le comptoir et j'ai dit à la dame que je voulais un très gros bouquet de fleurs pour ma maman, mais pas des bégonias, parce qu'il y en a des tas dans notre jardin et ce n'est pas la peine d'aller en acheter ailleurs. « Nous voudrions quelque chose de bien », a dit Alceste et il est allé fourrer son nez dans les fleurs qui étaient dans la vitrine, pour voir si ça sentait bon. La dame a compté mes sous et elle m'a dit qu'elle ne pourrait pas me donner beaucoup, beaucoup de fleurs. Comme j'avais l'air très embêté, la dame m'a regardé, elle a réfléchi un peu, elle m'a dit que j'étais un mignon petit garçon, elle m'a donné des petites tapes sur la tête et puis elle m'a dit qu'elle allait arranger ça. La dame a choisi des fleurs à droite et à gauche et puis elle a mis des tas de feuilles vertes et ça, ça a plu à Alceste, parce qu'il disait que ces feuilles ressemblaient aux légumes

qu'on met dans le pot-au-feu. Le bouquet était très chouette et très gros, la dame l'a enveloppé dans un papier transparent qui faisait du bruit et elle m'a dit de faire attention en le portant. Comme j'avais mon bouquet et qu'Alceste avait fini de sentir les fleurs, j'ai dit merci à la dame et nous sommes sortis.

J'étais tout content avec mon bouquet, quand nous avons rencontré Geoffroy, Clotaire et Rufus, trois copains de l'école. « Regardez Nicolas, a dit Geoffroy, ce qu'il peut avoir l'air andouille avec ses fleurs ! » « Tu as de la veine que j'aie des fleurs, je lui ai dit, sinon, tu recevrais une gifle ! » « Donne-les-moi, tes fleurs, m'a dit Alceste, je veux bien les tenir pendant que tu gifles Geoffroy. » Alors, moi, j'ai donné le bouquet à Alceste et Geoffroy m'a donné une gifle. On s'est battus et puis j'ai dit qu'il

se faisait tard, alors on s'est arrêtés. Mais j'ai dû rester encore un peu, parce que Clotaire a dit : « Regardez Alceste, maintenant c'est lui qui a l'air d'une andouille, avec les fleurs ! » Alors, Alceste lui a donné un grand coup sur la tête, avec le bouquet. « Mes fleurs ! j'ai crié. Vous allez casser mes fleurs ! » C'est vrai, aussi ! Alceste, il donnait des tas de coups avec mon bouquet et les fleurs volaient de tous les côtés parce que le papier s'était déchiré et Clotaire criait : « Ça ne me fait pas mal, ça ne me fait pas mal ! »

Quand Alceste s'est arrêté, Clotaire avait la tête couverte par les feuilles vertes du bouquet et c'est vrai que ça ressemblait drôlement à un pot-au-feu. Moi, j'ai commencé à ramasser mes fleurs et je leur disais, à mes copains, qu'ils étaient méchants.

« C'est vrai, a dit Rufus, c'est pas chouette ce que vous avez fait aux fleurs de Nicolas ! » « Toi, on ne t'a pas sonné ! » a répondu Geoffroy et ils ont commencé à se donner des gifles. Alceste, lui, est parti de son côté, parce que la tête de Clotaire lui avait donné faim et il ne voulait pas être en retard pour le dîner.

Moi, je suis parti avec mes fleurs. Il en manquait, il n'y avait plus de légumes ni de papier, mais ça faisait encore un beau bouquet, et puis, plus loin, j'ai rencontré Eudes.

« Tu fais une partie de billes ? » il m'a demandé, Eudes. « Je ne peux pas, je lui ai répondu, il faut que je rentre chez moi donner ces fleurs à ma maman. » Mais Eudes m'a dit qu'il était encore de bonne heure et puis moi, j'aime bien jouer aux billes, je joue très bien, je vise et bing ! presque toujours, je gagne. Alors, j'ai rangé les fleurs sur le trottoir et j'ai commencé à jouer avec Eudes et c'est chouette de jouer aux billes avec Eudes, parce qu'il perd souvent. L'ennui, c'est que quand il perd il n'est pas content et il m'a dit que je trichais et moi je lui ai dit qu'il était un menteur, alors, il m'a poussé et je suis tombé assis sur le bouquet et ça ne leur a pas fait du bien aux fleurs. « Je le dirai à maman, ce que tu as fait à ses fleurs », je lui ai dit à Eudes et Eudes était bien embêté. Alors il m'a aidé à choisir les fleurs qui étaient les moins écrasées. Moi je l'aime bien Eudes, c'est un bon copain.

Je me suis remis à marcher, mon bouquet, il n'était plus bien gros, mais les fleurs qui restaient, ça allait ; une fleur était un peu écrasée, mais les deux autres étaient très bien. Et alors, j'ai vu arriver Joachim sur son vélo. Joachim, c'est un copain d'école qui a un vélo.

Alors, là, j'ai bien décidé de ne pas me battre, parce que si je continuais à me disputer avec tous les copains que je rencontrais dans la rue, bientôt, il ne me resterait plus de fleurs pour donner à ma maman. Et puis, après tout, ça ne les regarde pas les copains, si je veux offrir des fleurs à ma maman, c'est mon droit et puis moi, je crois qu'ils sont jaloux, tout simplement, parce que ma maman va être très contente et elle va me donner un bon dessert et elle va dire que je suis très gentil et puis qu'est-ce qu'ils ont tous à me taquiner ?

« Salut, Nicolas ! » il m'a dit, Joachim. « Qu'est-ce qu'il a mon bouquet ? j'ai crié à Joachim. Andouille toi-même ! » Joachim a arrêté son vélo, il m'a regardé avec des yeux tout ronds et il m'a demandé : « Quel bouquet ? » « Celui-ci ! » je lui ai répondu et je lui ai envoyé les fleurs à la figure. Je crois que Joachim ne s'attendait pas à recevoir des fleurs sur la figure, en tout cas, ça ne lui a pas plu du tout. Il a jeté les fleurs dans la rue et elles sont tombées sur le toit d'une auto qui passait et elles sont parties avec l'auto. « Mes fleurs ! j'ai crié. Les fleurs de ma maman ! » « T'en fais pas, m'a dit

Joachim, je prends le vélo et je rattrape l'auto ! » Il est gentil, Joachim, mais il ne pédale pas vite, surtout quand ça monte, et pourtant, il s'entraîne pour le Tour de France qu'il fera quand il sera grand. Joachim est revenu en me disant qu'il n'avait pas pu rattraper l'auto, qu'elle l'avait lâché dans un col. Mais il me ramenait une fleur qui était tombée du toit de l'auto. Pas de chance, c'était celle qui était écrasée.

Joachim est parti très vite, ça descend pour aller chez lui, et moi, je suis rentré à la maison, avec ma fleur toute chiffonnée. J'avais comme une grosse boule dans la gorge. Comme quand je ramène mon carnet de classe à la maison avec des zéros dedans.

J'ai ouvert la porte et j'ai dit à maman : « Joyeux anniversaire, maman » et je me suis mis à pleurer. Maman a regardé la fleur, elle avait l'air un peu étonnée, et puis, elle m'a pris dans ses bras, elle m'a embrassé des tas et des tas de fois, elle a dit qu'elle n'avait jamais reçu un aussi beau bouquet et elle a mis la fleur dans le grand vase bleu du salon.

Vous direz ce que vous voudrez, mais ma maman, elle est chouette !

Les carnets

Cet après-midi, à l'école, on n'a pas rigolé, parce que le directeur est venu en classe nous distribuer les carnets. Il n'avait pas l'air content, le directeur, quand il est entré avec nos carnets sous le bras. « Je suis dans l'enseignement depuis des années, il a dit, le directeur, et je n'ai jamais vu une classe aussi dissipée. Les observations portées sur vos carnets par votre maîtresse en font foi. Je vais commencer à distribuer les carnets. » Et Clotaire s'est mis à pleurer. Clotaire c'est le dernier de la classe et tous les mois, dans son carnet, la maîtresse écrit des tas de choses et le papa et la maman de Clotaire ne sont pas contents et le privent de dessert et de télévision. Ils sont tellement habitués, m'a raconté Clotaire, qu'une fois par mois, sa maman ne fait pas de dessert et son papa va voir la télévision chez des voisins.

Sur mon carnet à moi il y avait : « Élève turbulent, souvent distrait. Pourrait faire mieux. » Eudes avait : « Élève dissipé. Se bat avec ses camarades. Pourrait faire mieux. » Pour Rufus, c'était : « Persiste à jouer en classe avec un sifflet à roulette, maintes fois confisqué. Pourrait faire mieux. » Le seul qui ne pouvait pas faire mieux, c'était Agnan. Agnan, c'est le premier de la classe et le chouchou de la maîtresse. Le directeur nous a lu le carnet d'Agnan : « Élève appliqué, intelligent. Arrivera. » Le directeur nous a dit qu'on devait suivre l'exemple d'Agnan, que nous étions des petits vauriens, que nous finirions au bagne et que ça ferait sûrement beaucoup de peine à nos papas et à nos mamans qui devaient avoir d'autres projets pour nous. Et puis il est parti.

Nous, on était bien embêtés, parce que les carnets, nos papas doivent les signer et ça, ce n'est pas toujours très rigolo. Alors, quand la cloche a sonné la fin de la classe, au lieu de courir tous à la porte, de nous bousculer, de nous pousser et de nous jeter nos cartables à la tête comme nous le faisions d'habitude, nous sommes sortis doucement, sans rien dire. Même la maîtresse avait l'air triste. Nous, on ne lui en veut pas à la maîtresse. Il faut dire que ce mois-ci, on a un peu fait les guignols et puis Geoffroy n'aurait pas dû renverser son encrier par terre sur Joachim qui était tombé en faisant des tas de grimaces parce que Eudes lui avait donné un coup de poing sur le nez alors que c'était Rufus qui lui avait tiré les cheveux à Eudes.

Dans la rue, nous marchions pas vite, en traînant les pieds. Devant la pâtisserie on a attendu Alceste qui était entré acheter six petits pains au chocolat qu'il a commencé à manger tout de suite. « Il faut que je fasse des provisions, il nous a dit Alceste, parce que ce soir, pour le dessert… » et puis il a poussé un gros soupir, tout en mâchant. Il faut dire que sur le carnet d'Alceste, il y avait : « Si cet élève mettait autant d'énergie au travail qu'à se nourrir, il serait le premier de la classe, car il pourrait faire mieux. »

Celui qui avait l'air le moins embêté, c'était Eudes. « Moi, il a dit, je n'ai pas peur. Mon papa, il ne me dit rien, je le regarde droit dans les yeux et puis lui, il signe le carnet et puis voilà ! » Il a de la veine, Eudes. Quand on est arrivés au coin, on s'est séparés. Clotaire est parti en pleurant, Alceste en mangeant et Rufus en sifflant tout bas dans son sifflet à roulette.

Moi, je suis resté tout seul avec Eudes. « Si tu as peur de rentrer chez toi, c'est facile, m'a dit Eudes. Tu viens chez moi et tu restes coucher à la maison. » C'est un copain, Eudes. Nous sommes partis ensemble et Eudes m'expliquait comment il regardait son papa dans les yeux. Mais, plus on s'approchait de la maison d'Eudes, moins Eudes parlait. Quand on s'est trouvés devant la porte de la maison, Eudes ne disait plus rien. On est restés là un moment et puis j'ai dit à Eudes : « Alors, on

entre ? » Eudes s'est gratté la tête et puis il m'a dit : « Attends-moi un petit moment. Je reviendrai te chercher. » Et puis Eudes est entré chez lui. Il avait laissé la porte entrouverte, alors j'ai entendu une claque, une grosse voix qui disait : « Au lit sans dessert, petit bon à rien » et Eudes qui pleurait. Je crois que pour ce qui est des yeux de son papa, Eudes n'a pas dû bien regarder.

Ce qui était embêtant, c'est que maintenant il fallait que je rentre chez moi. J'ai commencé à marcher en faisant attention de ne pas mettre les pieds sur les raies entre les pavés, c'était facile parce que je n'allais pas vite. Papa, je savais bien ce qu'il me dirait. Il me dirait que lui était toujours le premier de sa classe et que son papa à lui était très fier de mon papa à moi et qu'il ramenait de l'école des tas de tableaux d'honneur et de croix et qu'il aimerait me les montrer, mais qu'il les a perdus dans le déménagement quand il s'est marié. Et puis, papa me dirait que je n'arriverais à rien, que je serais pauvre et que les gens diraient ça c'est Nicolas, celui qui avait des mauvaises notes à l'école, et ils me montreraient du doigt et je les ferais rigoler. Après, papa me dirait qu'il se saignait aux quatre veines pour me donner une éducation soignée et pour que je sois armé pour la vie et que moi j'étais un ingrat et que je ne souffrais même pas de la peine que je faisais à mes pauvres parents et que je n'aurais pas de dessert et pour ce qui est du cinéma, on attendrait le prochain carnet.

Il va me dire tout ça, mon papa, comme le mois dernier et le mois d'avant, mais moi, j'en ai assez. Je vais lui dire que je suis très malheureux, et puisque c'est comme ça, eh bien je vais quitter la maison et partir très loin et on me regrettera beaucoup et je ne reviendrai que dans des tas d'années et j'aurai beaucoup d'argent et papa aura honte de m'avoir dit que je n'arriverai à rien et les gens n'oseront pas me montrer du doigt pour rigoler et avec mon argent j'emmènerai papa et maman au cinéma et tout le monde dira : « Regardez, c'est Nicolas qui a des tas d'argent et le cinéma c'est lui qui le paie à son papa et à sa maman, même s'ils n'ont pas été très gentils avec lui » et au cinéma, j'emmènerai aussi la maîtresse et le directeur de l'école, et je me suis trouvé devant chez moi.

En pensant à tout ça et me racontant des chouettes histoires, j'avais oublié mon carnet et j'avais marché très vite. J'ai eu une grosse boule dans la gorge et je me suis dit que peut-être il valait mieux partir tout de suite et ne revenir que dans des tas d'années, mais il commençait à faire nuit et maman n'aime pas que je sois dehors quand il est tard. Alors, je suis entré.

Dans le salon, papa était en train de parler avec maman. Il avait des tas de papiers sur la table devant lui et il n'avait pas l'air content. « C'est incroyable, disait papa, à voir ce que l'on dépense dans cette maison, on croirait que je suis un multimillionnaire ! Regarde-moi ces factures ! Cette facture du boucher ! Celle de l'épicier ! Oh, bien sûr, l'argent c'est moi qui dois le trouver ! » Maman n'était pas contente non plus et elle disait à papa qu'il n'avait aucune idée du coût de la vie et qu'un jour il devrait aller faire des courses avec elle et qu'elle retournerait chez sa mère et qu'il ne fallait pas discuter de cela devant l'enfant. Moi, alors, j'ai donné le carnet à papa. Papa, il a ouvert le carnet, il a signé et il me l'a rendu en disant : « L'enfant n'a rien à voir là-dedans. Tout ce que je demande, c'est que l'on m'explique pourquoi le gigot coûte ce prix-là ! » « Monte jouer dans ta chambre, Nicolas », m'a dit maman. « C'est ça, c'est ça », a dit papa.

Je suis monté dans ma chambre, je me suis couché sur le lit et je me suis mis à pleurer.

C'est vrai ça, si mon papa et ma maman m'aimaient, ils s'occuperaient un peu de moi !

Louisette

Je n'étais pas content quand maman m'a dit qu'une de ses amies viendrait prendre le thé avec sa petite fille. Moi, je n'aime pas les filles. C'est bête, ça ne sait pas jouer à autre chose qu'à la poupée et à la marchande et ça pleure tout le temps. Bien sûr, moi aussi je pleure quelquefois, mais c'est pour des choses graves, comme la fois où le vase du salon s'est cassé et papa m'a grondé et ce n'était pas juste parce que je ne l'avais pas fait exprès et puis ce vase il était très laid et je sais bien que papa n'aime pas que je joue à la balle dans la maison, mais dehors il pleuvait.

« Tu seras bien gentil avec Louisette, m'a dit maman, c'est une charmante petite fille et je veux que tu lui montres que tu es bien élevé. »

Quand maman veut montrer que je suis bien élevé, elle m'habille avec le costume bleu et la chemise blanche et j'ai l'air d'un guignol. Moi j'ai dit à maman que j'aimerais mieux aller avec les copains au cinéma voir un film de cow-boys, mais maman elle m'a fait des yeux comme quand elle n'a pas envie de rigoler.

« Et je te prie de ne pas être brutal avec cette petite fille, sinon, tu auras affaire à moi, a dit maman, compris ? » À quatre heures, l'amie de maman est venue avec sa petite fille. L'amie de maman m'a embrassé, elle m'a dit, comme tout le monde, que j'étais un grand garçon, elle m'a dit aussi : « Voilà Louisette. » Louisette et moi, on s'est regardés. Elle avait des cheveux jaunes, avec des nattes, des yeux bleus, un nez et une robe rouges. On s'est donné les doigts, très vite. Maman a servi le thé, et ça, c'était très bien, parce que, quand il y a du monde pour le thé, il y a des gâteaux au chocolat et on peut en reprendre deux fois. Pendant le goûter, Louisette et moi on n'a rien dit. On a mangé et on ne s'est pas regardés. Quand on a eu fini, maman a dit : « Maintenant, les enfants, allez vous amuser. Nicolas, emmène Louisette dans ta chambre et montre-lui tes beaux jouets. » Maman elle a dit ça avec un grand sourire, mais en même temps elle m'a fait des yeux, ceux avec lesquels il vaut mieux ne pas rigoler. Louisette et moi on est allés dans ma chambre, et là, je ne savais pas quoi lui dire. C'est Louisette qui a dit, elle a dit : « Tu as l'air d'un singe. » Ça ne m'a pas plu, ça, alors je lui ai répondu : « Et toi, tu n'es qu'une fille ! » et elle m'a donné une gifle. J'avais bien envie de me mettre à pleurer, mais je me suis retenu, parce que maman voulait que je sois bien élevé, alors, j'ai tiré une des nattes de Louisette et elle m'a donné un coup de pied à la cheville.

Là, il a fallu quand même que je fasse « ouille, ouille » parce que ça faisait mal. J'allais lui donner une gifle, quand Louisette a changé de conversation, elle m'a dit : « Alors, ces jouets, tu me les montres ? » J'allais lui dire que c'était des jouets de garçon, quand elle a vu mon ours en peluche, celui que j'avais rasé à moitié une fois avec le rasoir de papa. Je l'avais rasé à moitié seulement, parce que le rasoir de papa n'avait pas tenu le coup. « Tu joues à la poupée ? » elle m'a demandé Louisette, et puis elle s'est mise à rire. J'allais lui tirer une natte et Louisette levait la main pour me la mettre sur la figure, quand la porte s'est ouverte et nos deux mamans sont entrées. « Alors, les enfants, a dit maman, vous vous amusez bien ? » « Oh ! oui, madame ! » a dit Louisette avec des yeux tout ouverts et puis elle a fait bouger ses paupières très vite et maman l'a embrassée en disant : « Adorable, elle est adorable ! C'est un vrai petit poussin ! » et Louisette travaillait dur avec les paupières. « Montre tes beaux livres d'images à Louisette », m'a dit ma maman, et l'autre maman a dit que nous étions deux petits poussins et elles sont parties.

Moi, j'ai sorti mes livres du placard et je les ai donnés à Louisette, mais elle ne les a pas regardés et elle les a jetés par terre, même celui où il y a des tas d'Indiens et qui est terrible : « Ça ne m'intéresse pas tes livres, elle m'a dit, Louisette, t'as pas quelque chose de plus rigolo ? » et puis elle a regardé dans le placard et elle a vu mon avion, le chouette, celui qui a un élastique, qui est rouge et qui vole. « Laisse ça, j'ai dit, c'est pas pour les filles, c'est mon avion ! » et j'ai essayé de le reprendre, mais Louisette s'est écartée. « Je suis l'invitée, elle a dit, j'ai le droit de jouer avec tous tes jouets, et si tu n'es pas d'accord, j'appelle ma maman et on verra qui a raison ! » Moi, je ne savais pas quoi faire, je ne voulais pas qu'elle le casse, mon avion, mais je n'avais pas envie qu'elle appelle sa maman, parce que ça ferait des histoires. Pendant que j'étais là, à penser, Louisette a fait tourner l'hélice pour remonter l'élastique et puis elle a lâché l'avion. Elle l'a lâché par la fenêtre de ma chambre qui était ouverte, et l'avion est parti. « Regarde ce que tu as fait, j'ai crié. Mon avion est perdu ! » et je me suis mis à pleurer. « Il n'est pas perdu, ton avion, bêta, m'a dit Louisette, regarde, il est tombé dans le jardin, on n'a qu'à aller le chercher. »

Nous sommes descendus dans le salon et j'ai demandé à maman si on pouvait sortir jouer dans le jardin et maman a dit qu'il faisait trop froid, mais Louisette a fait le coup des paupières et elle a dit qu'elle voulait voir les jolies fleurs. Alors, ma maman a dit qu'elle était un adorable poussin et elle a dit de bien nous couvrir pour sortir. Il faudra que j'apprenne, pour les paupières, ça a l'air de marcher drôlement, ce truc !

Dans le jardin, j'ai ramassé l'avion, qui n'avait rien, heureusement, et Louisette m'a dit : « Qu'est-ce qu'on fait ? » « Je ne sais pas, moi, je lui ai dit, tu voulais voir les fleurs, regarde-les, il y en a des tas par là. » Mais Louisette m'a dit qu'elle s'en moquait de mes fleurs et qu'elles étaient minables. J'avais bien envie de lui taper sur le nez, à Louisette, mais je n'ai pas osé, parce que la fenêtre du salon donne sur le jardin, et dans le salon il y avait les mamans. « Je n'ai pas de jouets, ici, sauf le ballon de football, dans le garage. » Louisette m'a dit que ça, c'était une bonne idée. On est allés chercher le ballon et moi j'étais très embêté, j'avais peur que les copains me voient jouer avec une fille. « Tu te mets entre les arbres, m'a dit Louisette, et tu essaies d'arrêter le ballon. »

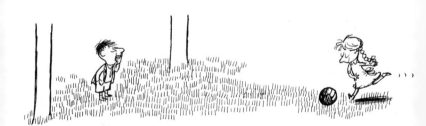

Là, elle m'a fait rire, Louisette, et puis, elle a pris de l'élan et, boum ! un shoot terrible ! La balle, je n'ai pas pu l'arrêter, elle a cassé la vitre de la fenêtre du garage.

Les mamans sont sorties de la maison en courant. Ma maman a vu la fenêtre du garage et elle a compris tout de suite. « Nicolas ! elle m'a dit, au lieu de jouer à des jeux brutaux, tu ferais mieux de t'occuper de tes invités, surtout quand ils sont aussi gentils que Louisette ! » Moi, j'ai regardé Louisette, elle était plus loin, dans le jardin, en train de sentir les bégonias.

Le soir, j'ai été privé de dessert, mais ça ne fait rien, elle est chouette, Louisette, et quand on sera grands, on se mariera.

Elle a un shoot terrible !

On a répété pour le ministre

On nous a fait tous descendre dans la cour et le directeur est venu nous parler. « Mes chers enfants, il nous a dit, j'ai le grand plaisir de vous annoncer qu'à l'occasion de son passage dans notre ville monsieur le ministre va nous faire l'honneur de venir visiter cette école. Vous n'ignorez peut-être pas que monsieur le ministre est un ancien élève de l'école. Il est pour vous un exemple, un exemple qui prouve qu'en travaillant bien il est possible d'aspirer aux plus hautes destinées. Je tiens à ce que monsieur le ministre reçoive ici un accueil inoubliable et je compte sur vous pour m'aider dans ce but. » Et le directeur a envoyé Clotaire et Joachim au piquet parce qu'ils se battaient.

Après, le directeur a réuni tous les professeurs et les surveillants autour de lui et il leur a dit qu'il avait des idées terribles pour recevoir le ministre. Pour commencer, on allait tous chanter *La Mar-*

seillaise et puis après, trois petits s'avanceraient avec des fleurs et ils donneraient les fleurs au ministre. C'est vrai qu'il a des chouettes idées le directeur et ce sera une bonne surprise pour le ministre de recevoir des fleurs, il ne s'y attend sûrement pas. Notre maîtresse a eu l'air inquiète, je me demande pourquoi. Je la trouve nerveuse, ces derniers temps, la maîtresse.

Le directeur a dit qu'on allait commencer la répétition tout de suite et là, on a été rudement contents, parce qu'on n'allait pas aller en classe. Mademoiselle Vanderblergue, qui est professeur de chant, nous a fait chanter *La Marseillaise*. Il paraît que ce n'était pas trop réussi, pourtant, on faisait un drôle de bruit. C'est vrai que nous, nous étions un peu en avance sur les grands. Eux, ils en étaient au jour de gloire qui est arrivé et nous, nous en étions déjà au deuxième étendard sanglant qui est levé, sauf Rufus qui ne connaît pas les paroles et qui faisait « lalala » et Alceste qui ne chantait pas parce qu'il était en train de manger un croissant. Mademoiselle Vanderblergue a fait des grands gestes avec les bras pour nous faire taire, mais au lieu de gronder les grands qui étaient en retard, elle nous a grondés nous qui avions gagné et ce n'est pas juste. Peut-être, ce qui a mis en colère mademoiselle Vanderblergue, c'est que Rufus, qui chante en fermant les yeux, n'avait pas vu qu'il fallait s'arrêter et il avait continué à faire « lalala ». Notre maîtresse a parlé au directeur et à mademoiselle Vanderblergue et puis le directeur nous a dit que seuls les grands chanteraient, les petits feraient semblant. On a essayé et ça a très bien marché, mais il y avait moins de bruit et le directeur a dit à Alceste que ce n'était pas la peine de faire des grimaces pareilles pour faire semblant de chanter et Alceste lui a répondu qu'il ne faisait pas semblant de chanter, qu'il mâchait et le directeur a poussé un gros soupir.

« Bon, a dit le directeur, après *La Marseillaise*, on va faire avancer trois petits. » Le directeur nous a regardés et puis il a choisi Eudes, Agnan, qui est le premier de la classe et le chouchou de la maîtresse, et moi. « Dommage que ce ne soit pas des filles, a dit le directeur, on pourrait les habiller en bleu, blanc et rouge, ou alors, ce qui se fait parfois, on leur met un nœud dans les cheveux, c'est du meilleur effet. » « Si on me met un nœud dans les cheveux, ça va fumer », a dit Eudes. Le directeur a tourné la tête très vite et il a regardé Eudes avec un œil tout grand et l'autre tout petit, à cause du sourcil qu'il avait mis dessus. « Qu'est-ce que tu as dit ? » a demandé le directeur, alors notre maîtresse a dit très vite : « Rien, monsieur le directeur, il a toussé. » « Mais non, mademoiselle, a dit Agnan, je l'ai entendu, il a dit... » Mais la maîtresse ne l'a pas laissé finir, elle lui a dit qu'elle ne lui avait rien demandé. « Exactement, sale cafard, a dit Eudes, on ne t'a pas sonné. » Agnan s'est mis à pleurer et à

dire que personne ne l'aimait et qu'il était très malheureux et qu'il se sentait mal et qu'il allait en parler à son papa et qu'on allait voir ce qu'on allait voir et la maîtresse a dit à Eudes de ne pas parler sans avoir la permission et le directeur s'est passé la main sur la figure comme pour l'essuyer et il a demandé à la maîtresse si cette petite conversation était terminée et s'il pouvait continuer, la maîtresse elle est devenue toute rouge et ça lui allait très bien, elle est presque aussi jolie que maman, mais chez nous c'est plutôt papa qui devient rouge.

« Bien, a dit le directeur, ces trois enfants vont s'avancer vers monsieur le ministre et vont lui offrir des fleurs. Il me faut quelque chose qui ressemble à des bouquets de fleurs pour la répétition. » Le Bouillon, qui est le surveillant, a dit : « J'ai une idée, monsieur le directeur, je reviens tout de suite », et il est parti en courant et il est revenu avec trois plumeaux. Le directeur a eu l'air un peu surpris et puis il a dit que oui, après tout, pour la répétition, ça ferait l'affaire. Le Bouillon nous a donné un plumeau à chacun, à Eudes, à Agnan et à moi. « Bien, a dit le directeur, maintenant, les enfants, nous allons supposer que je suis monsieur le ministre, alors vous, vous vous avancez et vous me donnez les plumeaux. » Nous, on fait comme il avait dit, le directeur, et on lui a donné les plumeaux. Le directeur tenait les plumeaux dans les bras, quand tout d'un coup il s'est fâché. Il a regardé Geoffroy et il lui a dit : « Vous, là-bas ! Je vous ai vu rire. J'aimerais bien que vous nous disiez ce qu'il y a de tellement drôle, pour que nous puissions tous en profiter. » « C'est ce que vous avez dit, m'sieu, a répondu Geoffroy, l'idée de mettre des nœuds dans les cheveux de Nicolas, Eudes et ce sale chouchou d'Agnan, c'est ça qui m'a fait rigoler ! » « Tu veux un coup de poing sur le nez ? » a demandé Eudes. « Ouais », j'ai dit, et Geoffroy m'a donné une gifle. On a commencé à se battre et les autres copains s'y sont mis aussi, sauf Agnan qui se roulait par terre en criant qu'il n'était pas un sale chouchou et que personne ne l'aimait et que son papa se plaindrait au ministre. Le directeur agitait ses plumeaux et criait : « Arrêtez ! Mais arrêtez ! » Tout le monde courait partout, mademoiselle Vanderblergue s'est trouvée mal, c'était terrible.

Le lendemain, quand le ministre est venu, ça s'est bien passé, mais nous on ne l'a pas vu, parce qu'on nous avait mis dans la buanderie, et même si le ministre avait voulu nous voir il n'aurait pas pu parce que la porte était fermée à clef.

Il a de drôles d'idées, le directeur !

Je fume

J'étais dans le jardin et je ne faisais rien, quand est venu Alceste et il m'a demandé ce que je faisais et je lui ai répondu : « Rien. »

Alors, Alceste m'a dit : « Viens avec moi, j'ai quelque chose à te montrer, on va rigoler. » Moi, j'ai tout de suite suivi Alceste, on s'amuse bien tous les deux. Alceste, je ne sais pas si je vous l'ai dit, c'est un copain qui est très gros et qui mange tout le temps. Mais là, il ne mangeait pas, il avait la main dans la poche et, pendant que nous marchions dans la rue, il regardait derrière lui comme pour voir si on ne nous suivait pas. « Qu'est-ce que tu veux me montrer, Alceste ? » j'ai demandé. « Pas encore », il m'a dit.

Enfin, quand on a tourné le coin de la rue, Alceste a sorti de sa poche un gros cigare. « Regarde, il m'a dit, et c'est un vrai, pas en chocolat ! » Ça, qu'il n'était pas en chocolat, il n'avait pas besoin de me le dire, si le cigare avait été en chocolat, Alceste ne me l'aurait pas montré, il l'aurait mangé.

Moi, j'étais un peu déçu, Alceste m'avait dit qu'on allait rigoler. « Et qu'est-ce qu'on va faire avec ce cigare ? » j'ai demandé. « Cette question ! m'a répondu Alceste, on va le fumer, pardi ! » Je n'étais pas tellement sûr que ce soit une bonne idée de fumer le cigare, et puis, j'avais bien l'impression que ça ne plairait pas à maman et à papa, mais Alceste

m'a demandé si mon papa et ma maman m'avaient défendu de fumer le cigare. J'ai réfléchi, et là, je dois dire que papa et maman m'ont défendu de faire des dessins sur les murs de ma chambre, de parler à table quand il y a des invités sans que je sois interrogé, de remplir la baignoire pour jouer avec mon bateau, de manger des gâteaux avant le dîner, de claquer les portes, de me mettre les doigts dans le nez et de dire des gros mots, mais, de fumer le cigare, ça, papa et maman ne me l'ont jamais défendu.

« Tu vois, m'a dit Alceste. De toute façon, pour qu'on n'ait pas d'histoires, nous allons nous cacher quelque part où nous pourrons fumer tranquillement. » Moi, j'ai proposé qu'on aille dans le terrain vague qui n'est pas loin de la maison. Papa, il n'y va jamais. Alceste a dit que c'était une bonne idée et nous allions déjà passer la palissade pour entrer dans le terrain vague, quand Alceste s'est frappé le front. « Tu as du feu ? » il m'a demandé, je lui ai répondu que non. « Ben alors, a dit Alceste, comment on va faire pour le fumer, ce cigare ? » J'ai proposé qu'on demande du feu à un monsieur dans la rue, je l'ai déjà vu faire à mon papa et c'est très amusant, parce que l'autre monsieur essaie toujours d'allumer son briquet et avec le vent il ne peut pas, alors il donne sa cigarette à papa et papa appuie sa cigarette contre celle du monsieur et la cigarette du monsieur est toute chiffonnée et le monsieur n'est pas tellement content. Mais Alceste m'a dit que j'étais tombé sur la tête et que jamais un monsieur ne voudrait nous donner du feu parce qu'on était trop petits. Dommage, ça m'aurait amusé de chiffonner la cigarette d'un monsieur avec notre gros cigare. « Et si on allait acheter des allumettes chez un marchand de tabac ? » j'ai dit. « T'as des sous ? » m'a demandé Alceste. Moi j'ai dit qu'on pourrait se cotiser comme à la fin de l'année, à l'école, pour acheter un cadeau à la maîtresse. Alceste s'est fâché, il a dit que lui il mettait le cigare, qu'il était juste que je paie les allumettes. « Tu l'as payé, le cigare ? » j'ai demandé. « Non, m'a dit Alceste, je l'ai trouvé dans le tiroir du bureau de mon papa, et, comme mon papa ne fume pas le cigare, ça ne va pas le priver et il ne verra jamais que le cigare n'est plus là. » « Si t'as pas payé le cigare, il n'y a pas de raison que je paie les allumettes », j'ai dit. Finalement, j'ai accepté d'acheter les allumettes, à condition qu'Alceste vienne avec moi dans le bureau de tabac, j'avais un peu peur d'y aller seul.

Nous sommes entrés dans le bureau de tabac et la dame nous a demandé : « Qu'est-ce que vous voulez, mes lapins ? » « Des allumettes » j'ai dit. « C'est pour nos papas », a dit Alceste, mais ça, ce n'était pas malin, parce que la dame s'est méfiée et elle a dit que nous ne devions pas jouer avec des allumettes, qu'elle ne voulait pas nous en vendre et que nous étions des petits garnements. Moi, j'aimais mieux avant, quand Alceste et moi on était des lapins.

Nous sommes sortis du bureau de tabac et nous étions bien embêtés. C'est difficile de fumer le cigare, quand on est petit ! « Moi j'ai un cousin qui est boy-scout, m'a dit Alceste. Il paraît qu'on lui a appris à faire du feu en frottant des bouts de bois. Si on était boy-scouts, on saurait comment faire pour fumer le cigare. » Je ne savais pas qu'on apprenait ces choses-là, chez les boy-scouts, mais il ne faut pas croire tout ce que raconte Alceste. Moi, je n'ai jamais vu de boy-scout fumer le cigare.

« J'en ai assez de ton cigare, j'ai dit à Alceste, je rentre chez moi. » « Oui, a dit Alceste, d'ailleurs je commence à avoir faim et je ne veux pas être en retard pour le goûter, il y a du baba. » Et, tout d'un coup, on a vu par terre, sur le trottoir, une boîte d'allumettes ! Vite, on l'a ramassée et on a vu qu'il restait une allumette dedans. Alceste était tellement nerveux qu'il en a oublié son baba. Et pour qu'Alceste oublie un baba, il faut qu'il soit drôlement nerveux ! « Allons vite dans le terrain vague ! » a crié Alceste.

Nous avons couru et nous avons passé la palissade, là où il manque une planche. Il est chouette le terrain vague, nous y allons souvent, pour jouer. Il y a de tout, là-bas : de l'herbe, de la boue, des pavés, des vieilles caisses, des boîtes de conserve, des chats et surtout, surtout une auto ! C'est une vieille auto, bien sûr, elle n'a plus de roues, ni de moteur, ni de portes, mais nous, on s'amuse bien là-dedans, on fait

vroom, vroom et on joue aussi à l'autobus, ding, ding, fin de section, complet. C'est terrible !

« Nous allons fumer dans l'auto », a dit Alceste. Nous y sommes entrés et, quand nous nous sommes assis, les ressorts dans les fauteuils ont fait un drôle de bruit, comme le fauteuil de pépé, chez mémé, que mémé ne veut pas faire arranger parce qu'il lui rappelle pépé.

Alceste a mordu le bout du cigare et il l'a craché. Il m'a dit qu'il avait vu faire ça dans un film de bandits. Et puis, on a fait bien attention de ne pas gâcher l'allumette et tout s'est bien passé. Alceste, comme le cigare était à lui, c'était lui qui commençait, aspirait en faisant des tas de bruits et il y avait beaucoup de fumée. Le premier coup, ça l'a surpris, Alceste, ça l'a fait tousser et il m'a passé le cigare. J'ai aspiré, moi aussi, et, je dois dire que je n'ai pas trouvé ça tellement bon et ça m'a fait tousser, aussi. « Tu ne sais pas, m'a dit Alceste, regarde ! La fumée par le nez ! » Et Alceste a pris le cigare et il a essayé de faire passer la fumée par son nez, et ça, ça l'a rudement fait tousser. Moi, j'ai essayé à mon tour et j'ai mieux réussi, mais la fumée m'a fait piquer les yeux. On rigolait bien.

On était là à se passer le cigare, quand Alceste m'a dit : « Ça me fait tout chose, je n'ai plus faim. » Il était vert, Alceste, et puis, tout d'un coup, il a été drôlement malade. Le cigare, on l'a jeté, moi, j'avais la tête qui me tournait et j'avais un peu envie de pleurer. « Je rentre chez ma maman », a dit

Alceste et il est parti en se tenant le ventre. Je crois qu'il ne mangera pas de baba ce soir.

Je suis rentré à la maison, aussi. Ça n'allait pas très fort. Papa était assis dans le salon en fumant sa pipe, maman tricotait et moi j'ai été malade. Maman était très inquiète, elle m'a demandé ce que j'avais, je lui ai dit que c'était la fumée, mais je n'ai pas pu continuer à lui expliquer le coup du cigare, parce que j'ai encore été malade. « Tu vois, a dit maman à papa, je t'ai toujours dit que cette pipe empestait ! » Et, à la maison, depuis que j'ai fumé le cigare, papa n'a plus le droit de fumer la pipe.

Le Petit Poucet

La maîtresse nous a expliqué que le directeur de l'école allait partir, il prenait sa retraite. Pour fêter ça, on prépare des choses terribles, à l'école, on va faire comme pour la distribution des prix : les papas et les mamans viendront, on mettra des chaises dans la grande classe, des fauteuils pour le directeur et les professeurs, des guirlandes et une estrade pour faire la représentation. Les comiques, comme d'habitude, ça va être nous, les élèves.

Chaque classe prépare quelque chose. Les grands vont faire la gymnastique, ils se mettent tous les uns sur les autres et celui qui est le plus haut, il agite un petit drapeau et tout le monde applaudit. Ils ont fait ça, l'année dernière, pour la distribution des prix et c'était très chouette, même si à la fin ça a un peu raté pour le drapeau, parce qu'ils sont tombés avant de l'agiter. La classe au-dessus de la nôtre va danser. Ils seront tous habillés en paysans, avec des sabots. Ils se mettront en rond, taperont sur l'estrade avec les sabots, mais au lieu d'agiter un drapeau, ils agiteront des mouchoirs en criant « youp-là ! » Eux aussi, ils ont fait ça l'année dernière, c'était moins bien que la gymnastique, mais ils ne sont pas tombés. Il y a une classe qui va chanter *Frère Jacques* et un ancien élève qui va réciter un compliment et nous dire que c'est parce que le directeur lui a donné de bons conseils qu'il est devenu un homme et secrétaire à la mairie.

Nous, ça va être formidable ! La maîtresse nous a dit que nous allions jouer une pièce ! Une pièce comme dans les théâtres et dans la télévision de Clotaire, parce que papa n'a pas voulu encore en acheter une.

La pièce s'appelle *Le Petit Poucet et le Chat Botté*, et aujourd'hui, en classe, nous faisons la première répétition, la maîtresse doit nous dire quels rôles on va jouer. Geoffroy, à tout hasard, est venu habillé en cow-boy, son papa est très riche et il lui achète des tas de choses, mais la maîtresse n'a pas tellement aimé le déguisement de Geoffroy. « Je t'ai déjà prévenu, Geoffroy, elle lui a dit, que je n'aime pas te voir venir à l'école déguisé. D'ailleurs, il n'y a pas de cow-boys dans cette pièce. » « Pas de cow-boys ? a demandé Geoffroy, et vous appelez ça une pièce ? Ça va être rien moche ! » et la maîtresse l'a mis au piquet.

L'histoire de la pièce est très compliquée et je n'ai pas très bien compris quand la maîtresse nous l'a racontée. Je sais qu'il y a le Petit Poucet qui cherche ses frères et il rencontre le Chat Botté et il y a le marquis de Carabas et un ogre qui veut manger les frères du Petit Poucet et le Chat Botté aide le Petit Poucet et l'ogre est vaincu et il devient gentil et je crois qu'à la fin il ne mange pas les frères du Petit Poucet et tout le monde est content et ils mangent autre chose.

« Voyons, a dit la maîtresse, qui va jouer le rôle du Petit Poucet ? » « Moi, mademoiselle, a dit Agnan. C'est le rôle principal et je suis le premier de la classe ! » C'est vrai qu'Agnan est le premier de la classe, c'est aussi le chouchou et un mauvais camarade qui pleure tout le temps et qui porte des lunettes et on ne peut pas lui taper dessus à cause d'elles. « T'as une tête à jouer le Petit Poucet, comme moi à faire de la dentelle ! » a dit Eudes, un copain, et Agnan s'est mis à pleurer et la maîtresse a mis Eudes au piquet, à côté de Geoffroy.

« Il me faut un ogre, maintenant, a dit la maîtresse, un ogre qui a envie de manger le Petit Poucet ! » Moi, j'ai proposé que l'ogre soit Alceste, parce qu'il est très gros et il mange tout le temps. Mais Alceste n'était pas d'accord, il a regardé Agnan et il a dit : « Je ne mange pas de ça, moi ! » C'est la première fois que je lui vois l'air dégoûté, à Alceste, c'est vrai que l'idée de manger Agnan, ce n'est pas tellement appétissant. Agnan s'est vexé qu'on ne veuille pas le manger. « Si tu ne retires pas ce que tu as dit, a crié Agnan, je me plaindrai à mes parents et je te ferai renvoyer de l'école ! » « Silence ! a crié la maîtresse. Alceste, tu feras la foule des villageois et puis aussi, tu seras le souffleur, pour aider tes camarades pendant la représentation. » L'idée de souffler aux copains, comme quand ils sont au tableau, ça l'a amusé, Alceste, il a pris un biscuit dans sa poche, se l'est mis dans la bouche et il a dit : « D'ac ! » « En voilà une façon de s'exprimer, a crié la maîtresse, veux-tu parler correctement ! » « D'ac, mademoiselle », a corrigé Alceste et la maîtresse a poussé un gros soupir, elle a l'air fatiguée, ces jours-ci.

Pour le Chat Botté, la maîtresse avait d'abord choisi Maixent. Elle lui avait dit qu'il aurait un beau costume, une épée, des moustaches et une queue. Maixent était d'accord pour le beau costume, les moustaches et surtout l'épée, mais il ne voulait rien savoir pour la queue. « J'aurai l'air d'un singe », il a dit. « Ben quoi, a dit Joachim, tu seras naturel ! » et Maixent lui a donné un coup de pied, Joachim lui a rendu une gifle, la maîtresse les a mis tous les deux au piquet et elle m'a dit que le Chat Botté ce serait moi et que si ça ne me plaisait pas c'était le même prix, parce qu'elle commençait à en avoir assez de cette bande de garnements et elle plaignait beaucoup nos parents d'avoir à nous élever et que si ça continuait comme ça on finirait au bagne et elle plaignait les gardiens.

Après avoir choisi Rufus pour faire l'ogre et Clotaire le marquis de Carabas, la maîtresse nous a donné des feuilles écrites à la machine, où il y avait ce que nous avions à dire. La maîtresse a vu qu'il y avait des tas d'acteurs au piquet, alors, elle leur a dit de revenir pour aider Alceste à faire la foule des villageois. Alceste n'était pas content, il voulait faire la foule tout seul, mais la maîtresse lui a dit de se taire. « Bon, a dit la maîtresse, on va commencer, lisez bien vos rôles. Agnan, voilà ce que tu vas faire : tu arrives ici, tu es désespéré, c'est la forêt, tu cherches tes frères et tu te trouves devant Nicolas, le Chat Botté. Vous autres, la foule, vous dites, tous ensemble : mais c'est le Petit Poucet et le Chat Botté ! Allons-y. »

Nous nous sommes mis devant le tableau noir. Moi, j'avais une règle à ma ceinture pour faire semblant que c'était l'épée et Agnan a commencé à lire son rôle. « Mes frères, il a dit, où sont mes pauvres frères ! » « Mes frères, a crié Alceste, où sont mes pauvres frères ! » « Mais enfin, Alceste, que fais-tu ? » a demandé la maîtresse. « Ben quoi, a répondu Alceste, je suis le souffleur, alors, je souffle ! » « Mademoiselle, a dit Agnan, quand Alceste souffle, il m'envoie des miettes de biscuit sur mes lunettes et je n'y vois plus rien ! Je me plaindrai à mes parents ! » Et Agnan a enlevé ses lunettes pour

les essuyer, alors, Alceste en a vite profité et il lui a donné une gifle. « Sur le nez ! a crié Eudes, tape sur le nez ! » Agnan s'est mis à crier et à pleurer. Il a dit qu'il était malheureux et qu'on voulait le tuer et il s'est roulé par terre. Maixent, Joachim et Geoffroy ont commencé à faire la foule : « Mais c'est le Petit Poucet, ils disaient, et le Chat Botté ! » Moi je me battais avec Rufus. J'avais la règle et lui un plumier. La répétition marchait drôlement bien quand, tout d'un coup, la maîtresse a crié : « Assez ! À vos places ! Vous ne jouerez pas cette pièce pendant la fête. Je ne veux pas que monsieur le directeur voie ça ! »

Nous sommes tous restés la bouche ouverte.

C'était la première fois que nous entendions la maîtresse punir le directeur !

Le vélo

Papa ne voulait pas m'acheter de vélo. Il disait toujours que les enfants sont très imprudents et qu'ils veulent faire des acrobaties et qu'ils cassent leurs vélos et qu'ils se font mal. Moi, je disais à papa que je serais prudent et puis je pleurais et puis je boudais et puis je disais que j'allais quitter la maison, et, enfin, papa a dit que j'aurais un vélo si j'étais parmi les dix premiers à la composition d'arithmétique.

C'est pour ça que j'étais tout content hier en rentrant de l'école, parce que j'étais dixième à la composition. Papa, quand il l'a su, il a ouvert des grands yeux et il a dit : « Ça alors, eh ben ça alors » et maman m'a embrassé et elle m'a dit que papa m'achèterait tout de suite un beau vélo et que c'était très bien d'avoir réussi ma composition d'arithmétique. Il faut dire que j'ai eu de la chance, parce qu'on n'était que onze pour faire la composition, tous les autres copains avaient la grippe et le onzième c'était Clotaire qui est toujours le dernier mais lui ce n'est pas grave parce qu'il a déjà un vélo.

Aujourd'hui, quand je suis arrivé à la maison, j'ai vu papa et maman qui m'attendaient dans le jardin avec des gros sourires sur la bouche.

« Nous avons une surprise pour notre grand garçon ! » a dit maman et elle avait des yeux qui rigolaient, et papa est allé dans le garage et il a ramené, vous ne le devinerez pas : un vélo ! Un vélo rouge et argent qui brillait, avec une lampe et une sonnette. Terrible ! Moi, je me suis mis à courir et puis, j'ai embrassé maman, j'ai embrassé papa et j'ai embrassé le vélo. « Il faudra me promettre d'être prudent, a dit papa, et de ne pas faire d'acrobaties ! » J'ai promis, alors maman m'a embrassé, elle m'a dit que j'étais son grand garçon à elle et qu'elle allait préparer une crème au chocolat pour le dessert et elle est rentrée dans la maison. Ma maman et mon papa sont les plus chouettes du monde !

Papa, il est resté avec moi dans le jardin. « Tu sais, il m'a dit, que j'étais un drôle de champion cycliste et que si je n'avais pas connu ta mère, je serais peut-être passé professionnel ? » Ça, je ne le savais pas. Je savais que papa avait été un champion terrible de football, de rugby, de natation et de boxe, mais pour le vélo, c'était nouveau. « Je vais te montrer », a dit papa, et il s'est assis sur mon vélo et il a commencé à tourner dans le jardin. Bien sûr, le vélo était trop petit pour papa et il avait du mal avec ses genoux qui lui remontaient jusqu'à la figure, mais il se débrouillait.

« C'est un des spectacles les plus grotesques auxquels il m'ait été donné d'assister depuis la dernière fois que je t'ai vu ! » Celui qui avait parlé c'était monsieur Blédurt, qui regardait par-dessus la haie du jardin. Monsieur Blédurt c'est notre voisin, qui aime bien taquiner papa. « Tais-toi, lui a répondu papa, tu n'y connais rien au vélo ! » « Quoi ? a crié monsieur Blédurt, sache, pauvre ignorant, que j'étais champion interrégional amateur et que je serais passé professionnel si je n'avais pas connu ma femme ! » Papa s'est mis à rire. « Champion, toi ? il a dit, papa. Ne me fais pas rire, tu sais à peine te tenir sur un tricycle ! » Ça, ça ne lui a pas plu à monsieur Blédurt. « Tu vas voir », il a dit et il a sauté par-dessus la haie. « Passe-moi ce vélo », il a dit monsieur Blédurt en mettant la main sur le guidon, mais papa refusait de lâcher le vélo. « On ne t'a pas fait signe, Blédurt, a dit papa, rentre dans ta tanière ! » « Tu as peur que je te fasse honte devant ton malheureux enfant ? » a demandé monsieur Blédurt. « Tais-toi, tiens, tu me fais de la peine, voilà ce que tu me fais ! » a dit papa, il a arraché le guidon des mains de monsieur Blédurt et il a recommencé à tourner dans le jardin. « Grotesque ! » a dit monsieur Blédurt. « Ces paroles d'envie ne m'atteignent pas », a répondu papa.

Moi, je courais derrière papa et je lui ai demandé si je pourrais faire un tour sur mon vélo, mais il ne m'écoutait pas, parce que monsieur Blédurt s'est mis à rigoler en regardant papa et papa a dérapé sur les bégonias. « Qu'est-ce que tu as à rire bêtement ? » a demandé papa. « Je peux faire un tour, maintenant ? » j'ai dit. « Je ris parce que ça m'amuse de rire ! » a dit monsieur Blédurt. « C'est mon vélo, après tout », j'ai dit. « Tu es complètement idiot, mon pauvre Blédurt », a dit papa. « Ah oui ? » a demandé monsieur Blédurt. « Oui ! » a répondu papa. Alors, monsieur Blédurt s'est approché de papa et il a poussé papa qui est tombé avec mon vélo dans les bégonias. « Mon vélo ! » j'ai crié. Papa s'est levé et il a poussé monsieur Blédurt qui est tombé à son tour en disant : « Non mais, essaie un peu ! »

   Quand ils ont cessé de se pousser l'un l'autre, monsieur Blédurt a dit : « J'ai une idée, je te fais une course contre la montre autour du pâté de maisons, on verra lequel de nous deux est le plus fort ! » « Pas question, a répondu papa, je t'interdis de monter sur le vélo de Nicolas ! D'ailleurs, gros comme tu l'es, tu le casserais, le vélo. » « Dégonflé ! » a dit monsieur Blédurt. « Dégonflé ? moi ? a crié papa, tu vas voir ! » Papa a pris le vélo et il est sorti sur le trottoir. Monsieur Blédurt et moi nous l'avons suivi. Moi, je commençais à en avoir assez et puis je ne m'étais même pas assis sur le vélo ! « Voilà, a dit

papa, on fait chacun un tour du pâté de maisons et on chronomètre, le gagnant est proclamé champion. Ce n'est d'ailleurs qu'une formalité, pour moi, c'est gagné d'avance ! » « Je suis heureux que tu reconnaisses ta défaite », a dit monsieur Blédurt. « Et moi, qu'est-ce que je fais ? » j'ai demandé. Papa s'est retourné vers moi, tout surpris, comme s'il avait oublié que j'étais là. « Toi ? il m'a dit papa, toi ? Eh bien, toi, tu seras le chronométreur. Monsieur Blédurt va te donner sa montre. » Mais monsieur Blédurt ne voulait pas la donner, sa montre, parce qu'il disait que les enfants ça cassait tout, alors papa lui a dit qu'il était radin et il m'a donné sa montre à lui qui est chouette avec une grande aiguille qui va très vite mais moi j'aurais préféré mon vélo.

Papa et monsieur Blédurt ont tiré au sort et c'est monsieur Blédurt qui est parti le premier. Comme c'est vrai qu'il est assez gros, on ne voyait presque pas le vélo et les gens qui passaient dans la rue se retournaient en rigolant pour le regarder, monsieur Blédurt. Il n'allait pas très vite et puis, il a tourné le coin et il a disparu. Quand on l'a vu revenir par l'autre coin, monsieur Blédurt était tout rouge, il tirait la langue et il faisait des tas de zigzags. « Combien ? » il a demandé quand il est arrivé devant moi. « Neuf minutes et la grande aiguille entre le cinq et le six », j'ai répondu. Papa s'est mis à rigoler. « Ben mon vieux, il a dit, avec toi, le Tour de

France ça durerait six mois ! » « Plutôt que de te livrer à des plaisanteries infantiles, a répondu monsieur Blédurt qui avait du mal à respirer, essaie de faire mieux ! » Papa a pris le vélo et il est parti.

Monsieur Blédurt qui reprenait sa respiration et moi qui regardais la montre, on attendait. Moi, je voulais que papa gagne, bien sûr, mais la montre avançait et on a vu neuf minutes et puis après dix minutes. « J'ai gagné ! Je suis le champion ! » a crié monsieur Blédurt.

À quinze minutes, on ne voyait toujours pas revenir papa. « C'est curieux, a dit monsieur Blédurt, on devrait aller voir ce qui s'est passé. » Et puis, on a vu papa qui arrivait. Il arrivait à pied. Il avait le pantalon déchiré, il avait son mouchoir sur le nez et il tenait le vélo à la main. Le vélo qui avait le guidon de travers, la roue toute tordue et la lampe cassée. « Je suis rentré dans une poubelle », a dit papa.

Le lendemain, j'en ai parlé pendant la récré à Clotaire. Il m'a dit qu'il lui était arrivé à peu près la même chose avec son premier vélo.

« Qu'est-ce que tu veux, il m'a dit, Clotaire, les papas, c'est toujours pareil, ils font les guignols, et, si on ne fait pas attention, ils cassent les vélos et ils se font mal. »

Je suis malade

Je me sentais très bien hier, la preuve, j'ai mangé des tas de caramels, de bonbons, de gâteaux, de frites et de glaces, et, dans la nuit, je me demande pourquoi, comme ça, j'ai été très malade.

Le docteur est venu ce matin. Quand il est entré dans ma chambre, j'ai pleuré, mais plus par habitude que pour autre chose, parce que je le connais bien, le docteur, et il est rudement gentil. Et puis ça me plaît quand il met la tête sur ma poitrine, parce qu'il est tout chauve et je vois son crâne qui brille juste sous mon nez et c'est amusant. Le docteur n'est pas resté longtemps, il m'a donné une petite tape sur la joue et il a dit à maman : « Mettez-le à la diète et surtout, qu'il reste couché, qu'il se repose. » Et il est parti.

Maman m'a dit : « Tu as entendu ce qu'a dit le docteur. J'espère que tu vas être très sage et très obéissant. » Moi, j'ai dit à maman qu'elle pouvait être tranquille. C'est vrai, j'aime beaucoup ma maman et je lui obéis toujours. Il vaut mieux, parce que, sinon, ça fait des histoires.

J'ai pris un livre et j'ai commencé à lire, c'était chouette avec des images partout et ça parlait d'un petit ours qui se perdait dans la forêt où il y avait des chasseurs. Moi j'aime mieux les histoires de cow-boys, mais tante Pulchérie, à tous mes anniversaires, me donne des livres pleins de petits ours, de petits lapins, de petits chats, de toutes sortes de petites bêtes. Elle doit aimer ça, tante Pulchérie.

J'étais en train de lire, là où le méchant loup allait manger le petit ours, quand maman est entrée suivie d'Alceste. Alceste c'est mon copain, celui qui est très gros et qui mange tout le temps. « Regarde, Nicolas, m'a dit maman, ton petit ami Alceste est venu te rendre visite, n'est-ce pas gentil ? » « Bonjour, Alceste, j'ai dit, c'est chouette d'être venu. » Maman a commencé à me dire qu'il ne fallait pas dire « chouette » tout le temps, quand elle a vu la boîte qu'Alceste avait sous le bras. « Que portes-tu là, Alceste ? » elle a demandé. « Des chocolats », a répondu Alceste. Maman, alors, a dit à Alceste qu'il était très gentil, mais qu'elle ne voulait pas qu'il me donne les chocolats, parce que j'étais à la diète. Alceste a dit à maman qu'il ne pensait pas me donner les chocolats, qu'il les avait apportés pour les manger lui-même et que

si je voulais des chocolats, je n'avais qu'à aller m'en acheter, non mais sans blague. Maman a regardé Alceste, un peu étonnée, elle a soupiré et puis elle est sortie en nous disant d'être sages.

Alceste s'est assis à côté de mon lit et il me regardait sans rien dire, en mangeant ses chocolats. Ça me faisait drôlement envie. « Alceste, j'ai dit, tu m'en donnes de tes chocolats ? » « T'es pas malade ? » m'a répondu Alceste. « Alceste, t'es pas chouette », je lui ai dit. Alceste m'a dit qu'il ne fallait pas dire « chouette » et il s'est mis deux chocolats dans la bouche, alors on s'est battus.

Maman est arrivée en courant et elle n'était pas contente. Elle nous a séparés, elle nous a grondés, et puis, elle a dit à Alceste de partir. Moi, ça m'embêtait de voir partir Alceste, on s'amusait bien, tous les deux, mais j'ai compris qu'il valait mieux ne pas discuter avec maman, elle n'avait vraiment pas l'air de rigoler. Alceste m'a serré la main, il m'a dit à bientôt et il est parti. Je l'aime bien, Alceste, c'est un copain.

Maman, quand elle a regardé mon lit, elle s'est mise à crier. Il faut dire qu'en nous battant, Alceste et moi, on a écrasé quelques chocolats sur les draps, il y en avait aussi sur mon pyjama et dans mes cheveux. Maman m'a dit que j'étais insupportable et elle a changé les draps, elle m'a emmené à la salle de bains, où elle m'a frotté avec une éponge et de l'eau de Cologne et elle m'a mis un pyjama propre, le bleu à rayures. Après, maman m'a couché et elle m'a dit de ne plus la déranger. Je suis resté seul et je me suis remis à mon livre, celui avec le petit ours. Le vilain loup, il ne l'avait pas eu, le petit ours, parce qu'un chasseur avait battu le loup, mais maintenant, c'était un lion qui voulait manger le petit ours et le petit ours, il ne voyait pas le lion, parce qu'il était en train de manger du miel. Tout ça, ça me donnait de plus en plus faim. J'ai pensé à appeler maman, mais je n'ai pas voulu me faire gronder, elle m'avait dit de ne pas la déranger, alors je me suis levé pour aller voir s'il n'y aurait pas quelque chose de bon dans la glacière.

Il y avait des tas de bonnes choses, dans la glacière. On mange très bien à la maison. J'ai pris dans mes bras une cuisse de poulet, c'est bon froid, du gâteau à la crème et une bouteille de lait. « Nicolas ! » j'ai entendu crier derrière moi. J'ai eu très peur et j'ai tout lâché. C'était maman qui était entrée dans la cuisine et qui ne s'attendait sans doute pas à me trouver là. J'ai pleuré, à tout hasard, parce que maman avait l'air fâchée comme tout. Alors, maman n'a rien dit, elle m'a emmené dans la salle de bains, elle m'a frotté avec l'éponge et l'eau de Cologne et elle m'a changé de pyjama, parce que, sur celui que je portais, le lait et le gâteau à la crème avaient fait des éclaboussures. Maman m'a mis le pyjama rouge à carreaux et elle m'a envoyé coucher en vitesse, parce qu'il fallait qu'elle nettoie la cuisine.

De retour dans mon lit, je n'ai pas voulu reprendre le livre avec le petit ours que tout le monde voulait manger. J'en avais assez de cette espèce d'ours qui me faisait faire des bêtises. Mais ça ne m'amusait pas de rester comme ça, sans rien faire, alors, j'ai décidé de dessiner. Je suis allé chercher tout ce qu'il me fallait dans le bureau de papa. Je n'ai pas voulu prendre les belles feuilles de papier blanc avec le nom de papa écrit en lettres brillantes dans le coin, parce que je me serais fait gronder, j'ai préféré prendre des papiers où il y avait des choses écrites d'un côté et qui ne servaient sûrement plus.

J'ai pris aussi le vieux stylo de papa, celui qui ne risque plus rien.

Vite, vite, vite, je suis rentré dans ma chambre et je me suis couché. J'ai commencé à dessiner des trucs formidables : des bateaux de guerre qui se battaient à coups de canon contre des avions qui explosaient dans le ciel, des châteaux forts avec des tas de monde qui attaquaient et des tas de monde qui leur jetaient des choses sur la tête pour les empêcher d'attaquer. Comme je ne faisais pas de bruit depuis un moment, maman est venue voir ce qui se passait. Elle s'est mise à crier de nouveau. Il faut dire que le stylo de papa perd un peu d'encre, c'est pour ça d'ailleurs que papa ne s'en sert plus. C'est très pratique pour dessiner les explosions, mais je me suis mis de l'encre partout et aussi sur les draps et le couvre-lit.

Maman était fâchée et ça ne lui a pas plu les papiers sur lesquels je dessinais, parce qu'il paraît que ce qui était écrit de l'autre côté du dessin, c'était des choses importantes pour papa.

Maman m'a fait lever, elle a changé les draps du lit, elle m'a emmené dans la salle de bains, elle m'a frotté avec une pierre ponce, l'éponge et ce qui restait au fond de la bouteille d'eau de Cologne et elle m'a mis une vieille chemise de papa à la place de mon pyjama, parce que, de pyjama propre, je n'en avais plus.

Le soir, le docteur est venu mettre sa tête sur ma

poitrine, je lui ai tiré la langue, il m'a donné une petite tape sur la joue et il m'a dit que j'étais guéri et que je pouvais me lever.

Mais on n'a vraiment pas de chance avec les maladies, à la maison, aujourd'hui. Le docteur a trouvé que maman avait mauvaise mine et il lui a dit de se coucher et de se mettre à la diète.

On a bien rigolé

Cet après-midi, en allant à l'école, j'ai rencontré Alceste qui m'a dit : « Si on n'allait pas à l'école ? » Moi, je lui ai dit que ce n'était pas bien de ne pas aller à l'école, que la maîtresse ne serait pas contente, que mon papa m'avait dit qu'il fallait travailler si on voulait arriver dans la vie et devenir aviateur, que ça ferait de la peine à maman et que ce n'était pas beau de mentir. Alceste m'a répondu que cet après-midi on avait arithmétique, alors j'ai dit « bon » et nous ne sommes pas allés à l'école.

Au lieu d'aller dans la direction de l'école, nous sommes partis en courant dans l'autre sens. Alceste, il s'est mis à souffler et il n'arrivait pas à me suivre. Il faut vous dire qu'Alceste c'est un gros qui mange tout le temps, alors, bien sûr, ça le gêne pour courir, surtout que moi, je suis très fort pour le quarante mètres, qui est la longueur de la cour de l'école. « Dépêche-toi, Alceste », j'ai dit. « Je ne peux plus », m'a répondu Alceste, il a fait des tas de « pouf-pouf » et puis il s'est arrêté. Alors moi, je lui ai dit qu'il valait mieux ne pas rester là, parce que, sinon, nos papas et nos mamans risquaient de nous voir et nous priveraient de dessert et puis qu'il y avait des inspecteurs de l'école et ils nous emmèneraient au cachot et on nous donnerait à manger du pain et de l'eau. Quand il a entendu ça, Alceste, ça lui a donné un drôle de courage et il s'est mis à courir tellement vite, que je n'arrivais pas à le rattraper.

On s'est arrêtés très loin, bien après l'épicerie de monsieur Compani qui est très gentil et chez qui maman achète la confiture de fraises qui est chouette parce qu'il n'y a pas de pépins, ce n'est pas comme les abricots. « Ici, on est tranquilles », a dit Alceste, et il a sorti des biscuits de sa poche et il a commencé à les manger, parce que, il m'a dit, de courir tout de suite après le déjeuner, ça lui avait donné faim.

« Tu as eu une bonne idée, Alceste, j'ai dit, quand je pense aux copains qui sont à l'école en train de faire de l'arithmétique, j'ai envie de rigoler ! » « Moi aussi », a dit Alceste et nous avons rigolé. Quand on a eu fini de rigoler, j'ai demandé à Alceste ce qu'on allait faire. « Je ne sais pas, moi, a dit Alceste, on pourrait aller au cinéma. » Ça aussi, c'était une drôlement bonne idée, mais on n'avait pas de sous. Dans nos poches, on a trouvé

de la ficelle, des billes, deux élastiques et des miettes. Les miettes on ne les a pas gardées, parce qu'elles étaient dans la poche d'Alceste et il les a mangées. « Peuh, j'ai dit, ça ne fait rien, même sans cinéma, les autres voudraient bien être avec nous ! » « Ouais, a dit Alceste, après tout, je n'avais pas tellement envie d'aller voir *La Revanche du shérif*. » « Ouais, j'ai dit, ce n'est qu'un film de cowboys. » Et on est passés devant le cinéma pour regarder les images. Il y avait un dessin animé aussi.

« Si on allait au square, j'ai dit, on pourrait faire une balle avec du papier et on pourrait s'entraîner. » Alceste m'a répondu que ce n'était pas bête, mais qu'au square il y avait le gardien et que, s'il nous voyait, il nous demanderait pourquoi on n'est pas à l'école et qu'il nous emmènerait au cachot et qu'il nous ferait le coup du pain et de l'eau. Rien que d'y penser, ça lui a donné faim à Alceste et il a sorti un sandwich au fromage de son cartable. On a continué à marcher dans la rue et quand Alceste a fini son sandwich, il m'a dit : « Les autres, à l'école, ils ne rigolent pas ! » « C'est vrai, j'ai dit, et puis, de toute façon, il est trop tard pour y aller, on serait punis. »

On a regardé des vitrines. Alceste m'a expliqué celle de la charcuterie et puis on a fait des grimaces devant celle de la parfumerie où il y a des glaces, mais on est partis, parce qu'on s'est aperçu que les gens dans le magasin nous regardaient et qu'ils

avaient l'air étonnés. Dans la vitrine de l'horloger on a vu l'heure et c'était encore très tôt. « Chouette, j'ai dit, on a encore le temps de rigoler avant de rentrer à la maison. » Comme on était fatigués de marcher, Alceste m'a proposé d'aller dans le terrain vague, là-bas, il n'y a personne et on peut s'asseoir par terre. Il est très bien, le terrain vague, et on a commencé à s'amuser en jetant des pierres contre les boîtes de conserve. Et puis, on en a eu assez des pierres, alors, on s'est assis et Alceste a commencé à manger un sandwich au jambon, le dernier de son cartable. « À l'école, il a dit, Alceste, ils doivent être en plein dans les problèmes. » « Non, j'ai dit, à l'heure qu'il est, ça doit être la récré. » « Peuh, tu trouves ça amusant, la récré ? » il m'a demandé Alceste. « Peuh ! » je lui ai répondu et puis je me suis mis à pleurer. C'est vrai, ça, à la fin, c'était pas rigolo d'être là, tout seuls, et de ne rien pouvoir faire et d'être obligés de se cacher et moi j'avais raison de vouloir aller à l'école, même avec les problèmes, et si je n'avais pas rencontré Alceste, je serais à la récré maintenant et je jouerais aux billes et au gendarme et au voleur et je suis terrible aux billes. « Qu'est-ce qui te prend à pleurer comme ça ? » il m'a demandé Alceste. « C'est de ta faute si je ne peux pas jouer au gendarme et au voleur », je lui ai dit. Alceste, ça ne lui a pas plu. « Je ne t'ai pas demandé de me suivre, il m'a dit, et puis, si tu avais refusé de venir, eh bien, j'y serais allé à l'école, tout ça, c'est de ta faute ! » « Ah oui ? » j'ai dit à Alceste, comme dit papa à monsieur Blédurt qui est un voisin qui aime bien taquiner papa. « Oui », a répondu Alceste, comme monsieur Blédurt répond à papa, et on s'est battus, comme papa avec monsieur Blédurt.

Quand on a eu fini de se battre, il a commencé à pleuvoir. Nous sommes partis en courant du terrain vague, parce qu'il n'y avait pas où se mettre pour ne pas être mouillés et ma maman m'a dit qu'elle ne veut pas que je reste sous la pluie et moi, je ne désobéis presque jamais à ma maman.

Alceste et moi on est allés se mettre contre la vitrine de l'horloger. Il pleuvait très fort et on était tout seuls dans la rue, ce n'était pas très rigolo. On a attendu comme ça l'heure de rentrer à la maison.

Quand je suis arrivé à la maison, maman m'a dit que j'étais tout pâlot et que j'avais l'air fatigué et que, si je voulais, demain je pourrais ne pas aller à l'école, mais moi j'ai refusé et maman a été bien étonnée.

C'est que demain, quand Alceste et moi on va leur raconter comme on a bien rigolé, les copains de l'école, ils vont être drôlement jaloux !

Je fréquente Agnan

Je voulais sortir pour aller jouer avec mes copains, mais maman m'a dit que non, qu'il n'en était pas question, qu'elle n'aimait pas beaucoup les petits garçons que je fréquentais, qu'on faisait tout le temps des bêtises ensemble et que j'étais invité à goûter chez Agnan qui, lui, est très gentil, bien élevé et que je ferais bien de prendre exemple sur lui.

Moi, je n'avais pas tellement envie d'aller goûter chez Agnan, ni de prendre exemple sur lui. Agnan, c'est le premier de la classe, le chouchou de la maîtresse, il n'est pas bon camarade, mais on ne tape pas trop sur lui, parce qu'il porte des lunettes. J'aurais préféré aller à la piscine avec Alceste, Geoffroy, Eudes et les autres, mais il n'y avait rien à faire, maman n'avait pas l'air de rigoler, et, de toute façon, moi j'obéis toujours à ma maman, surtout quand elle n'a pas l'air de rigoler.

Maman m'a fait baigner, peigner, elle m'a dit de mettre le costume bleu marine, celui qui a des plis au pantalon, la chemise blanche en soie et la cravate à pois. J'étais habillé comme pour le mariage de ma cousine Elvire, la fois où j'ai été malade après le repas.

« Ne fais pas cette tête-là, m'a dit maman, tu vas bien t'amuser avec Agnan ! » et puis nous sommes sortis. J'avais surtout peur de rencontrer les copains. Ils se seraient moqués de moi s'ils m'avaient vu habillé comme ça !

C'est la maman d'Agnan qui nous a ouvert la porte. « Comme il est mignon ! » elle a dit, elle m'a embrassé et puis elle a appelé Agnan : « Agnan ! Viens vite ! Ton petit ami Nicolas est arrivé ! » Agnan est venu, lui aussi était drôlement habillé, il avait une culotte de velours, des chaussettes blanches et des drôles de sandales noires qui brillaient beaucoup. On avait l'air de deux guignols, lui et moi.

Agnan n'avait pas l'air tellement content de me voir, il m'a tendu la main et c'était tout mou. « Je vous le confie, a dit maman, j'espère qu'il ne fera pas trop de bêtises, je reviendrai le chercher à six heures. » La maman d'Agnan a dit qu'elle était sûre qu'on allait bien s'amuser et que j'allais être très sage. Maman est partie, après m'avoir regardé comme si elle était un peu inquiète.

Nous avons goûté. C'était bien, il y avait du chocolat, de la confiture, des gâteaux, des biscottes, et nous n'avons pas mis les coudes sur la table. Après, la maman d'Agnan nous a dit d'aller jouer gentiment dans la chambre d'Agnan.

Dans sa chambre, Agnan a commencé par me prévenir que je ne devais pas lui taper dessus, parce qu'il avait des lunettes et qu'il se mettrait à crier et que sa maman me ferait mettre en prison. Je lui ai répondu que j'avais bien envie de lui taper dessus, mais que je ne le ferais pas, parce que j'avais promis à ma maman d'être sage. Ça a semblé lui faire plaisir à Agnan et il m'a dit qu'on allait jouer. Il a commencé à sortir des tas de livres, de géographie, de sciences, d'arithmétique et il m'a proposé que nous lisions et que nous fassions des problèmes pour passer le temps. Il m'a dit qu'il y avait des problèmes chouettes avec des robinets qui coulent dans une baignoire débouchée et qui se vide en même temps qu'elle se remplit.

C'était une bonne idée et j'ai demandé à Agnan si je pouvais voir la baignoire, qu'on pourrait s'amuser. Agnan m'a regardé, il a enlevé ses lunettes, les a essuyées, a réfléchi un peu et puis il m'a dit de le suivre.

Dans la salle de bains, il y avait une grande baignoire et j'ai dit à Agnan qu'on pourrait la remplir et jouer aux petits bateaux. Agnan m'a dit qu'il n'avait jamais pensé à ça, mais que ce n'était pas une mauvaise idée. La baignoire s'est remplie très vite, jusqu'au bord, il faut dire que nous, on l'avait bouchée. Mais là, Agnan était très embêté, parce qu'il n'avait pas de bateaux pour jouer. Il m'a expliqué qu'il avait très peu de jouets, qu'il avait surtout des livres. Heureusement, moi je sais faire des bateaux en papier et on a pris les feuilles du livre d'arithmétique. Bien sûr, on a essayé de faire attention, pour qu'Agnan puisse recoller après les pages dans son livre, parce que c'est très vilain de faire du mal à un livre, à un arbre ou à une bête.

On s'est bien amusés. Agnan faisait des vagues en mettant le bras dans l'eau. C'est dommage qu'il n'ait pas relevé la manche de sa chemise et qu'il n'ait pas enlevé la montre-bracelet qu'il a eue pour sa dernière composition d'histoire où il a été premier et qui maintenant marque quatre heures vingt et ne bouge plus. Au bout d'un temps, je ne sais pas combien, avec cette montre qui ne marchait plus, on en a eu assez, et puis il y avait de l'eau partout et on n'a pas voulu faire trop de gâchis, surtout que par terre ça faisait de la boue et les sandales d'Agnan étaient moins brillantes qu'avant.

Nous sommes retournés dans la chambre d'Agnan et là, il m'a montré la mappemonde. C'est une grosse boule en métal, sur laquelle on a peint des mers et des terres. Agnan m'a expliqué que c'était pour apprendre la géographie et où se trouvaient les pays. Ça, je le savais, il y a une mappemonde comme ça à l'école et la maîtresse nous a montré comment ça marche. Agnan m'a dit qu'on pouvait dévisser la mappemonde et alors, ça ressemblait à une grosse balle. Je crois que c'est moi qui ai eu l'idée de jouer avec, ce n'était pas une très bonne idée. On s'amusait à se jeter la mappemonde, mais Agnan avait enlevé ses lunettes pour ne pas risquer de les casser, et, sans ses lunettes, il ne voit pas bien, alors, il a raté la mappemonde qui est allée frapper du côté de l'Australie contre le miroir qui s'est cassé. Agnan, qui avait remis ses lunettes pour voir ce qui s'était passé, était bien embêté.

On a remis la mappemonde à sa place et on a décidé de faire attention, sinon, nos mamans pourraient ne pas être trop contentes.

On a cherché autre chose à faire et Agnan m'a dit que pour étudier les sciences, son papa lui avait offert un jeu de chimie. Il m'a montré et c'est très chouette. C'est une grosse boîte pleine de tubes, de drôles de bouteilles rondes, de petits flacons pleins de choses de toutes les couleurs, il y avait aussi un réchaud à alcool. Agnan m'a dit qu'avec tout ça, on pouvait faire des expériences très instructives.

Agnan s'est mis à verser des petites poudres et des liquides dans les tubes et ça changeait de couleur, ça devenait rouge ou bleu et, de temps en temps, il y avait une petite fumée blanche. C'était drôlement instructif ! J'ai dit à Agnan que nous devrions essayer d'autres expériences plus instructives encore et il a été d'accord. Nous avons pris la plus grande des bouteilles et nous avons mis dedans toutes les petites poudres et tous les liquides, après, on a pris le réchaud à alcool et on a fait chauffer la bouteille. Au début, ce n'était pas mal : ça a commencé à faire de la mousse et puis après, une fumée très noire. L'ennui, c'est que la fumée ne sentait pas bon et elle salissait partout. On a dû arrêter l'expérience quand la bouteille a éclaté.

Agnan s'est mis à crier qu'il ne voyait plus, mais, heureusement, c'était simplement parce que les verres de ses lunettes étaient tout noirs. Pendant

qu'il les essuyait, moi j'ai ouvert la fenêtre, parce que la fumée nous faisait tousser. Sur le tapis, la mousse faisait des drôles de bruits, comme l'eau qui bout, les murs étaient tout noirs et nous, on n'était pas bien propres.

Et puis la maman d'Agnan est entrée. Pendant un tout petit moment, elle n'a rien dit, elle a ouvert les yeux et la bouche et puis elle s'est mise à crier, elle a enlevé les lunettes d'Agnan et elle lui a donné une claque, après elle nous a pris par la main pour nous emmener dans la salle de bains pour nous laver. Quand elle a vu la salle de bains, ça ne lui a pas tellement plu, à la maman d'Agnan.

Agnan, lui, il tenait dur à ses lunettes, parce qu'il n'avait pas envie de recevoir une autre claque. Alors, la maman d'Agnan est partie en courant en me disant qu'elle allait téléphoner à ma maman pour qu'elle vienne me chercher tout de suite et qu'elle n'avait jamais vu une chose pareille et que c'était absolument incroyable.

Maman est venue me chercher très vite et j'étais bien content, parce que je commençais à ne pas m'amuser dans la maison d'Agnan, surtout avec sa maman qui avait l'air drôlement nerveuse. Maman m'a ramené à la maison en me disant tout le temps que je pouvais être fier de moi et que pour le dessert, ce soir, je n'en aurais pas. Je dois dire que c'était assez juste, parce qu'avec Agnan, on a tout de même fait pas mal de bêtises. En somme, maman avait raison, comme toujours : je me suis bien amusé avec Agnan. Moi, je serais bien retourné le voir, mais maintenant, il paraît que c'est la maman d'Agnan qui ne veut pas qu'il me fréquente.

J'aimerais tout de même que les mamans finissent par savoir ce qu'elles veulent, on ne sait plus qui fréquenter !

Monsieur Bordenave
n'aime pas le soleil

Moi, je ne comprends pas monsieur Bordenave quand il dit qu'il n'aime pas le beau temps.

C'est vrai ça, la pluie ce n'est pas chouette. Bien sûr, on peut s'amuser aussi quand il pleut. On peut marcher dans le ruisseau, on peut lever la tête et ouvrir la bouche pour avaler plein de gouttes d'eau et à la maison c'est bien, parce qu'il fait chaud et on joue avec le train électrique et maman fait du chocolat avec des gâteaux. Mais quand il pleut, on n'a pas de récré à l'école, parce qu'on ne nous laisse pas descendre dans la cour. C'est pour ça que je ne comprends pas monsieur Bordenave, puisque lui aussi il en profite du beau temps, c'est lui qui nous surveille à la récré.

Aujourd'hui, par exemple, il a fait très beau, avec des tas de soleil et on a eu une récré terrible, d'autant plus que, depuis trois jours, il avait plu tout le temps et on avait dû rester en classe. On est arrivés dans la cour en rang, comme pour chaque récré et monsieur Bordenave nous a dit « Rompez », et on a commencé à rigoler. « On joue au gendarme et au voleur ! » a crié Rufus, dont le papa est agent de police. « Tu nous embêtes, a dit Eudes, on joue au foot. » Et ils se sont battus. Eudes est très fort et il aime bien donner des coups de poing sur les nez des copains, et, comme Rufus c'est un copain, il lui a donné un coup de poing sur le nez. Rufus ne s'y attendait pas, alors, il a reculé et il s'est cogné sur Alceste qui était en train de manger un sandwich à la confiture et le sandwich est tombé par terre et Alceste s'est mis à crier. Monsieur Bordenave est venu en courant, il a séparé Eudes et Rufus et il les a mis au piquet.

« Et mon sandwich, a demandé Alceste, qui me le rendra ? » « Tu veux aller au piquet aussi ? » a répondu monsieur Bordenave. « Non, moi je veux mon sandwich à la confiture », a dit Alceste. Monsieur Bordenave est devenu tout rouge, et il a commencé à souffler par le nez, comme quand il se met en colère, mais il n'a pas pu continuer à parler avec Alceste, parce que Maixent et Joachim étaient en train de se battre. « Rends-moi ma bille, tu as triché ! » criait Joachim et il tirait sur la cravate de Maixent et Maixent lui donnait des gifles. « Qu'est-ce qui se passe ici ? » a demandé monsieur Bordenave. « Joachim n'aime pas perdre, c'est pour ça qu'il crie, si vous voulez, je peux lui donner un coup de poing sur le nez », a dit Eudes qui s'était approché pour voir. Monsieur Bordenave a regardé Eudes, tout surpris : « Je croyais que tu étais au piquet ? » il a dit. « Ah, ben oui, c'est vrai », a dit Eudes, et il est retourné au piquet, pendant que Maixent devenait tout rouge, parce que Joachim ne la lâchait pas, la cravate, et monsieur Bordenave les a envoyés tous les deux au piquet, rejoindre les autres.

« Et mon sandwich à la confiture ? » a demandé Alceste, qui mangeait un sandwich à la confiture. « Mais tu es en train d'en manger un ! » a dit monsieur Bordenave. « C'est pas une raison, a crié Alceste, j'apporte quatre sandwichs pour la récré et je veux manger quatre sandwichs ! » Monsieur Bordenave n'a pas eu le temps de se fâcher, parce qu'il a reçu la balle sur la tête, pof ! « Qui a fait ça ? » a crié monsieur Bordenave en se tenant le front. « C'est Nicolas, monsieur, je l'ai vu ! » a dit Agnan. Agnan, c'est le premier de la classe et le chouchou de la maîtresse, nous, on ne l'aime pas trop, c'est un vilain cafard, mais il porte des lunettes et on ne peut pas lui taper dessus aussi souvent qu'on en aurait envie. « Vilain cafard, j'ai crié, si t'avais pas de lunettes, je t'en enverrais une ! » Agnan s'est mis à pleurer, en disant qu'il était très malheureux et qu'il allait se tuer et puis il s'est roulé par terre. Monsieur Bordenave m'a demandé si c'était vrai

que c'était moi qui avais jeté la balle et je lui ai dit que oui, qu'on jouait à la balle au chasseur et que j'avais raté Clotaire, et que ce n'était pas de ma faute, parce que je n'avais pas envie de chasser monsieur Bordenave. « Je ne veux pas que vous jouiez à ces jeux brutaux ! Je confisque la balle ! Et toi, tu vas au piquet ! » il m'a dit, monsieur Bordenave. Moi je lui ai dit que c'était drôlement injuste. Agnan, lui, il m'a fait « bisque, bisque, rage » et il avait l'air tout content et il est parti avec son livre. Agnan ne joue pas pendant la récré, il emporte un livre et il repasse ses leçons. Il est fou, Agnan !

« Et alors, qu'est-ce qu'on fait pour le sandwich à la confiture ? a demandé Alceste. J'en suis à mon troisième sandwich, la récré va se terminer et il va me manquer un sandwich, je vous préviens ! » Monsieur Bordenave allait commencer à lui répondre, mais il n'a pas pu et c'est dommage, parce que ça avait l'air intéressant ce qu'il avait à dire à Alceste. Il n'a pas pu répondre, parce qu'Agnan était par terre et il poussait des cris terribles. « Quoi encore ? » a demandé monsieur Bordenave. « C'est Geoffroy ! Il m'a poussé ! Mes lunettes ! Je meurs ! » a dit Agnan qui parlait comme dans un film que j'ai vu où il y avait des gens dans un sous-marin qui ne pouvaient pas remonter et les gens se sauvaient, mais le sous-marin était fichu. « Mais non, monsieur, ce n'est pas Geoffroy, Agnan est tombé tout seul, il ne tient pas debout », a dit Eudes. « De quoi te mêles-tu ? a demandé Geoffroy, on ne t'a pas sonné, c'est moi qui l'ai poussé et après ? » Monsieur Bordenave s'est mis à crier à Eudes de retourner au piquet et il a dit à Geoffroy de l'accompagner. Et puis, il a ramassé Agnan qui saignait du nez et qui pleurait et il l'a emmené à l'infirmerie, suivi d'Alceste qui lui parlait de son sandwich à la confiture.

Nous, on a décidé de jouer au foot. Ce qui était embêtant, c'est que les grands jouaient déjà au foot dans la cour, et, avec les grands, on ne s'entend pas toujours très bien et on se bat souvent. Et là, dans la cour, avec les deux balles et les deux parties de foot qui se mélangeaient, ça n'a pas raté. « Laisse cette balle, sale mioche, a dit un grand à Rufus, elle est à nous ! » « C'est pas vrai ! » a crié Rufus, et c'était vrai que c'était pas vrai, et un grand a mis un but avec la balle des petits et le grand a giflé Rufus et Rufus a donné un coup de pied dans la jambe du grand. Les batailles avec les grands, ça se passe toujours comme ça, eux, ils nous donnent des gifles et nous on leur donne des coups de pied dans les jambes. Là, on se donnait à plein et tout le monde se battait et ça faisait un drôle de bruit. Et, malgré le bruit, on a entendu le cri de monsieur Bordenave qui revenait de l'infirmerie avec Agnan et Alceste. « Regardez, a dit Agnan, ils ne sont plus au piquet ! » Monsieur Bordenave avait l'air vraiment fâché et il est venu en courant vers nous, mais il n'est pas arrivé, parce qu'il a glissé sur le sandwich à la confiture d'Alceste et il est tombé. « Bravo, a dit Alceste, c'est gagné, marchez-lui dessus, à mon sandwich à la confiture ! »

Monsieur Bordenave s'est relevé et il se frottait le pantalon et il s'est mis plein de confiture sur la main. Nous, on avait recommencé à se battre et c'était une récré drôlement chouette, mais monsieur Bordenave a regardé sa montre et il est allé en boitant sonner la cloche. La récré était finie.

Pendant qu'on se mettait en rang, le Bouillon est venu. Le Bouillon, c'est un autre surveillant, qu'on appelle comme ça parce qu'il dit toujours : « Regardez-moi dans les yeux », et comme dans le bouillon il y a des yeux, on l'appelle le Bouillon. Ce sont les grands qui ont trouvé ça.

« Alors, mon vieux Bordenave, a dit le Bouillon, ça ne s'est pas trop mal passé ? » « Comme d'habitude, a répondu monsieur Bordenave, qu'est-ce que tu veux, moi, je prie pour qu'il pleuve, et quand je me lève le matin et que je vois qu'il fait beau, je suis désespéré ! »

Non, vraiment, moi je ne comprends pas monsieur Bordenave, quand il dit qu'il n'aime pas le soleil !

Je quitte la maison

Je suis parti de la maison ! J'étais en train de jouer dans le salon et j'étais bien sage, et puis, simplement parce que j'ai renversé une bouteille d'encre sur le tapis neuf, maman est venue et elle m'a grondé. Alors, je me suis mis à pleurer et je lui ai dit que je m'en irais et qu'on me regretterait beaucoup et maman a dit : « Avec tout ça il se fait tard, il faut que j'aille faire mes courses », et elle est partie.

Je suis monté dans ma chambre pour prendre ce dont j'aurais besoin pour quitter la maison. J'ai pris mon cartable et j'ai mis dedans la petite voiture rouge que m'a donnée tante Eulogie, la locomotive du petit train à ressort, avec le wagon de marchandises, le seul qui me reste, les autres wagons sont cassés, et un morceau de chocolat que j'avais gardé du goûter. J'ai pris ma tirelire, on ne sait jamais, je peux avoir besoin de sous, et je suis parti.

C'est une veine que maman n'ait pas été là, elle m'aurait sûrement défendu de quitter la maison. Une fois dans la rue, je me suis mis à courir. Maman et papa vont avoir beaucoup de peine, je reviendrai plus tard, quand ils seront très vieux, comme mémé, et je serai riche, j'aurai un grand avion, une grande auto et un tapis à moi, où je pourrai renverser de l'encre et ils seront drôlement contents de me revoir. Comme ça, en courant, je suis arrivé devant la maison d'Alceste, Alceste c'est mon copain, celui qui est très gros et qui mange tout le

temps, je vous en ai peut-être déjà parlé. Alceste était assis devant la porte de sa maison, il était en train de manger du pain d'épice. « Où vas-tu ? » m'a demandé Alceste en mordant un bon coup dans le pain d'épices. Je lui ai expliqué que j'étais parti de chez moi et je lui ai demandé s'il ne voulait pas venir avec moi. « Quand on reviendra, dans des tas d'années, je lui ai dit, nous serons très riches, avec des avions et des autos et nos papas et nos mamans seront tellement contents de nous voir, qu'ils ne nous gronderont plus jamais. » Mais Alceste n'avait pas envie de venir. « T'es pas un peu fou, il m'a dit, ma mère fait de la choucroute ce soir, avec du lard et des saucisses, je ne peux pas partir. » Alors, j'ai dit au revoir à Alceste et il m'a fait signe de la main qui était libre, l'autre était occupée à pousser le pain d'épices dans sa bouche.

J'ai tourné le coin de la rue et je me suis arrêté un peu, parce qu'Alceste m'avait donné faim et j'ai mangé mon bout de chocolat, ça me donnera des forces pour le voyage. Je voulais aller très loin, très loin, là où papa et maman ne me trouveraient pas, en Chine ou à Arcachon où nous avons passé les vacances l'année dernière et c'est drôlement loin de chez nous, il y a la mer et des huîtres.

Mais, pour partir très loin, il fallait acheter une auto ou un avion. Je me suis assis au bord du trottoir et j'ai cassé ma tirelire et j'ai compté mes sous. Pour l'auto et pour l'avion, il faut dire qu'il n'y en avait pas assez, alors, je suis entré dans une pâtisserie et je me suis acheté un éclair au chocolat qui était vraiment bon.

Quand j'ai fini l'éclair, j'ai décidé de continuer à pied, ça prendra plus longtemps, mais puisque je n'ai pas à rentrer chez moi ni à aller à l'école, j'ai tout le temps. Je n'avais pas encore pensé à l'école et je me suis dit que demain, la maîtresse, en classe, dirait : « Le pauvre Nicolas est parti tout seul, tout seul et très loin, il reviendra très riche, avec une auto et un avion », et tout le monde parlerait de moi et serait inquiet pour moi et Alceste regretterait de ne pas m'avoir accompagné. Ce sera drôlement chouette.

J'ai continué à marcher, mais je commençais à être fatigué, et puis, ça n'allait pas bien vite, il faut dire que je n'ai pas de grandes jambes, ce n'est pas comme mon ami Maixent, mais je ne peux pas demander à Maixent de me prêter ses jambes. Ça, ça m'a donné une idée : je pourrais demander à un copain de me prêter son vélo. Justement je passais devant la maison de Clotaire. Clotaire a un chouette vélo, tout jaune et qui brille bien. Ce qui est embêtant, c'est que Clotaire n'aime pas prêter des choses.

J'ai sonné à la porte de la maison de Clotaire et c'est lui-même qui est venu ouvrir. « Tiens, il a dit, Nicolas ! Qu'est-ce que tu veux ? » « Ton vélo », je lui ai dit, alors Clotaire a fermé la porte. J'ai sonné

de nouveau et, comme Clotaire n'ouvrait pas, j'ai laissé le doigt sur le bouton de la sonnette. Dans la maison j'ai entendu la maman de Clotaire qui criait : « Clotaire ! Va ouvrir cette porte ! » Et Clotaire a ouvert la porte mais il n'avait pas l'air tellement content de me voir toujours là. « Il me faut ton vélo, Clotaire, je lui ai dit. Je suis parti de la maison et mon papa et ma maman auront de la peine et je reviendrai dans des tas d'années et je serai très riche avec une auto et un avion. » Clotaire m'a répondu que je vienne le voir à mon retour, quand je serai très riche, là, il me vendra son

vélo. Ça ne m'arrangeait pas trop, ce que m'avait dit Clotaire, mais j'ai pensé qu'il fallait que je trouve des sous; pour des sous, je pourrais acheter le vélo de Clotaire. Clotaire aime bien les sous.

Je me suis demandé comment faire pour trouver des sous. Travailler, je ne pouvais pas, c'était jeudi. Alors j'ai pensé que je pourrais vendre les jouets que j'avais dans mon cartable : l'auto de tante Eulogie et la locomotive avec le wagon de marchandises, qui est le seul qui me reste parce que les autres wagons sont cassés. De l'autre côté de la rue j'ai vu un magasin de jouets, je me suis dit que, là, ça pourrait les intéresser mon auto et le train.

Je suis entré dans le magasin et un monsieur très gentil m'a fait un grand sourire et il m'a dit : « Tu veux acheter quelque chose, mon petit bonhomme ? Des billes ? Une balle ? » Je lui ai dit que je ne voulais rien acheter du tout, que je voulais vendre des jouets et j'ai ouvert le cartable et j'ai mis l'auto et le train par terre, devant le comptoir. Le monsieur gentil s'est penché, il a regardé, il a eu l'air étonné et il a dit : « Mais, mon petit, je n'achète pas des jouets, j'en vends. » Alors je lui ai demandé où il trouvait les jouets qu'il vendait, ça m'intéressait. « Mais, mais, mais, il m'a répondu, le monsieur, je ne les trouve pas, je les achète. » « Alors, achetez-moi les miens », j'ai dit au monsieur. « Mais, mais, mais, il a fait de nouveau, le monsieur, tu ne comprends pas, je les achète, mais pas à toi, à toi je les vends, je les achète dans des fabriques, et toi… C'est-à-dire… » Il s'est arrêté et puis il a dit : « Tu comprendras plus tard, quand tu seras grand. » Mais, ce qu'il ne savait pas, le monsieur, c'est que quand je serai grand, je n'aurai pas besoin de sous, puisque je serai très riche, avec une auto et un avion. Je me suis mis à pleurer. Le monsieur était très embêté, alors, il a cherché derrière le comptoir et il m'a donné une petite auto et puis il m'a dit de partir parce qu'il se faisait tard, qu'il devait fermer le magasin et que des clients comme moi, c'était fatigant après une journée de travail. Je suis sorti du magasin avec le petit train et deux autos, j'étais rudement content. C'est vrai qu'il se faisait tard, il commençait à faire noir et il n'y avait plus personne dans les rues, je me suis mis à courir. Quand je suis arrivé à la maison, maman m'a grondé parce que j'étais en retard pour le dîner.

Puisque c'est comme ça, c'est promis : demain je quitterai la maison. Papa et maman auront beaucoup de peine et je ne reviendrai que dans des tas d'années, je serai riche et j'aurai une auto et un avion !

Les récrés
du Petit Nicolas

Alceste a été renvoyé

Il est arrivé une chose terrible à l'école : Alceste a été renvoyé !

Ça s'est passé pendant la deuxième récré du matin.

Nous étions tous là à jouer à la balle au chasseur, vous savez comment on y joue : celui qui a la balle, c'est le chasseur ; alors, avec la balle il essaie de taper sur un copain et puis le copain pleure et devient chasseur à son tour. C'est très chouette. Les seuls qui ne jouaient pas, c'étaient Geoffroy, qui est absent ; Agnan, qui repasse toujours ses leçons pendant la récré, et Alceste, qui mangeait sa dernière tartine à la confiture du matin. Alceste garde toujours sa plus grande tartine pour la deuxième récré, qui est un peu plus longue que les autres. Le chasseur, c'était Eudes, et ça n'arrive pas souvent : comme il est très fort, on essaie toujours de ne pas l'attraper avec la balle, parce que quand c'est lui qui chasse, il fait drôlement mal. Et là, Eudes a visé

Clotaire, qui s'est jeté par terre avec les mains sur la tête ; la balle est passée au-dessus de lui, et bing ! elle est venue taper dans le dos d'Alceste qui a lâché sa tartine, qui est tombée du côté de la confiture. Alceste, ça ne lui a pas plu ; il est devenu tout rouge et il s'est mis à pousser des cris ; alors, le Bouillon – c'est notre surveillant – il est venu en courant pour voir ce qui se passait ; ce qu'il n'a pas vu, c'est la tartine et il a marché dessus, il a glissé et il a failli tomber. Il a été étonné, le Bouillon, il avait tout plein de confiture sur sa chaussure. Alceste, ça a été terrible, il a agité les bras et il a crié :

– Nom d'un chien, zut ! Pouvez pas faire attention où vous mettez les pieds ? C'est vrai, quoi, sans blague !

Il était drôlement en colère, Alceste ; il faut dire qu'il ne faut jamais faire le guignol avec sa nourriture, surtout quand c'est la tartine de la deuxième récré. Le Bouillon, il n'était pas content non plus.

– Regardez-moi bien dans les yeux, il a dit à Alceste ; qu'est-ce que vous avez dit ?

– J'ai dit que nom d'un chien, zut, vous n'avez pas le droit de marcher sur mes tartines ! a crié Alceste.

Alors, le Bouillon a pris Alceste par le bras et il l'a emmené avec lui. Ça faisait chouic, chouic, quand il marchait, le Bouillon, à cause de la confiture qu'il avait au pied.

Et puis, M. Mouchabière a sonné la fin de la récré. M. Mouchabière est un nouveau surveillant pour lequel nous n'avons pas encore eu le temps de trouver un surnom rigolo. Nous sommes entrés en classe et Alceste n'était toujours pas revenu. La maîtresse a été étonnée.

— Mais où est donc Alceste ? elle nous a demandé.

Nous allions tous lui répondre, quand la porte de la classe s'est ouverte et le directeur est entré, avec Alceste et le Bouillon.

— Debout ! a dit la maîtresse.

— Assis ! a dit le directeur.

Il n'avait pas l'air content, le directeur ; le Bouillon non plus ; Alceste, lui, il avait sa grosse figure toute pleine de larmes et il reniflait.

— Mes enfants, a dit le directeur, votre camarade a été d'une grossièreté inqualifiable avec le Bouil… avec M. Dubon. Je ne puis trouver d'excuses pour ce manque de respect vis-à-vis d'un supérieur et d'un aîné. Par conséquent, votre camarade est renvoyé. Il n'a pas pensé, oh ! bien sûr, à la peine immense qu'il va causer à ses parents. Et si dans l'avenir il ne s'amende pas, il finira au bagne, ce qui est le sort inévitable de tous les ignorants. Que ceci soit un exemple pour vous tous !

Et puis le directeur a dit à Alceste de prendre ses affaires. Alceste y est allé en pleurant, et il est parti, avec le directeur et le Bouillon.

Nous, on a tous été très tristes. La maîtresse aussi.

– J'essaierai d'arranger ça, elle nous a promis.

Ce qu'elle peut être chouette la maîtresse, tout de même !

Quand nous sommes sortis de l'école, nous avons vu Alceste qui nous attendait au coin de la rue en mangeant un petit pain au chocolat. Il avait l'air tout triste, Alceste, quand on s'est approchés de lui.

– T'es pas encore rentré chez toi ? j'ai demandé.
– Ben non, a dit Alceste, mais il va falloir que

j'y aille, c'est l'heure du déjeuner. Quand je vais raconter ça à papa et à maman, je vous parie qu'ils vont me priver de dessert. Ah ! c'est le jour, je vous jure...

Et Alceste est parti, en traînant les pieds et en mâchant doucement. On avait presque l'impression qu'il se forçait pour manger. Pauvre Alceste, on était bien embêtés pour lui.

Et puis, l'après-midi nous avons vu arriver à l'école la maman d'Alceste, qui n'avait pas l'air content et qui tenait Alceste par la main. Ils sont entrés chez le directeur et le Bouillon y est allé aussi.

Et un peu plus tard, nous étions en classe quand le directeur est entré avec Alceste, qui faisait un gros sourire.

– Debout ! a dit la maîtresse.

– Assis ! a dit le directeur.

Et puis il nous a expliqué qu'il avait décidé d'accorder une nouvelle chance à Alceste. Il a dit qu'il le faisait en pensant aux parents de notre camarade, qui étaient tout tristes devant l'idée que leur enfant risquait de devenir un ignorant et de finir au bagne.

– Votre camarade a fait des excuses à M. Dubon, qui a eu la bonté de les accepter, a dit le directeur ; j'espère que votre camarade sera reconnaissant envers cette indulgence et que, la leçon ayant porté et ayant servi d'avertissement, il saura racheter dans l'avenir, par sa conduite, la lourde faute qu'il a commise aujourd'hui. N'est-ce pas ?

– Ben... oui, a répondu Alceste.

Le directeur l'a regardé, il a ouvert la bouche, il a fait un soupir et il est parti.

Nous, on était drôlement contents ; on s'est tous mis à parler à la fois, mais la maîtresse a tapé sur sa table avec une règle et elle a dit :

– Assis, tout le monde. Alceste regagnez votre place et soyez sage. Clotaire, passez au tableau.

Quand la récré a sonné, nous sommes tous descendus, sauf Clotaire qui est puni, comme à chaque fois qu'il est interrogé. Dans la cour, pendant qu'Alceste mangeait son sandwich au fromage, on lui a demandé comment ça s'était passé dans le bureau du directeur, et puis le Bouillon est arrivé.

– Allons, allons, il a dit, laissez votre camarade tranquille; l'incident de ce matin est terminé, allez jouer! Allons!

Et il a pris Maixent par le bras et Maixent a bousculé Alceste et le sandwich au fromage est tombé par terre.

Alors, Alceste a regardé le Bouillon, il est devenu tout rouge, il s'est mis à agiter les bras, et il a crié:

– Nom d'un chien, zut! C'est pas croyable! Voilà que vous recommencez! C'est vrai, quoi, sans blague, vous êtes incorrigible!

Le nez de tonton Eugène

C'est papa qui m'a emmené à l'école aujourd'hui, après le déjeuner. Moi, j'aime bien quand papa m'accompagne, parce qu'il me donne souvent des sous pour acheter des choses. Et là, ça n'a pas raté. Nous sommes passés devant le magasin de jouets et, dans la vitrine, j'ai vu des nez en carton qu'on met sur la figure pour faire rire les copains.

« Papa, j'ai dit, achète-moi un nez ! » Papa a dit que non, que je n'avais pas besoin de nez, mais moi je lui ai montré un grand, tout rouge, et je lui ai dit : « Oh ! oui, papa ! Achète-moi celui-là, on dirait le nez de tonton Eugène ! »

Tonton Eugène, c'est le frère de papa ; il est gros, il raconte des blagues et il rit tout le temps. On ne le voit pas beaucoup, parce qu'il voyage, pour vendre des choses très loin, à Lyon, à Clermont-Ferrand et à Saint-Étienne. Papa s'est mis à rigoler.

— C'est vrai, il a dit papa, on dirait le nez d'Eugène

en plus petit. La prochaine fois qu'il viendra à la maison je le mettrai.

Et puis nous sommes entrés dans le magasin, nous avons acheté le nez, je l'ai mis sur ma figure ; ça tient avec un élastique, et puis papa l'a mis sur sa figure, et puis la vendeuse l'a mis sur sa figure, on s'est tous regardés dans une glace et on a drôlement rigolé. Vous direz ce que vous voudrez, mais mon papa il est très chouette !

En me laissant à la porte de l'école, papa m'a dit : « Surtout, sois sage et essaie de ne pas avoir d'ennuis avec le nez d'Eugène. » Moi, j'ai promis et je suis entré dans l'école.

Dans la cour, j'ai vu les copains et j'ai mis mon nez pour leur montrer et on a tous rigolé.

– On dirait le nez de ma tante Claire, a dit Maixent.

– Non, j'ai dit, c'est le nez de mon tonton Eugène, celui qui est explorateur.

– Tu me prêtes le nez ? m'a demandé Eudes.

– Non, j'ai répondu. Si tu veux un nez, t'as qu'à demander à ton papa de t'en acheter un !

– Si tu ne me le prêtes pas, je lui donne un coup de poing, à ton nez ! il m'a dit Eudes, qui est très fort, et bing ! il a tapé sur le nez de tonton Eugène.

Moi, ça ne m'a pas fait mal, mais j'ai eu peur qu'il ait cassé le nez de tonton Eugène ; alors, je l'ai mis dans ma poche et j'ai donné un coup de pied à Eudes. On était là à se battre, avec les copains qui regardaient quand le Bouillon est arrivé en courant. Le Bouillon, c'est notre surveillant, et un jour, je vous raconterai pourquoi on l'appelle comme ça.

— Alors, il a dit le Bouillon, qu'est-ce qui se passe ici ?

— C'est Eudes, j'ai dit ; il m'a donné un coup de poing sur le nez et il me l'a cassé !

Le Bouillon a ouvert de grands yeux, il s'est baissé pour mettre sa figure devant la mienne, et il m'a dit : « Montre voir un peu… »

Alors, moi, j'ai sorti le nez de tonton Eugène de ma poche et je lui ai montré. Je ne sais pas pourquoi, mais ça l'a mis dans une colère terrible, le Bouillon, de voir le nez de tonton Eugène.

— Regardez-moi bien dans les yeux, il a dit le Bouillon, qui s'est relevé. Je n'aime pas qu'on se moque de moi, mon petit ami. Vous viendrez jeudi en retenue, c'est compris ?

Je me suis mis à pleurer, alors Geoffroy a dit :

—Non, m'sieur, c'est pas sa faute

Le Bouillon a regardé Geoffroy, il a souri, et il lui a mis la main sur l'épaule.

—C'est bien, mon petit, de se dénoncer pour sauver un camarade.

—Ouais, a dit Geoffroy, c'est pas sa faute, c'est la faute à Eudes.

Le Bouillon est devenu tout rouge, il a ouvert la bouche plusieurs fois avant de parler, et puis il a donné une retenue à Eudes, une à Geoffroy et une autre à Clotaire qui riait. Et il est allé sonner la cloche.

En classe, la maîtresse a commencé à nous expliquer des histoires de quand la France était pleine de Gaulois. Alceste, qui est assis à côté de moi, m'a demandé si le nez de tonton Eugène était vraiment cassé. Je lui ai dit que non, qu'il était seulement un peu aplati au bout, et puis je l'ai sorti de ma poche pour voir si je pouvais l'arranger. Et ce qui est chouette, c'est qu'en poussant avec le doigt à l'intérieur, je suis arrivé à lui donner la forme qu'il avait avant. J'étais bien content.

—Mets-le, pour voir, m'a dit Alceste.

Alors, je me suis baissé sous le pupitre et j'ai mis le nez, Alceste a regardé et il a dit :

—Ça va, il est bien.

—Nicolas ! Répétez ce que je viens de dire ! a crié la maîtresse qui m'a fait très peur.

Je me suis levé d'un coup et j'avais bien envie de pleurer, parce que je ne savais pas ce qu'elle venait de dire, la maîtresse, et elle n'aime pas quand on ne l'écoute pas. La maîtresse m'a regardé en faisant des yeux ronds, comme le Bouillon.

– Mais… qu'est-ce que vous avez sur la figure ? elle m'a demandé.

– C'est le nez que m'a acheté mon papa ! j'ai expliqué en pleurant.

La maîtresse, elle s'est fâchée et elle s'est mise à crier, en disant qu'elle n'aimait pas les pitres et que si je continuais comme ça, je serais renvoyé de l'école et que je deviendrais un ignorant et que je serais la honte de mes parents. Et puis elle m'a dit : « Apportez-moi ce nez ! »

Alors, moi, j'y suis allé en pleurant, j'ai mis le nez sur le bureau de la maîtresse et elle a dit qu'elle le confisquait, et puis elle m'a donné à conjuguer le verbe « Je ne dois pas apporter des nez en carton en classe d'histoire, dans le but de faire le pitre et de dissiper mes camarades ».

Quand je suis rentré à la maison, maman m'a regardé et elle m'a dit : « Qu'est-ce que tu as, Nicolas, tu es tout pâlot. » Alors je me suis mis à pleurer, je lui ai expliqué que le Bouillon m'avait donné une retenue quand j'avais sorti le nez de tonton Eugène de ma poche, et que c'était la faute d'Eudes qui avait aplati le bout du nez de tonton Eugène et qu'en classe la maîtresse m'avait donné des choses

à conjuguer, à cause du nez de tonton Eugène, qu'elle m'avait confisqué. Maman m'a regardé, l'air tout étonné, et puis elle m'a mis la main sur le front, elle m'a dit qu'il faudrait que je me couche un peu et que je me repose.

Et puis, quand papa est revenu de son bureau, maman lui a dit :

– Je t'attendais avec impatience, je suis très inquiète. Le petit est rentré très énervé de l'école. Je me demande s'il ne faudrait pas appeler le docteur.

– Ça y est ! a dit papa, j'en étais sûr, je l'avais pourtant prévenu ! Je parie que ce petit étourdi de Nicolas a eu des ennuis avec le nez d'Eugène !

Alors on a eu tous très peur, parce que maman s'est trouvée mal et il a fallu appeler le docteur.

La montre

Hier soir, après ma rentrée de l'école, un facteur est venu et il a apporté un paquet pour moi. C'était un cadeau de mémé. Un cadeau terrible et vous ne devineriez jamais ce que c'était : une montre-bracelet ! Ma mémé et ma montre sont drôlement chouettes, et les copains vont faire une drôle de tête. Papa n'était pas là, parce que ce soir il avait un dîner pour son travail, et maman m'a appris comment il fallait faire pour remonter la montre et elle me l'a attachée autour du poignet. Heureusement, je sais bien lire l'heure, pas comme l'année dernière quand j'étais petit et j'aurais été obligé tout le temps de demander aux gens quelle heure il est à ma montre, ce qui n'aurait pas été facile. Ce qu'elle avait de bien, ma montre, c'est qu'elle avait une grande aiguille qui tournait plus vite que les deux autres qu'on ne voit pas bouger à moins de regarder bien et longtemps. J'ai demandé à maman à quoi servait la grande aiguille et elle m'a dit que c'était très pratique pour savoir si les œufs à la coque étaient prêts.

C'est dommage, à 7 h 32, quand nous nous sommes mis à table, maman et moi, il n'y avait pas d'œufs à la coque. Moi, je mangeais en regardant ma montre et maman m'a dit de me dépêcher un peu parce que le potage allait refroidir ; alors j'ai fini ma soupe en deux tours et un petit peu de la grande aiguille. À 7 h 51, maman a apporté le morceau de chouette gâteau qui restait de midi et nous nous sommes levés de table à 7 h 58. Maman m'a laissé jouer un petit peu, je collais mon oreille à la montre pour entendre le tic-tac et puis, à 8 h 15, maman m'a dit d'aller me coucher. J'étais aussi content que la fois où on m'a donné un stylo qui faisait des taches partout. Moi, je voulais garder ma montre à mon poignet pour dormir, mais maman m'a dit que ce n'était pas bon pour la montre, alors je l'ai mise sur la table de nuit, là où je pouvais la voir bien en me mettant sur le côté, et maman a éteint la lumière à 8 h 38.

Et là, ça a été formidable ! Parce que les numéros et les aiguilles de ma montre, eh bien, ils brillaient dans le noir ! Même si j'avais voulu faire des œufs à la coque, je n'aurais pas eu besoin d'allumer la lumière. Je n'avais pas envie de dormir, je regardais tout le temps ma montre et c'est comme ça que j'ai entendu s'ouvrir la porte de la maison : c'était papa qui rentrait. J'étais bien content parce que je pourrais lui montrer le cadeau de mémé. Je me suis levé, j'ai mis la montre à mon poignet et je suis sorti de ma chambre.

J'ai vu papa qui montait l'escalier sur la pointe des pieds. « Papa ! j'ai crié, regarde la belle montre que mémé m'a donnée ! » Papa, il a été très surpris, tellement surpris qu'il a failli tomber dans l'escalier. « Chut, Nicolas, il m'a dit, chut, tu vas réveiller ta mère ! » La lumière s'est allumée et on a vu sortir maman de sa chambre. « Sa mère s'est réveillée », a dit maman à papa, l'air pas content, et puis elle a demandé si c'était une heure pour revenir d'un dîner d'affaires. « Ben quoi, a dit papa, il n'est pas si tard.

— Il est 11 h 58, j'ai dit, drôlement fier, parce que moi j'aime bien aider mon papa et ma maman.

— Ta mère a toujours de bonnes idées pour les cadeaux, a dit papa à maman.

— C'est bien le moment de parler de ma mère, surtout devant le petit », a répondu maman qui n'avait pas l'air de rigoler, et puis elle m'a dit que j'aille me coucher mon chéri et que je fasse un gros dodo.

Je suis revenu dans ma chambre, j'ai entendu papa et maman parler un peu et j'ai commencé mon dodo à 12 h 14.

Je me suis réveillé à 5 h 07 ; il commençait à faire jour et c'était dommage parce que les numéros de ma montre brillaient moins. Moi, je n'étais pas pressé de me lever parce qu'il n'y avait pas classe, mais je me suis dit que je pourrais aider mon papa qui se plaint que son patron se plaint toujours qu'il arrive en retard au bureau. J'ai attendu un peu et à 5 h 12 je suis allé dans la chambre de papa et maman et j'ai crié : « Papa ! il fait jour ! Tu vas être en retard au bureau ! » Papa a eu l'air très surpris, mais c'était moins dangereux que dans l'escalier, parce que dans son lit, il ne pouvait pas tomber. Mais il a fait une drôle de tête, papa, comme s'il était tombé. Maman s'est réveillée aussi, d'un coup. « Qu'est-ce qu'il y a ? Qu'est-ce qu'il y a ? elle a demandé.

– C'est la montre, a dit papa ; il paraît qu'il fait jour.

– Oui, j'ai dit, il est 5 h 15 et ça marche vers le 16.

– Bravo, a dit maman, va te recoucher maintenant, nous sommes réveillés. »

Je suis allé me recoucher, mais il a fallu que je revienne trois fois, à 5 h 47, 6 h 18 et 7 h 02, pour que papa et maman se lèvent enfin.

Nous étions assis pour le petit déjeuner et papa a crié à maman : « Dépêche-toi un peu, chérie, avec le café, je vais être en retard, ça fait cinq minutes que j'attends.

– Huit », j'ai dit, et maman est venue et elle m'a regardé d'une drôle de façon. Quand elle a versé le café dans les tasses, elle en a mis un peu sur la toile cirée parce que sa main tremblait ; j'espère qu'elle n'est pas malade, maman.

« Je vais rentrer de bonne heure pour le déjeuner, a dit papa ; je pointerai à l'entrée. » J'ai demandé à maman ce que ça voulait dire : pointer, mais elle m'a dit de ne pas m'occuper de ça et d'aller m'amuser dehors. C'est bien la première fois que je regrettais qu'il n'y ait pas classe, parce que j'aurais voulu que mes copains voient ma montre. À l'école, le seul qui soit venu avec une montre, une fois, c'est Geoffroy, qui avait la montre de son papa, une grosse montre avec un couvercle et une chaîne. Elle était très chouette, la montre du papa de Geoffroy, mais il paraît que Geoffroy n'avait pas la permission de la prendre et il a eu des tas d'ennuis et on n'a plus jamais revu la montre. Geoffroy a eu une telle fessée, il nous a dit, qu'on a bien failli ne plus jamais le revoir, lui non plus.

Je suis allé chez Alceste, un copain qui habite tout près de chez moi, un gros qui mange beaucoup. Je sais qu'il se lève de bonne heure parce que son petit déjeuner lui prend du temps. « Alceste ! j'ai crié devant sa maison, Alceste ! Viens voir ce que j'ai ! » Alceste est sorti, un croissant à la main et un autre dans la bouche. « J'ai une montre ! » j'ai dit à Alceste en mettant mon bras à la hauteur du bout de croissant qui était dans sa bouche. Alceste s'est mis à loucher un peu, il a avalé et il a dit : « Elle est rien chouette !

– Elle marche bien, elle a une aiguille pour les œufs à la coque et elle brille la nuit, j'ai expliqué.

—Et dedans, elle est comment ? » il m'a demandé, Alceste.

Ça, je n'avais pas pensé à regarder. « Attends », m'a dit Alceste et il est entré en courant dans sa maison. Il en est ressorti avec un autre croissant et un canif. « Donne ta montre, m'a dit Alceste, je vais l'ouvrir avec mon canif. Je sais comment faire, j'ai déjà ouvert la montre de mon papa. » J'ai donné la montre à Alceste, qui a commencé à travailler dessus avec le canif. Moi, j'ai eu peur qu'il ne

casse ma montre et je lui ai dit : « Rends-moi ma montre. » Mais Alceste n'a pas voulu, il tirait la langue et essayait d'ouvrir la montre ; alors j'ai essayé de reprendre la montre de force, le canif a glissé sur le doigt d'Alceste, Alceste a crié, la montre s'est ouverte et elle est tombée par terre à 9 h 10. Il était toujours 9 h 10 quand je suis arrivé en pleurant à la maison. La montre ne marchait plus. Maman m'a pris dans ses bras et elle m'a dit que papa arrangerait tout.

Quand papa est arrivé pour le déjeuner, maman lui a donné ma montre. Papa a tourné le petit bouton, il a regardé maman, il a regardé la montre, il m'a regardé moi et puis il m'a dit : « Écoute, Nicolas, cette montre ne peut plus être réparée. Mais ça ne t'empêchera pas de t'amuser avec elle, bien au contraire : elle ne risque plus rien et elle sera toujours aussi jolie à ton poignet. » Il avait l'air tellement content, maman avait l'air tellement contente, que j'ai été content aussi.

Ma montre marque maintenant toujours 4 heures : c'est une bonne heure, l'heure des petits pains au chocolat, et la nuit, les numéros continuent à briller.

C'est vraiment un chouette cadeau, le cadeau de mémé !

On fait un journal

Maixent, à la récré, nous a montré le cadeau que lui avait donné sa marraine : une imprimerie. C'est une boîte où il y a des tas de lettres en caoutchouc, et on met les lettres dans une pince et on peut faire tous les mots qu'on veut. Après, on appuie sur un tampon plein d'encre comme il y en a à la poste, et puis sur un papier, et les mots sont écrits en imprimerie comme dans le journal que lit papa, et il crie toujours parce que maman lui enlève les pages où il y a les robes, les réclames et la façon de faire la cuisine. Elle est très chouette, l'imprimerie de Maixent !

Maixent nous a montré ce qu'il avait déjà fait avec l'imprimerie. Il a sorti de sa poche trois feuilles de papier où il y avait écrit « Maixent » des tas de fois, dans tous les sens.

– Ça fait drôlement mieux que quand c'est écrit à la plume, nous a dit Maixent, et c'est vrai.

– Hé, les gars, a dit Rufus, si on faisait un journal ?

Ça, c'était une drôlement bonne idée et on a été tous d'accord, même Agnan, qui est le chouchou de la maîtresse et qui, d'habitude, ne joue pas avec nous pendant la récré, parce qu'il repasse ses leçons. Il est fou, Agnan !

– Et on va l'appeler comment, le journal ? j'ai demandé.

Là, on n'a pas pu se mettre d'accord. Il y en avait qui voulaient l'appeler « le Terrible », d'autres « le Triomphant », d'autres « le Magnifique » ou « le Sans-Peur ». Maixent voulait qu'on l'appelle « le Maixent », et il s'est fâché quand Alceste a dit que c'était un nom idiot, et qu'il préférait que le journal s'appelle « la Délicieuse », qui est le nom de la charcuterie qui est à côté de chez lui. On a décidé que le titre, on le trouverait après.

– Et qu'est-ce qu'on va mettre dans le journal ? a demandé Clotaire.

– Ben, la même chose que dans les vrais journaux, a dit Geoffroy : des tas de nouvelles, des photos, des dessins, des histoires avec des voleurs et des morts tout plein, et les cours de la Bourse.

Nous, on ne savait pas ce que c'était, les cours de la Bourse. Alors, Geoffroy nous a expliqué que c'était des tas de numéros écrits en petites lettres et que c'était ce qui intéressait le plus son papa. Avec Geoffroy, il faut pas croire ce qu'il raconte : il est drôlement menteur et il dit n'importe quoi.

– Pour les photos, a dit Maixent, je ne peux pas

les imprimer ; il n'y a que des lettres dans mon imprimerie.

– Mais on peut faire des dessins, j'ai dit. Moi, je sais faire un château avec des gens qui attaquent, des dirigeables et des avions qui bombardent.

– Moi, je sais dessiner les cartes de France avec tous les départements, a dit Agnan.

– Moi, j'ai fait un dessin de ma maman en train de se mettre des bigoudis, a dit Clotaire, mais ma maman l'a déchiré. Pourtant, papa avait bien rigolé quand il l'avait vu.

— Tout ça, c'est très joli, a dit Maixent, mais si vous mettez vos sales dessins partout, il ne restera plus de place pour imprimer des choses intéressantes dans le journal.

Moi, j'ai demandé à Maixent s'il voulait une claque, mais Joachim a dit que Maixent avait raison et que lui il avait une rédaction sur le printemps, où il avait eu 12, et que ça serait très chouette à imprimer et que, là-dedans, il parlait des fleurs et des oiseaux qui faisaient cui-cui.

— Tu crois pas qu'on va user les lettres pour imprimer tes cui-cui, non ? a demandé Rufus, et ils se sont battus.

— Moi, a dit Agnan, je pourrais mettre des problèmes et on demanderait aux gens de nous envoyer des solutions. On leur mettrait des notes.

On s'est tous mis à rigoler : alors Agnan a commencé à pleurer, il a dit qu'on était tous des méchants, qu'on se moquait toujours de lui et qu'il se plaindrait à la maîtresse et qu'on serait tous punis et qu'il ne dirait plus rien et que ça serait bien fait pour nous.

Avec Joachim et Rufus qui se battaient et Agnan qui pleurait, on avait du mal à s'entendre : c'est pas facile de faire un journal avec les copains !

— Quand le journal sera imprimé, a demandé Eudes, qu'est-ce qu'on va en faire ?

— Cette question ! a dit Maixent. On va le vendre ! Les journaux, c'est fait pour ça : on les vend, on devient très riches et on peut s'acheter des tas de choses.

– Et on le vend à qui ? j'ai demandé.

– Ben, a dit Alceste, à des gens, dans la rue. On court, on crie « Édition spéciale » et tout le monde donne des sous.

– On en aura un seul, de journal, a dit Clotaire ; alors, on n'aura pas des tas de sous.

– Ben, je le vendrai pour très cher, a dit Alceste.

– Pourquoi toi ? C'est moi qui vais le vendre, a dit Clotaire ; d'abord, toi, tu as les doigts toujours pleins de gras, alors tu vas faire des taches sur le journal et personne ne voudra l'acheter.

– Tu vas voir si j'ai les mains pleines de gras, a dit Alceste, et il les a mises sur la figure de Clotaire, et ça, ça m'a étonné, parce que d'habitude Alceste n'aime pas se battre pendant la récré : ça l'empêche de manger. Mais là, il n'était pas du tout content, Alceste, et Rufus et Joachim se sont poussés un peu pour laisser de la place à Alceste et à Clotaire pour se battre. C'est pourtant vrai qu'Alceste a les mains pleines de gras. Quand on lui dit bonjour, ça glisse.

– Bon, alors, c'est entendu, a dit Maixent, le directeur du journal, ce sera moi.

– Et pourquoi, je vous prie ? a demandé Eudes.

– Parce que l'imprimerie est à moi, voilà pourquoi ! a dit Maixent.

– Minute, a crié Rufus qui est arrivé ; c'est moi qui ai eu l'idée du journal, le directeur c'est moi !

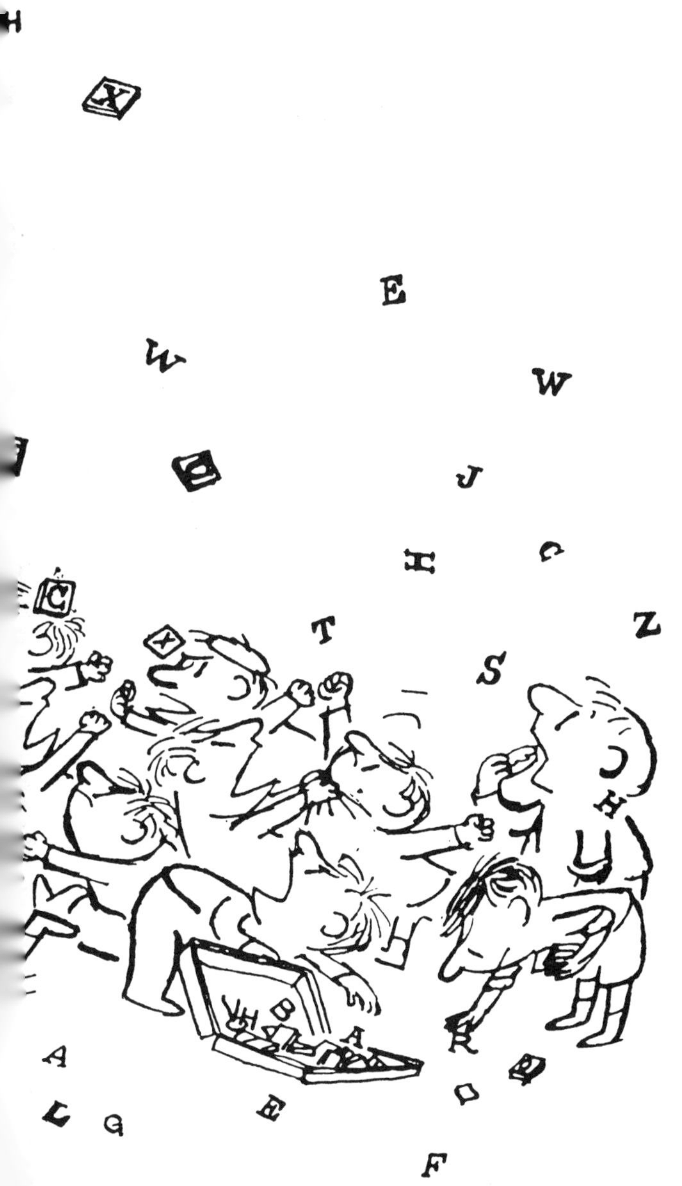

— Dis donc, a dit Joachim, tu me laisses tomber comme ça ? On était en train de se battre ! T'es pas un copain !

— T'avais ton compte, a dit Rufus, qui saignait du nez.

— Ne me fais pas rigoler, a dit Joachim, qui était tout égratigné, et ils ont recommencé à se battre à côté d'Alceste et de Clotaire.

— Répète-le, que j'ai du gras ! criait Alceste.

— T'as du gras ! T'as du gras ! T'as du gras ! criait Clotaire.

— Si tu ne veux pas mon poing sur le nez, a dit Eudes, tu sauras, Maixent, que le directeur c'est moi.

— Tu crois que tu me fais peur ? a demandé Maixent. Et moi je crois que oui, parce qu'en parlant, Maixent faisait des petits pas en arrière ; alors, Eudes l'a poussé et l'imprimerie est tombée avec toutes les lettres par terre. Maixent, il est devenu tout rouge et il s'est jeté sur Eudes. Moi j'ai essayé de ramasser les lettres, mais Maixent m'a marché sur la main ; alors, quand Eudes m'a laissé un peu de place, j'ai donné une gifle à Maixent et puis le Bouillon (c'est notre surveillant, mais ce n'est pas son vrai nom) est arrivé pour nous séparer. Et on n'a pas rigolé, parce qu'il nous a confisqué l'imprimerie, il nous a dit que nous étions tous des garnements, il nous a mis en retenue, il est allé sonner la cloche et il est allé porter Agnan à l'infirmerie, parce qu'il était malade. Il a été drôlement occupé, le Bouillon !

Le journal, on ne le fera pas. Le Bouillon ne veut pas nous rendre l'imprimerie avant les grandes vacances. Bah ! de toute façon, on n'aurait rien eu à raconter dans le journal.

Chez nous, il ne se passe jamais rien.

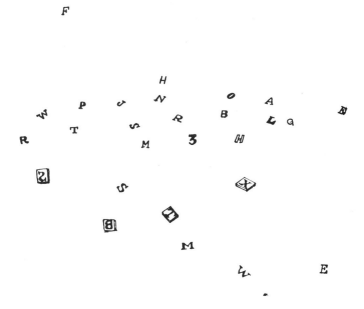

Le vase rose du salon

J'étais à la maison, en train de jouer à la balle, quand, bing! j'ai cassé le vase rose du salon.

Maman est venue en courant et moi je me suis mis à pleurer.

– Nicolas! m'a dit maman, tu sais qu'il est défendu de jouer à la balle dans la maison! Regarde ce que tu as fait : tu as cassé le vase rose du salon! Ton père y tenait beaucoup, à ce vase. Quand il viendra, tu lui avoueras ce que tu as fait, il te punira et ce sera une bonne leçon pour toi!

Maman a ramassé les morceaux de vase qui étaient sur le tapis et elle est allée dans la cuisine. Moi, j'ai continué à pleurer, parce qu'avec papa, le vase, ça va faire des histoires.

Papa est arrivé de son bureau, il s'est assis dans son fauteuil, il a ouvert son journal et il s'est mis à lire. Maman m'a appelé dans la cuisine et elle m'a dit :

– Eh bien? Tu lui as dit, à papa, ce que tu as fait?

– Moi, je veux pas lui dire ! j'ai expliqué, et j'ai pleuré un bon coup.

– Ah ! Nicolas, tu sais que je n'aime pas ça, m'a dit maman. Il faut avoir du courage dans la vie. Tu es un grand garçon, maintenant ; tu vas aller dans le salon et tout avouer à papa !

Chaque fois qu'on me dit que je suis un grand garçon, j'ai des ennuis, c'est vrai à la fin ! Mais comme maman n'avait pas l'air de rigoler, je suis allé dans le salon.

– Papa… j'ai dit.

– Hmm ? a dit papa, qui a continué à lire son journal.

– J'ai cassé le vase rose du salon, j'ai dit très vite à papa, et j'avais une grosse boule dans la gorge.

– Hmm ? a dit papa, c'est très bien, mon chéri, va jouer.

Je suis retourné dans la cuisine drôlement content, et maman m'a demandé :

– Tu as parlé à papa ?

– Oui, maman, j'ai répondu.

– Et qu'est-ce qu'il t'a dit ? m'a demandé maman.

– Il m'a dit que c'était très bien, mon chéri, et que j'aille jouer, j'ai répondu.

Ça, ça ne lui a pas plu, à maman. « Ça par exemple ! » elle a dit, et puis elle est allée dans le salon.

– Alors, a dit maman, c'est comme ça que tu fais l'éducation du petit ?

Papa a levé la tête de son journal l'air très étonné.
— Qu'est-ce que tu dis ? il a demandé.
— Ah ! non, je t'en prie, ne fais pas l'innocent, a dit maman. Évidemment, tu préfères lire tranquillement ton journal, pendant que moi je m'occupe de la discipline !
— J'aimerais en effet, a dit papa, lire tranquillement mon journal, mais il semble que ce soit une chose impossible dans cette maison !
— Oh ! bien sûr, Monsieur aime prendre ses aises ! Les pantoufles, le journal, et à moi toutes les sales besognes ! a crié maman. Et après, tu t'étonneras si ton fils devient un dévoyé !
— Mais enfin, a crié papa, que veux-tu que je fasse ? Que je fouette le gosse dès que j'entre dans la maison ?

– Tu refuses tes responsabilités, a dit maman, ta famille ne t'intéresse guère !

– Ça, par exemple ! a crié papa, moi qui travaille comme un forcené, qui supporte la mauvaise humeur de mon patron, qui me prive de bien des joies pour vous mettre, toi et Nicolas, à l'abri du besoin...

– Je t'ai déjà dit de ne pas parler d'argent devant le petit ! a dit maman.

– On me rend fou dans cette maison ! a crié papa, mais ça va changer ! Oh ! là là ! ça va changer !

– Ma mère m'avait prévenue, a dit maman ; j'aurais dû l'écouter !

– Ah ta mère ! Ça m'étonnait qu'elle ne soit pas encore arrivée dans la conversation, ta mère ! a dit papa.

– Laisse ma mère tranquille, a crié maman ! Je t'interdis de parler de ma mère !

– Mais ce n'est pas moi qui... a dit papa, et on a sonné à la porte.

C'était M. Blédurt, notre voisin.

– J'étais venu voir si tu voulais faire une partie de dames, il a dit à papa.

– Vous tombez bien, monsieur Blédurt, a dit maman ; vous allez être juge de la situation ! Ne pensez-vous pas qu'un père doit prendre une part active dans l'éducation de son fils ?

– Qu'est-ce qu'il en sait ? Il n'a pas d'enfants ! a dit papa.

– Ce n'est pas une raison, a dit maman : les dentistes n'ont jamais mal aux dents, ça ne les empêche pas d'être dentistes !

– Et d'où as-tu sorti cette histoire que les dentistes n'ont jamais mal aux dents ? a dit papa ; tu me fais rigoler ! Et il s'est mis à rigoler.

– Vous voyez, vous voyez, monsieur Blédurt ? Il se moque de moi ! a crié maman. Au lieu de s'occuper de son fils, il fait de l'esprit ! Qu'en pensez-vous, monsieur Blédurt ?

– Pour les dames, a dit M. Blédurt, c'est fichu. Je m'en vais.

– Ah ! non, a dit maman ; vous avez tenu à mettre votre grain de sel dans cette conversation, vous resterez jusqu'au bout !

– Pas question, a dit papa ; cet imbécile que personne n'a sonné n'a rien à faire ici ! Qu'il retourne dans sa niche !

– Écoutez… a dit M. Blédurt.

– Oh ! vous, les hommes, tous pareils ! a dit maman. Vous vous tenez bien entre vous ! Et puis vous feriez mieux de rentrer chez vous, plutôt que d'écouter aux portes de vos voisins !

– Eh bien, on jouera aux dames un autre jour, a dit M. Blédurt. Bonsoir. Au revoir, Nicolas !

Et M. Blédurt est parti.

Moi, je n'aime pas quand papa et maman se disputent, mais ce que j'aime bien, c'est quand ils se réconcilient. Et là, ça n'a pas raté. Maman s'est mise à pleurer, alors papa il a eu l'air embêté, il a dit : « Allons, allons, allons… » et puis il a embrassé maman, il a dit qu'il était une grosse brute, et maman a dit qu'elle avait eu tort, et papa a dit que non, que c'était lui qui avait eu tort et ils se sont mis à rigoler, et ils se sont embrassés, et ils m'ont embrassé, et ils m'ont dit que tout ça c'était pour rire, et maman a dit qu'elle allait faire des frites.

Le dîner a été très chouette, et tout le monde souriait drôlement et puis papa a dit : « Tu sais, chérie, je crois que nous avons été un peu injustes envers ce bon Blédurt. Je vais lui téléphoner pour lui dire de venir prendre le café et jouer aux dames. »

M. Blédurt, quand il est venu, il se méfiait un peu. « Vous n'allez pas recommencer à vous disputer, au moins ? » il a dit ; mais papa et maman se sont mis à rigoler, ils l'ont pris chacun par un bras et ils l'ont emmené dans le salon. Papa a mis le damier sur la petite table, maman a apporté le café et moi j'ai eu un canard.

Et puis, papa a levé la tête, il a eu l'air tout étonné et il a dit : « Ça, par exemple !… Où est donc passé le vase rose du salon ? »

À la récré, on se bat

– T'es un menteur, j'ai dit à Geoffroy.
– Répète un peu, m'a répondu Geoffroy.
– T'es un menteur, je lui ai répété.
– Ah ! oui ? il m'a demandé.
– Oui, je lui ai répondu, et la cloche a sonné la fin de la récré.
– Bon, a dit Geoffroy pendant que nous nous mettions en rang, à la prochaine récré, on se bat.

— D'accord, je lui ai dit ; parce que moi, ce genre de choses, il faut pas me le dire deux fois, c'est vrai quoi, à la fin.

— Silence dans les rangs ! a crié le Bouillon, qui est notre surveillant ; et avec lui il ne faut pas rigoler.

En classe, c'était géographie. Alceste, qui est assis à côté de moi, m'a dit qu'il me tiendrait la veste à la récré, quand je me battrai avec Geoffroy, et il m'a dit de taper au menton, comme font les boxeurs à la télé.

— Non, a dit Eudes, qui est assis derrière nous, c'est au nez qu'il faut taper ; tu cognes dessus, bing, et tu as gagné.

— Tu racontes n'importe quoi, a dit Rufus, qui est assis à côté de Eudes ; avec Geoffroy, ce qui marche, c'est les claques.

— T'as vu souvent des boxeurs qui se donnent des claques, imbécile ? a demandé Maixent, qui est assis pas loin et qui a envoyé un papier à Joachim qui voulait savoir de quoi il s'agissait, mais qui, d'où il est, ne pouvait pas entendre.

Ce qui est embêtant, c'est que le papier, c'est Agnan qui l'a reçu, et Agnan c'est le chouchou de la maîtresse et il a levé le doigt et il a dit : « Mademoiselle, j'ai reçu un papier ! »

La maîtresse, elle a fait de gros yeux et elle a demandé à Agnan de lui apporter le papier, et Agnan y est allé, drôlement fier. La maîtresse a lu le papier et elle a dit :

– Je lis ici que deux d'entre vous vont se battre pendant la récréation. Je ne sais pas de qui il s'agit, et je ne veux pas le savoir. Mais je vous préviens, je questionnerai M. Dubon, votre surveillant, après la récréation, et les coupables seront sévèrement punis. Alceste, au tableau.

Alceste est allé se faire interroger sur les fleuves et ça n'a pas marché très bien, parce que les seuls qu'il connaissait, c'était la Seine, qui fait des tas de méandres, et la Nive, où il est allé passer ses vacances l'été dernier. Tous les copains avaient l'air drôlement impatients que la récré arrive et ils discutaient entre eux. La maîtresse a même été obligée de taper avec sa règle sur la table et Clotaire, qui dormait, a cru que c'était pour lui et il est allé au piquet. Moi, j'étais embêté, parce que si la maîtresse me met en retenue, à la maison ça va faire des tas d'histoires et pour la crème au chocolat, ce soir, c'est fichu. Et puis, qui sait ? Peut-être que la maîtresse va me faire renvoyer, et ça, ce serait terrible ; maman aurait beaucoup de peine, papa me dirait que lui, quand il avait mon âge, il était un exemple pour tous ses petits camarades, que ça valait bien la peine de se saigner aux quatre veines pour me donner une éducation soignée, que je finirai mal, et que je ne retournerai pas de si tôt au cinéma. J'avais une grosse boule dans la gorge et la cloche de la récré a sonné et moi j'ai regardé Geoffroy et j'ai vu qu'il n'avait pas l'air tellement pressé de descendre dans la cour, lui non plus.

En bas, tous les copains nous attendaient et Maixent a dit : « Allons au fond de la cour, là on sera tranquilles. »

Geoffroy et moi on a suivi les autres, et puis Clotaire a dit à Agnan :

—Ah ! non, pas toi ! Tu as cafardé !

—Moi, je veux voir ! a dit Agnan, et puis il a dit que s'il ne pouvait pas voir, il irait prévenir le Bouillon tout de suite et personne ne pourrait se battre et ce serait bien fait pour nous.

—Bah ! laissons-le voir, a dit Rufus ; après tout, Geoffroy et Nicolas seront punis de toute façon ; alors, qu'Agnan ait prévenu la maîtresse avant ou après, ça n'a aucune importance.

—Punis, punis, a dit Geoffroy, on sera punis si on se bat. Pour la dernière fois, Nicolas, tu retires ce que tu as dit ?

—Il ne retire rien du tout, sans blague ! a crié Alceste.

—Ouais ! a dit Maixent.

—Bon, allons-y, a dit Eudes, moi je serai l'arbitre.

—L'arbitre ? a dit Rufus, tu me fais bien rigoler. Pourquoi ce serait toi l'arbitre et pas un autre ?

—Dépêchons-nous, a dit Joachim, on va pas se bagarrer pour ça, et la récré va bientôt se terminer.

—Pardon, a dit Geoffroy, l'arbitre, c'est drôlement important ; moi, je ne me bats pas si je n'ai pas un bon arbitre.

—Parfaitement, j'ai dit, Geoffroy a raison.

– D'accord, d'accord, a dit Rufus, l'arbitre ce sera moi.

Ça, ça ne lui a pas plu, à Eudes, qui a dit que Rufus ne connaissait rien à la boxe, et qu'il croyait que les boxeurs se donnaient des claques.

– Mes claques valent bien tes coups de poing sur le nez, a dit Rufus, et paf, il a donné une claque sur la figure d'Eudes. Il s'est fâché tout plein, Eudes, je ne l'ai jamais vu comme ça, et il a commencé à se battre avec Rufus et il voulait lui taper sur le nez, mais Rufus ne restait pas tranquille, et ça, ça mettait Eudes encore plus en colère et il criait que Rufus n'était pas un bon copain.

– Arrêtez ! Arrêtez ! criait Alceste, la récré va bientôt se terminer !

– Toi, le gros, on t'a assez entendu ! a dit Maixent.

Alors, Alceste m'a demandé de tenir son croissant, et il a commencé à se battre avec Maixent. Et ça, ça m'a étonné, parce qu'Alceste, d'habitude, il n'aime pas se battre, surtout quand il est en train de manger un croissant. Ce qu'il y a, c'est que sa maman lui fait prendre un médicament pour maigrir et, depuis, Alceste n'aime pas qu'on l'appelle « le gros ». Comme j'étais occupé à regarder Alceste et Maixent, je ne sais pas pourquoi Joachim a donné un coup de pied à Clotaire, mais je crois que c'est parce que Clotaire a gagné des tas de billes à Joachim, hier.

En tout cas, les copains se battaient drôlement et

c'était chouette. J'ai commencé à manger le croissant d'Alceste et j'en ai donné un bout à Geoffroy. Et puis, le Bouillon est arrivé en courant, il a séparé tout le monde en disant que c'était une honte et qu'on allait voir ce qu'on allait voir, et il est allé sonner la cloche.

– Et voilà, a dit Alceste, qu'est-ce que je disais ? À force de faire les guignols, Geoffroy et Nicolas n'ont pas eu le temps de se battre.

Quand le Bouillon lui a raconté ce qui s'était passé, la maîtresse s'est fâchée et elle a mis toute la classe en retenue, sauf Agnan, Geoffroy et moi, et elle a dit que nous étions des exemples pour les autres qui étaient des petits sauvages.

– T'as de la veine que la cloche ait sonné, m'a dit Geoffroy, parce que j'avais bien envie de me battre avec toi.

– Ne me fais pas rigoler, espèce de menteur, je lui ai dit.

– Répète un peu ! il m'a dit.

– Espèce de menteur ! je lui ai répété.

– Bon, m'a dit Geoffroy, à la prochaine récré, on se bat.

– D'accord, je lui ai répondu.

Parce que vous savez, ce genre de choses, moi, il ne faut pas me les dire deux fois. C'est vrai, quoi, à la fin !

King

Avec Alceste, Eudes, Rufus, Clotaire et les copains, nous avons décidé d'aller à la pêche.

Il y a un square où nous allons jouer souvent, et dans le square il y a un chouette étang. Et dans l'étang, il y a des têtards. Les têtards, ce sont des petites bêtes qui grandissent et qui deviennent des grenouilles ; c'est à l'école qu'on nous a appris ça. Clotaire ne le savait pas, parce qu'il n'écoute pas souvent en classe, mais nous, on lui a expliqué.

À la maison, j'ai pris un bocal à confitures vide, et je suis allé dans le square, en faisant bien attention que le gardien ne me voie pas. Le gardien du square, il a une grosse moustache, une canne, un sifflet à roulette comme celui du papa de Rufus, qui est agent de police, et il nous gronde souvent, parce qu'il y a des tas de choses qui sont défendues dans le square : il ne faut pas marcher sur l'herbe, monter aux arbres, arracher les fleurs, faire du vélo, jouer au football, jeter des papiers par terre et se battre. Mais on s'amuse bien quand même !

Eudes, Rufus et Clotaire étaient déjà au bord de l'étang avec leurs bocaux. Alceste est arrivé le dernier ; il nous a expliqué qu'il n'avait pas trouvé de bocal vide et qu'il avait dû en vider un. Il avait encore des tas de confiture sur la figure, Alceste ; il était bien content. Comme le gardien n'était pas là, on s'est tout de suite mis à pêcher.

C'est très difficile de pêcher des têtards ! Il faut se mettre à plat ventre sur le bord de l'étang, plonger le bocal dans l'eau et essayer d'attraper les têtards qui bougent et qui n'ont drôlement pas envie d'entrer dans les bocaux. Le premier qui a eu un têtard, ça a été Clotaire, et il était tout fier, parce qu'il n'est pas habitué à être le premier de quoi que ce soit. Et puis, à la fin, on a tous eu notre têtard. C'est-à-dire qu'Alceste n'a pas réussi à en pêcher, mais Rufus, qui est un pêcheur terrible, en avait deux dans son bocal et il a donné le plus petit à Alceste.

– Et qu'est-ce qu'on va faire avec nos têtards ? a demandé Clotaire.
– Ben, a répondu Rufus, on va les emmener chez nous, on va attendre qu'ils grandissent et qu'ils deviennent des grenouilles, et on va faire des courses. Ça sera rigolo !
– Et puis, a dit Eudes, les grenouilles, c'est pratique,

ça monte par une petite échelle et ça vous dit le temps qu'il fera pour la course !

– Et puis, a dit Alceste, les cuisses de grenouille, avec de l'ail, c'est très très bon !

Et Alceste a regardé son têtard, en se passant la langue sur les lèvres.

Et puis on est partis en courant parce qu'on a vu le gardien du square qui arrivait. Dans la rue, en marchant, je voyais mon têtard dans le bocal, et il était très chouette : il bougeait beaucoup et j'étais sûr qu'il deviendrait une grenouille terrible, qui allait gagner toutes les courses. J'ai décidé de l'appeler King ; c'est le nom d'un cheval blanc que j'ai vu jeudi dernier dans un film de cow-boys. C'était un cheval qui courait très vite et qui venait quand son cow-boy le sifflait. Moi, je lui apprendrai à faire des tours, à mon têtard, et quand il sera grenouille, il viendra quand je le sifflerai.

Quand je suis entré dans la maison, maman m'a regardé et elle s'est mise à pousser des cris : « Mais regarde-moi dans quel état tu t'es mis ! Tu as de la boue partout, tu es trempé comme une soupe ! Qu'est-ce que tu as encore fabriqué ? »

C'est vrai que je n'étais pas très propre, surtout que j'avais oublié de rouler les manches de ma chemise quand j'avais mis mes bras dans l'étang.

– Et ce bocal ? a demandé maman, qu'est-ce qu'il y a dans ce bocal ?

– C'est King, j'ai dit à maman en lui montrant

mon têtard. Il va devenir grenouille, il viendra quand je le sifflerai, il nous dira le temps qu'il fait et il va gagner des courses !

Maman, elle a fait une tête avec le nez tout chiffonné.

– Quelle horreur ! elle a crié, maman. Combien de fois faut-il que je te dise de ne pas apporter des saletés dans la maison ?

—C'est pas des saletés, j'ai dit, c'est propre comme tout, c'est tout le temps dans l'eau et je vais lui apprendre à faire des tours !

—Eh bien, voilà ton père, a dit maman ; nous allons voir ce qu'il en dit !

Et quand papa a vu le bocal, il a dit : « Tiens ! c'est un têtard », et il est allé s'asseoir dans le fauteuil pour lire son journal. Maman, elle, était toute fâchée.

—C'est tout ce que tu trouves à dire ? elle a demandé à papa. Je ne veux pas que cet enfant ramène toutes sortes de sales bêtes à la maison !

—Bah ! a dit papa, un têtard, ce n'est pas bien gênant...

—Eh bien, parfait, a dit maman, parfait ! Puisque je ne compte pas, je ne dis plus rien. Mais je vous préviens, c'est le têtard ou moi !

Et maman est partie dans la cuisine.

Papa a fait un gros soupir et il a plié son journal.

—Je crois que nous n'avons pas le choix, Nicolas, il m'a dit. Il va falloir se débarrasser de cette bestiole.

Moi, je me suis mis à pleurer, j'ai dit que je ne voulais pas qu'on fasse du mal à King et qu'on était déjà drôlement copains tous les deux. Papa m'a pris dans ses bras :

—Écoute, bonhomme, il m'a dit. Tu sais que ce petit têtard a une maman grenouille. Et la maman grenouille doit avoir beaucoup de peine d'avoir perdu son enfant. Maman, elle ne serait pas contente si on t'emmenait dans un bocal. Pour les grenouilles, c'est la même chose. Alors, tu sais ce qu'on va faire ? Nous allons partir tous les deux et nous allons remettre le têtard où tu l'as pris, et puis tous les dimanches tu pourras aller le voir. Et en revenant à la maison, je t'achèterai une tablette en chocolat.

Moi, j'ai réfléchi un coup et j'ai dit que bon, d'accord.

Alors, papa est allé dans la cuisine et il a dit à maman, en rigolant, que nous avions décidé de la garder et de nous débarrasser du têtard.

Maman a rigolé aussi, elle m'a embrassé et elle a dit que pour ce soir, elle ferait du gâteau. J'étais très consolé.

Quand nous sommes arrivés dans le jardin, j'ai conduit papa, qui tenait le bocal, vers le bord de l'étang. « C'est là » j'ai dit. Alors j'ai dit au revoir à King et papa a versé dans l'étang tout ce qu'il y avait dans le bocal.

Et puis nous nous sommes retournés pour partir et nous avons vu le gardien du square qui sortait de derrière un arbre avec des yeux ronds.

— Je ne sais pas si vous êtes tous fous ou si c'est moi qui le deviens, a dit le gardien, mais vous êtes le septième bonhomme, y compris un agent de police, qui vient aujourd'hui jeter le contenu d'un bocal d'eau à cet endroit précis de l'étang.

L'appareil de photo

Juste quand j'allais partir pour l'école, le facteur a apporté un paquet pour moi, c'était un cadeau de mémé : un appareil de photo ! Ma mémé, c'est la plus gentille du monde !

« Elle a de drôles d'idées, ta mère, a dit papa à maman, ce n'est pas un cadeau à faire à un enfant. » Maman s'est fâchée, elle a dit que, pour papa, tout ce que faisait sa mère (ma mémé) ne lui plaisait pas, que ce n'était pas malin de parler comme ça devant l'enfant, que c'était un merveilleux cadeau, et moi j'ai demandé si je pouvais emmener mon appareil de photo à l'école et maman a dit que oui, mais attention de ne pas me le faire confisquer. Papa, il a haussé les épaules, et puis il a regardé les instructions avec moi et il m'a montré comment il fallait faire. C'est très facile.

En classe, j'ai montré mon appareil de photo à Alceste, qui est assis à côté de moi, et je lui ai dit qu'à la récré on ferait des tas de photos. Alors, Alceste s'est retourné et en a parlé à Eudes et à Rufus

qui sont assis derrière nous. Ils ont prévenu Geoffroy, qui a envoyé un petit papier à Maixent, qui l'a passé à Joachim, qui a réveillé Clotaire, et la maîtresse a dit : « Nicolas, répétez un peu ce que je viens de dire. » Alors moi, je me suis levé et je me suis mis à pleurer, parce que je ne savais pas ce que la maîtresse avait dit. Pendant qu'elle parlait, j'avais été occupé à regarder Alceste par la petite fenêtre de l'appareil. « Qu'est-ce que vous cachez sous votre pupitre ? » a demandé la maîtresse. Quand la maîtresse vous dit « vous », c'est qu'elle n'est pas contente ; alors moi, j'ai continué à pleurer, et la maîtresse est venue, elle a vu l'appareil de photo, elle me l'a confisqué, et puis elle m'a dit que j'aurais un zéro. « C'est gagné », a dit Alceste, et la maîtresse lui a donné un zéro aussi et elle lui a dit de cesser de manger en classe, et ça, ça m'a fait rigoler, parce que c'est vrai, il mange tout le temps, Alceste. « Moi je peux répéter ce que vous avez dit, mademoiselle », a dit Agnan, qui est le premier de la classe et le chouchou de la maîtresse, et la classe a continué. Quand la récré a sonné, la maîtresse m'a fait rester après les autres et elle m'a dit : « Tu sais, Nicolas, je ne veux pas te faire de peine, je sais que c'est un beau cadeau que tu as là. Alors, si tu promets d'être sage, de ne plus jouer en classe et de bien travailler, je t'enlève ton zéro et je te rends ton appareil de photo. » Moi, j'ai drôlement promis, alors la maîtresse m'a rendu l'appareil et elle m'a dit de rejoindre mes petits camarades dans la cour. La maîtresse, c'est simple : elle est chouette, chouette, chouette !

Quand je suis descendu dans la cour, les copains m'ont entouré. « On ne s'attendait pas à te voir », a dit Alceste, qui mangeait un petit pain beurré.

« Et puis, elle t'a rendu ton appareil de photo ! » a dit Joachim. « Oui, j'ai dit, on va faire des photos, mettez-vous en groupe ! » Alors, les copains se sont mis en tas devant moi, même Agnan est venu.

L'ennui, c'est que, dans les instructions, ils disent qu'il faut se mettre à quatre pas, et moi j'ai encore des petites jambes. Alors, c'est Maixent qui a compté les pas pour moi, parce que lui il a des jambes très longues avec des gros genoux sales, et puis, il est allé se mettre avec les autres. J'ai regardé par la petite fenêtre pour voir s'ils étaient tous là, la tête d'Eudes je n'ai pas pu l'avoir parce qu'il est trop grand et la moitié d'Agnan dépassait vers la droite. Ce qui est dommage, c'est le sandwich qui cachait la figure d'Alceste, mais il n'a pas voulu s'arrêter de manger. Ils ont tous fait des sourires, et clic ! j'ai pris la photo. Elle sera terrible !

« Il est bien, ton appareil », a dit Eudes. « Bah ! a dit Geoffroy, à la maison, mon papa m'en a acheté un bien mieux, avec un flash ! » Tout le monde s'est mis à rigoler, c'est vrai, il dit n'importe quoi, Geoffroy. « Et c'est quoi, un flash ? » j'ai demandé. « Ben, c'est une lampe qui fait pif ! comme un feu d'artifice, et on peut photographier la nuit », a dit Geoffroy. « Tu es un menteur, voilà ce que tu es ! » j'ai dit. « Je vais te donner une claque », m'a dit Geoffroy. « Si tu veux, Nicolas, a dit Alceste, je peux te tenir l'appareil de photo. » Alors, je lui ai donné l'appareil, en lui disant de faire attention, je me méfiais parce qu'il avait les doigts pleins de beurre et j'avais peur que ça glisse. Nous avons commencé à nous battre, et le Bouillon – c'est notre surveillant, mais ce n'est pas son vrai nom – est arrivé en courant et il nous a séparés. « Qu'est-ce qu'il y a encore ? » il a demandé. « C'est Nicolas, a expliqué Alceste, il se bat avec Geoffroy parce que son appareil de photo n'a pas de feu d'artifice pour la nuit.

— Ne parlez pas la bouche pleine, a dit le Bouillon, et qu'est-ce que c'est cette histoire d'appareil de photo ? »

Alors Alceste lui a donné l'appareil, et le Bouillon a dit qu'il avait bien envie de le confisquer. « Oh ! non, m'sieur, oh ! non », j'ai crié. « Bon, a dit le Bouillon, je vous le laisse, mais regardez-moi dans les yeux, il faut être sage et ne plus se battre, compris ? » Moi j'ai dit que j'avais compris, et puis je lui ai demandé si je pouvais prendre sa photo.

Le Bouillon, il a eu l'air tout surpris. « Vous voulez avoir ma photo ? » il m'a demandé. « Oh ! oui, m'sieur », j'ai répondu. Alors, le Bouillon, il a fait un sourire, et quand il fait ça, il a l'air tout gentil. « Hé hé, il a dit, hé, hé, bon, mais fais vite, parce que je dois sonner la fin de la récréation. » Et puis, le Bouillon s'est mis sans bouger au milieu de la cour, avec une main dans la poche et l'autre sur le ventre, un pied en avant et il a regardé loin devant lui. Maixent m'a compté quatre pas, j'ai regardé le

Bouillon dans la petite fenêtre, il était rigolo. Clic, j'ai pris la photo, et puis il est allé sonner la cloche.

Le soir, à la maison, quand papa est revenu de son bureau, je lui ai dit que je voulais prendre sa photo avec maman. « Écoute, Nicolas, m'a dit papa, je suis fatigué, range cet appareil et laisse-moi lire mon journal. » « Tu n'es pas gentil, lui a dit maman, pourquoi contrarier le petit ? Ces photos seront des souvenirs merveilleux pour lui. » Papa a fait un gros soupir, il s'est mis à côté de maman, et moi j'ai pris les six dernières photos du rouleau. Maman m'a embrassé et elle m'a dit que j'étais son petit photographe à elle.

Le lendemain, papa a pris le rouleau pour le faire développer, comme il dit. Il a fallu attendre plusieurs jours pour voir les photos, et moi j'étais drôlement impatient. Et puis, hier soir, papa est revenu avec les photos.

« Elles ne sont pas mal, a dit papa, celles de l'école avec tes camarades et le moustachu, là… Celles que tu as faites à la maison sont trop foncées, mais ce sont les plus drôles ! » Maman est venue voir et papa lui montrait les photos en lui disant : « Dis donc, il ne t'a pas gâtée, ton fils ! » et papa rigolait, et maman a pris les photos et elle a dit qu'il était temps de passer à table.

Moi, ce que je ne comprends pas, c'est pourquoi maman a changé d'avis. Maintenant, elle dit que papa avait raison et que ce ne sont pas des jouets à offrir aux petits garçons.

Et elle a mis l'appareil de photo en haut de l'armoire.

Le football

J'étais dans le terrain vague avec les copains : Eudes, Geoffroy, Alceste, Agnan, Rufus, Clotaire, Maixent et Joachim. Je ne sais pas si je vous ai déjà parlé de mes copains, mais je sais que je vous ai parlé du terrain vague. Il est terrible ; il y a des boîtes de conserve, des pierres, des chats, des bouts de bois et une auto. Une auto qui n'a pas de roues, mais avec laquelle on rigole bien : on fait « vroum vroum », on joue à l'autobus, à l'avion ; c'est formidable !

Mais là, on n'était pas venus pour jouer avec l'auto. On était venus pour jouer au football. Alceste a un ballon et il nous le prête à condition de faire le gardien de but, parce qu'il n'aime pas courir. Geoffroy, qui a un papa très riche, était venu habillé en footballeur, avec une chemise rouge, blanche et bleue, des culottes blanches avec une bande rouge, des grosses chaussettes, des protège-tibias et des chaussures terribles avec des clous en dessous. Et ce serait plutôt les autres qui auraient besoin de protège-tibias, parce que Geoffroy, comme dit le monsieur de la radio, c'est un joueur rude. Surtout à cause des chaussures.

On avait décidé comment former l'équipe. Alceste serait goal, et comme arrières on aurait Eudes et Agnan. Avec Eudes, rien ne passe, parce qu'il est très fort et il fait peur ; il est drôlement rude, lui aussi ! Agnan, on l'a mis là pour qu'il ne gêne pas, et aussi parce qu'on n'ose pas le bousculer ni lui taper dessus : il a des lunettes et il pleure facilement. Les demis, ce sera Rufus, Clotaire et Joachim. Eux, ils doivent nous servir des balles à nous, les avants. Les avants, nous ne sommes que trois, parce qu'il n'y a pas assez de copains, mais nous sommes terribles : il y a Maixent, qui a de grandes jambes avec de gros genoux sales et qui court très vite ; il y a moi qui ai un shoot formidable, bing ! Et puis il y a Geoffroy avec ses chaussures.

On était drôlement contents d'avoir formé l'équipe.

– On y va ? On y va ? a crié Maixent.

– Une passe ! Une passe ! a crié Joachim.

On rigolait bien, et puis Geoffroy a dit :

– Eh ! les gars ! contre qui on joue ? Il faudrait une équipe adverse.

Et ça c'est vrai, il avait raison, Geoffroy : on a beau faire des passes avec le ballon, si on n'a pas de but où l'envoyer, ce n'est pas drôle. Moi, j'ai proposé qu'on se sépare en deux équipes, mais Clotaire a dit : « Diviser l'équipe ? Jamais ! » Et puis, c'est comme quand on joue aux cow-boys, personne ne veut jouer les adversaires.

Et puis sont arrivés ceux de l'autre école. Nous, on ne les aime pas, ceux de l'autre école : ils sont tous bêtes. Souvent, ils viennent dans le terrain vague, et puis on se bat, parce que nous on dit que le terrain vague est à nous, et eux ils disent qu'il est à eux et ça fait des histoires. Mais là, on était plutôt contents de les voir.

– Eh ! les gars, j'ai dit, vous voulez jouer au football avec nous ? On a un ballon.

– Jouer avec vous ? Nous faites pas rigoler ! a dit un maigre avec des cheveux rouges, comme ceux de tante Clarisse qui sont devenus rouges le mois dernier, et maman m'a expliqué que c'est de la peinture qu'elle a fait mettre dessus chez le coiffeur.

– Et pourquoi ça te fait rigoler, imbécile ? a demandé Rufus.

– C'est la gifle que je vais te donner qui va me faire rigoler ! il a répondu celui qui avait les cheveux rouges.

– Et puis d'abord, a dit un grand avec des dents, sortez d'ici, le terrain vague est à nous !

Agnan voulait s'en aller, mais nous, on n'était pas d'accord.

– Non, monsieur, a dit Clotaire, le terrain vague il est à nous ; mais ce qui se passe, c'est que vous avez peur de jouer au football avec nous. On a une équipe formidable !

— Fort minable ! a dit le grand avec des dents, et ils se sont tous mis à rigoler, et moi aussi, parce que c'était amusant ; et puis Eudes a donné un coup de poing sur le nez d'un petit qui ne disait rien. Mais comme le petit, c'était le frère du grand avec les dents, ça a fait des histoires.

— Recommence, pour voir, a dit le grand avec les dents à Eudes.

— T'es pas un peu fou ? a demandé le petit, qui se tenait le nez, et Geoffroy a donné un coup de pied au maigre qui avait les cheveux de tante Clarisse.

On s'est tous battus, sauf Agnan, qui pleurait et qui criait : « Mes lunettes ! J'ai des lunettes ! » C'était très chouette, et puis papa est arrivé.

— On vous entend crier depuis la maison, bande de petits sauvages ! a crié papa. Et toi, Nicolas, tu sais l'heure qu'il est ?

Et puis papa a pris par le col un gros bête avec qui je me donnais des claques.

— Lâchez-moi, criait le gros bête. Sinon, j'appelle

mon papa à moi, qui est percepteur, et je lui dis de vous mettre des impôts terribles !

Papa a lâché le gros bête et il a dit :

– Bon, ça suffit comme ça ! Il est tard, vos parents doivent s'inquiéter. Et puis d'abord, pourquoi vous battez-vous ? Vous ne pouvez pas vous amuser gentiment ?

– On se bat, j'ai dit, parce qu'ils ont peur de jouer au football avec nous !

– Nous, peur ? Nous, peur ? Nous, peur ? a crié le grand avec des dents.

– Eh bien ! a dit papa, si vous n'avez pas peur, pourquoi ne jouez-vous pas ?

– Parce que ce sont des minables, voilà pourquoi, a dit le gros bête.

– Des minables ? j'ai dit, avec une ligne d'avants comme la nôtre : Maixent, moi et Geoffroy ? Tu me fais rigoler.

– Geoffroy ? a dit papa. Moi je le verrais mieux comme arrière, je ne sais pas s'il est très rapide.

– Minute, a dit Geoffroy, j'ai les chaussures et je suis le mieux habillé alors…

– Et comme goal ? a demandé papa.

Alors, on lui a expliqué comment on avait formé l'équipe et papa a dit que ce n'était pas mal, mais qu'il faudrait qu'on s'entraîne et que lui il nous apprendrait parce qu'il avait failli être international (il jouait inter droit au patronage Chantecler). Il l'aurait été s'il ne s'était pas marié. Ça, je ne le savais pas ; il est terrible, mon papa.

– Alors, a dit papa à ceux de l'autre école, vous êtes d'accord pour jouer avec mon équipe, dimanche prochain ? Je serai l'arbitre.

– Mais non, ils sont pas d'accord, c'est des dégonflés, a crié Maixent.

– Non, monsieur, on n'est pas des dégonflés, a répondu celui qui avait des cheveux rouges, et pour dimanche c'est d'accord. À 3 heures… Qu'est-ce qu'on va vous mettre !

Et puis ils sont partis.

Papa est resté avec nous, et il a commencé à nous entraîner. Il a pris le ballon et il a mis un but à Alceste. Et puis il s'est mis dans les buts à la place d'Alceste, et c'est Alceste qui lui a mis un but. Alors papa nous a montré comment il fallait faire des passes. Il a envoyé la balle, et il a dit : « À toi, Clotaire ! Une passe ! » Et la balle a tapé sur Agnan, qui a perdu ses lunettes et qui s'est mis à pleurer.

Et puis, maman est arrivée.

– Mais enfin, elle a dit à papa, qu'est-ce que tu fais là ? Je t'envoie chercher le petit, je ne te vois pas revenir et mon dîner refroidit !

Alors, papa est devenu tout rouge, il m'a pris par la main et il a dit : « Allons, Nicolas, rentrons ! », et tous les copains ont crié : « À dimanche ! Hourra pour le papa de Nicolas ! »

À table, maman rigolait tout le temps, et pour demander le sel à papa elle a dit : « Fais-moi une passe, Kopa ! »

Les mamans, ça n'y comprend rien au sport, mais ça ne fait rien : dimanche prochain, ça va être terrible !

1ʳᵉ mi-temps

1. Hier après-midi, sur le terrain du terrain vague s'est déroulé un match de football association entre une équipe d'une autre école et une équipe entraînée par le père de Nicolas. Voici quelle était la composition de cette dernière : goal : Alceste ; arrières : Eudes et Clotaire ; demis : Joachim, Rufus, Agnan ; inter droit : Nicolas ; avant centre : Geoffroy ; ailier gauche : Maixent. L'arbitre était le père de Nicolas.

2. Ainsi que vous l'avez lu, il n'y avait pas d'ailier droit, ni d'inter gauche. Le manque d'effectifs avait obligé le père de Nicolas à adopter une tactique (mise au point à l'ultime séance d'entraînement), qui consistait à jouer par contre-attaque. Nicolas, dont le tempérament

offensif est comparable à celui d'un Fontaine, et Maixent, dont la finesse et le sens tactique rappellent Piantoni, devaient servir Geoffroy, dont les qualités ne rappellent personne, mais qui a l'avantage de posséder un équipement complet, ce qui est appréciable pour un avant centre.

3. Le match débuta à 15 h 40 environ. À la première minute, à la suite d'un cafouillage devant les buts, l'ailier gauche décocha un tir d'une telle puissance qu'Alceste fut dans l'obligation d'effectuer un plongeon désespéré pour éviter le ballon qui arrivait droit sur lui.

Mais le but fut refusé, l'arbitre se rappelant que les capitaines ne s'étaient pas serré la main.

4. À la cinquième minute, alors que le jeu se déroulait au milieu du terrain, un chien dévora le casse-croûte d'Alceste, qui était pourtant enveloppé de trois feuilles de papier et par trois ficelles (pas Alceste, le goûter). Cela porta un rude coup au moral du gardien de but (et chacun sait combien le moral est important pour un goal), qui encaissa un premier but à la septième minute...

5. Et un deuxième à la huitième... À la neuvième minute, Eudes, le capitaine, conseilla à Alceste de jouer

ailier gauche, Maixent le remplaçant dans les buts. (Ce qui, à notre avis, est une erreur, Alceste est plutôt un demi offensif qu'un attaquant de tempérament.)

6. À la quatorzième minute, une averse telle tomba sur le terrain que la plupart des joueurs coururent se mettre à l'abri, Nicolas restant sur le terrain contre un joueur adverse. Rien ne fut marqué durant cette période.

7. À la vingtième minute, Geoffroy, en position de demi droit ou d'inter gauche (peu importe), dégagea son camp d'un shoot terrible.
8. À la même vingtième minute, M. Chapo allait rendre visite à sa mère-grand, qui était grippée.

9. Le choc le déséquilibra et il pénétra chez les Chadefaut, brouillés avec lui depuis vingt ans.
10. Il réapparut sur le terrain grâce à un chemin connu de lui seul probablement et s'empara du ballon juste comme la remise en jeu allait avoir lieu.

11. Après cinq minutes de perplexité (ce qui nous amène à la vingt-cinquième minute), le match reprit, une boîte de conserve remplaçant le ballon. Aux vingt-sixième, vingt-septième, vingt-huitième minutes, Alceste, grâce à ses dribbles, marqua trois buts (il est pratiquement impossible de prendre une boîte de conserve de petits pois extra fins – même vide – à Alceste). L'équipe de Nicolas menait par 3 à 2.

12. À la trentième minute, M. Chapo rapporta le ballon. (Sa mère-grand allait mieux et il était d'excellente humeur.) Comme la boîte de conserve était inutile on la jeta.

13. À la trente et unième minute, Nicolas déborda la défense adverse, centra sur Rufus, en position d'inter gauche (mais, comme il n'avait pas d'inter gauche, il était en position d'avant centre), Rufus passa à Clotaire

qui, par un shoot du gauche, prit tout le monde à contre-pied et l'arbitre au creux de l'estomac. Celui-ci, d'une voix sourde expliqua aux deux capitaines que, le temps se couvrant, qu'une averse menaçant et que le fond de l'air étant un peu frais, il vaudrait mieux jouer la deuxième mi-temps la semaine prochaine.

2ᵉ mi-temps

1. Durant toute la semaine, les coups de téléphone entre le père de Nicolas et les autres pères avaient eu pour résultat de modifier sensiblement l'équipe : Eudes passait inter gauche et Geoffroy arrière. À l'issue d'une réunion des pères, plusieurs tactiques avaient été mises au point. La principale consistait à marquer un but dans les premières minutes, à jouer la défensive, puis profiter d'une

contre-attaque et en marquer un autre. Si les enfants suivaient à la lettre ces instructions, ils remporteraient le match par 5 à 2, puisqu'ils menaient déjà par 3 à 2. Les pères (de Nicolas, de ses amis et ceux de l'autre école) étaient au grand complet quand le match débuta, dans une ambiance passionnée, à 16 h 03.

2. On n'entendait que les pères sur le terrain. Cela énerva les joueurs. Durant les premières minutes, rien

d'important ne se passa, si ce n'est un shoot de Rufus dans le dos du père de Maixent et une gifle que Clotaire reçut de son père, pour avoir manqué une passe. Joachim, qui était le capitaine à ce moment (il avait été décidé que tous les joueurs seraient capitaines durant cinq minutes chacun), alla demander à l'arbitre de bien vouloir faire évacuer le terrain. Clotaire ajouta que la gifle l'ayant commotionné, il ne pouvait plus tenir son poste. Son père dit qu'il prendrait sa place. Ceux de l'autre école protestèrent et dirent qu'ils prenaient leurs pères avec eux.

3. Un frémissement de plaisir parcourut les pères, qui tous enlevèrent leurs pardessus, vestons, cache-nez et chapeaux. Ils se précipitèrent sur le terrain en demandant aux enfants de faire attention et de ne pas trop s'approcher, qu'ils allaient leur montrer comment on tripote un ballon.

4. Dès les premières minutes de ce match, opposant les pères des amis de Nicolas et ceux de l'autre école, les fils furent vite fixés sur la façon dont on arrive à jouer au football, et

5. décidèrent d'un commun accord d'aller chez Clotaire, voir « Sport-Dimanche » à la télé.

6. Le match se déroulait avec, de part et d'autre, le souci d'envoyer de grands coups de pied dans la balle, de façon à prouver qu'on pouvait marquer un but si le vent contraire, dans tous les sens, n'était pas si gênant.

À la 16ᵉ minute, un père de l'autre école donna un grand coup de pied en direction d'un père qu'il espérait être un père de l'autre école, mais qui, en réalité, était le père de Geoffroy. Celui-ci envoya un coup de pied encore plus

fort. Le ballon atterrit au milieu de quelques caisses, boîtes de conserve et autres ferrailles, il fit entendre un bruit comparable à celui d'un ballon qu'on dégonfle, mais continua de rebondir, grâce au ressort qui l'avait traversé de part en part. Après trois secondes de discussion il fut décidé que le match continuerait, une boîte de conserve – pourquoi pas ? – tenant lieu de ballon.

7. À la 36ᵉ minute, le père de Rufus, en position d'arrière, arrêta la boîte de conserve, qui se dirigeait en tournoyant vers sa lèvre supérieure. Comme il l'arrêta de la main, l'arbitre (le frère d'un des pères de l'autre école,

le père de Nicolas tenant la place d'inter) siffla penalty. Malgré les protestations de certains joueurs (le père de Nicolas et tous les pères des amis de Nicolas), le penalty fut tiré et le père de Clotaire, qui jouait goal, ne put arrêter la boîte malgré un geste de dépit. Les pères de l'autre école égalisaient donc et la marque était de 3 à 3.

8. Il restait quelques minutes à jouer. Les pères étaient inquiets quant à l'accueil que leur réserveraient leurs fils s'ils perdaient le match. Le jeu, qui jusqu'alors avait été mauvais, devint exécrable. Les pères de l'autre école jouaient la défense. Certains posaient les deux pieds sur la boîte et empêchaient les autres de la prendre. Soudain, le père de Rufus, qui est agent de police dans le

civil, s'échappa. Dribblant deux pères adverses, il se présenta seul devant le goal, shoota sèchement et envoya la boîte au fond des filets. Les pères de Nicolas et ses amis remportaient le match par 4 à 3.

9. Sur la photo de l'équipe gagnante, prise après le match, on reconnaît : debout, de gauche à droite, les pères de Maixent, Rufus (le héros du match), Eudes (blessé à l'œil gauche), Geoffroy, Alceste. Assis, les pères de Joachim, Clotaire, Nicolas (blessé à l'œil gauche dans un choc avec le père de Eudes) et Agnan.

Le musée de peintures

Aujourd'hui, je suis très content, parce que la maîtresse emmène toute la classe au musée, pour voir des peintures. C'est drôlement amusant quand on sort tous ensemble, comme ça. C'est dommage que la maîtresse, qui est pourtant gentille, ne veuille pas le faire plus souvent.

Un car devait nous emmener de l'école au musée. Comme le car n'avait pas pu garer devant l'école, nous avons dû traverser la rue. Alors, la maîtresse nous a dit : « Mettez-vous en rangs par deux et donnez-vous la main ; et surtout, faites bien attention ! » Moi, j'ai moins aimé ça, parce que j'étais à côté d'Alceste, mon ami qui est très gros et qui mange tout le temps, et ce n'est pas très agréable de lui donner la main. J'aime bien Alceste, mais il a toujours les mains grasses ou collantes, ça dépend ce qu'il mange. Aujourd'hui, j'ai eu de la chance : il avait les mains sèches. « Qu'est-ce que tu manges, Alceste ? » je lui ai demandé. « Des biscuits secs », il m'a répondu, en m'envoyant plein de miettes à la figure.

Devant, à côté de la maîtresse, il y avait Agnan. C'est le premier de la classe et le chouchou de la maîtresse. Nous, on ne l'aime pas trop, mais on ne tape pas beaucoup dessus à cause de ses lunettes. « En avant, marche ! » a crié Agnan, et nous avons commencé à traverser, pendant qu'un agent de police arrêtait les autos pour nous laisser passer.

Tout d'un coup, Alceste a lâché ma main et il a dit qu'il revenait tout de suite, qu'il avait oublié des caramels en classe. Alceste a commencé à traverser dans l'autre sens, au milieu des rangs, ce qui a fait un peu de désordre. « Où vas-tu, Alceste ? a crié la maîtresse ; reviens ici tout de suite ! » « Oui : où vas-tu, Alceste, a dit Agnan, reviens ici tout de suite ! » Eudes, ça ne lui a pas plu, ce qu'avait dit Agnan. Eudes est très fort et il aime bien donner des coups de poing sur le nez des gens. « De quoi te mêles-tu chouchou ? Je vais te donner un coup de poing sur le nez », a dit Eudes en avançant sur Agnan. Agnan s'est mis derrière la maîtresse et il a dit qu'on ne devait pas le frapper, qu'il avait des lunettes. Alors Eudes, qui était dans les derniers rangs, parce qu'il est très grand, a bousculé tout le monde ; il voulait aller trouver Agnan, lui enlever ses lunettes et lui donner un coup de poing sur le nez. « Eudes, retournez à votre place ! » a crié la maîtresse. « C'est ça, Eudes, a dit Agnan, retournez à votre place ! » « Je ne voudrais pas vous déranger, a dit l'agent de police, mais ça fait déjà un petit moment que j'arrête la circulation ; alors, si vous avez l'intention de faire la classe sur le passage clouté, il faut me le dire ; moi, je ferai passer les autos par l'école ! » Nous, on aurait bien aimé voir ça, mais la maîtresse est devenue toute rouge, et de la façon dont elle nous a dit de monter dans le car, on a compris que ce n'était pas le moment de rigoler. On a vite obéi.

Le car a démarré et, derrière, l'agent a fait signe aux autos qu'elles pouvaient passer, et puis, on a entendu des coups de freins et des cris. C'était Alceste qui traversait la rue en courant, avec son paquet de caramels à la main.

Finalement, Alceste est monté dans le car et nous avons pu partir pour de bon. Avant de tourner le coin de la rue, j'ai vu l'agent de police qui jetait son bâton blanc par terre, au milieu des autos accrochées.

Nous sommes entrés dans le musée, bien en rang, bien sages, parce qu'on l'aime bien notre maîtresse, et nous avions remarqué qu'elle avait l'air très nerveuse, comme maman quand papa laisse tomber la cendre de ses cigarettes sur le tapis. On est entrés dans une grande salle, avec des tas et des tas de peintures accrochées aux murs. « Vous allez voir ici des tableaux exécutés par les grands maîtres de l'école flamande », a expliqué la maîtresse. Elle n'a pas pu continuer très longtemps, parce qu'un gardien est arrivé en courant et en criant parce qu'Alceste avait passé le doigt sur un tableau pour voir si la peinture

était encore fraîche. Le gardien a dit qu'il ne fallait pas toucher et il a commencé à discuter avec Alceste qui lui disait qu'on pouvait toucher puisque c'était bien sec et qu'on ne risquait pas de se salir. La maîtresse a dit à Alceste de se tenir tranquille et elle a promis au gardien de bien nous surveiller. Le gardien est parti en remuant la tête.

Pendant que la maîtresse continuait à expliquer, nous avons fait des glissades ; c'était chouette parce que par terre c'était du carrelage et ça glissait bien. On jouait tous, sauf la maîtresse qui nous tournait le dos et qui expliquait un tableau, et Agnan, qui

était à côté d'elle et qui écoutait en prenant des notes. Alceste ne jouait pas non plus. Il était arrêté devant un petit tableau qui représentait des poissons, des biftecks et des fruits. Alceste regardait le tableau en se passant la langue sur les lèvres.

Nous, on s'amusait bien et Eudes était formidable pour les glissades ; il faisait presque la longueur de la salle. Après les glissades, on a commencé une partie de saute-mouton, mais on a dû s'arrêter parce qu'Agnan s'est retourné et il a dit : « Regardez, mademoiselle, ils jouent ! » Eudes s'est fâché et il est allé trouver Agnan qui avait enlevé ses lunettes pour les essuyer et qui ne l'a pas vu venir. Il n'a pas eu de chance, Agnan : s'il n'avait pas enlevé ses lunettes, il ne l'aurait pas reçu, le coup de poing sur le nez.

Le gardien est arrivé et il a demandé à la maîtresse si elle ne croyait pas qu'il valait mieux que nous partions. La maîtresse a dit que oui, qu'elle en avait assez.

Nous allions donc sortir du musée quand Alceste s'est approché du gardien. Il avait sous le bras le petit tableau qui lui avait tellement plu, avec les poissons, les biftecks et les fruits et il a dit qu'il voulait l'acheter. Il voulait savoir combien le gardien en demandait.

Quand on est sortis du musée, Geoffroy a dit à la maîtresse que puisqu'elle aime les peintures, elle pouvait venir chez lui, que son papa et sa maman en avaient une chouette collection dont tout le monde parlait. La maîtresse s'est passé la main sur la figure et elle a dit qu'elle ne voulait plus jamais voir un tableau de sa vie, qu'elle ne voulait même pas qu'on lui parle de tableaux.

J'ai compris, alors, pourquoi la maîtresse n'avait pas l'air très contente de cette journée passée au musée avec la classe. Au fond, elle n'aime pas les peintures.

Le défilé

On va inaugurer une statue dans le quartier de l'école, et nous on va défiler.

C'est ce que nous a dit le directeur quand il est entré en classe ce matin et on s'est tous levés, sauf Clotaire qui dormait et il a été puni. Clotaire a été drôlement étonné quand on l'a réveillé pour lui dire qu'il serait en retenue jeudi. Il s'est mis à pleurer et ça faisait du bruit et moi je crois qu'on aurait dû continuer à le laisser dormir.

« Mes enfants, il a dit le directeur, pour cette cérémonie, il y aura des représentants du gouvernement, une compagnie d'infanterie rendra les honneurs, et les élèves de cette école auront le grand privilège de défiler devant le monument et de déposer une gerbe. Je compte sur vous, et j'espère que vous vous conduirez comme de vrais petits hommes. » Et puis, le directeur nous a expliqué que les grands feraient la répétition pour le défilé tout à l'heure, et nous après eux, à la fin de la matinée. Comme à la fin de la matinée, c'est l'heure de grammaire, on a tous trouvé que c'était chouette l'idée du défilé et on a été drôlement contents. On s'est tous mis à parler en même temps quand le directeur est parti et la maîtresse a tapé avec la règle sur la table, et on a fait de l'arithmétique.

Quand l'heure de grammaire est arrivée, la maîtresse nous a fait descendre dans la cour, où nous attendaient le directeur et le Bouillon. Le Bouillon, c'est le surveillant, on l'appelle comme ça, parce qu'il dit tout le temps : « Regardez-moi dans les yeux », et dans le bouillon il y a des yeux, mais je crois que je vous ai déjà expliqué ça une fois.

« Ah ! a dit le directeur, voilà vos hommes, monsieur Dubon. J'espère que vous aurez avec eux le même succès que celui que vous avez obtenu avec les grands tout à l'heure. » M. Dubon, c'est comme ça que le directeur appelle le Bouillon, s'est mis à rigoler, et il a dit qu'il avait été sous-officier et qu'il nous apprendrait la discipline et à marcher au pas. « Vous ne les reconnaîtrez pas quand j'aurai fini, monsieur le Directeur », a dit le Bouillon. « Puissiez-vous dire vrai », a répondu le directeur, qui a fait un gros soupir et qui est parti.

« Bon, nous a dit le Bouillon. Pour former le défilé, il faut un homme de base. L'homme de base se tient au garde-à-vous, et tout le monde s'aligne sur lui. D'habitude, on choisit le plus grand. Compris ? » Et puis, il a regardé, il a montré du doigt Maixent, et il a dit : « Vous, vous serez l'homme de base. » Alors Eudes a dit : « Ben non, c'est pas le plus grand, il a l'air comme ça, parce qu'il a des jambes terribles, mais moi je suis plus grand que lui. » « Tu rigoles, a dit Maixent, non seulement je suis plus grand que toi, mais ma tante Alberte, qui est venue hier en visite à la maison, a dit que j'avais encore grandi. Je pousse tout le temps. » « Tu veux parier ? » a demandé Eudes, et comme Maixent voulait bien, ils se sont mis dos à dos, mais on n'a jamais su qui avait gagné, parce que le Bouillon s'est mis à crier et il a dit qu'on se mette en rang par trois, n'importe comment, et ça, ça a pris pas mal de temps. Et puis, quand on a été en rang, le Bouillon s'est mis devant nous, il a fermé un œil, et puis il a fait des gestes de la main et il a dit « Vous ! Un peu à gauche. Nicolas, à droite, vous dépassez vers la gauche, aussi. Vous ! Vous dépassez vers la droite ! » Là où on a rigolé, c'est avec Alceste parce qu'il est très gros et il dépassait des deux côtés. Quand le Bouillon a eu fini, il avait l'air content, il s'est frotté les mains, et puis, il nous a tourné le dos et il a crié : « Section ! À mon commandement… » « C'est quoi, une gerbe, m'sieur ? a demandé Rufus, le directeur a dit qu'on allait en déposer une devant le monument. » « C'est un bouquet » a dit Agnan. Il est fou Agnan, il croit qu'il peut dire n'importe quoi, parce qu'il est le premier de la classe et le chouchou de la maîtresse. « Silence dans les rangs ! a crié le Bouillon. Section, à mon commandement, en avant... » « M'sieur, a crié Maixent, Eudes se met sur la pointe des pieds pour avoir l'air plus grand que moi. Il triche ! » « Sale cafard », a dit Eudes et il a donné un coup de poing sur le nez de Maixent, qui a donné un coup de pied à Eudes, et on s'est mis tous autour pour les regarder, parce que quand Eudes et Maixent se battent, ils sont terribles, c'est les plus forts de la classe, à la récré. Le Bouillon est arrivé en criant, il a séparé Eudes et Maixent et il leur a donné une retenue à chacun. « Ça, c'est le bouquet ! » a dit Maixent. « C'est la gerbe, comme dit Agnan » a dit Clotaire, et il s'est mis à rigoler et le Bouillon lui a donné une retenue pour jeudi. Bien sûr, le Bouillon ne pouvait pas savoir que Clotaire était déjà pris, ce jeudi.

Le Bouillon s'est passé la main sur la figure, et puis il nous a remis en rang, et ça, il faut dire que ça n'a pas été facile, parce que nous remuons beaucoup. Et puis, le Bouillon nous a regardés longtemps, longtemps, et nous on a vu que ce n'était pas le moment de faire les guignols. Et puis, le Bouillon a reculé et il a marché sur Joachim, qui arrivait derrière lui. « Faites attention ! » a dit Joachim. Le Bouillon est devenu tout rouge et il a crié : « D'où sortez-vous ? » « Je suis allé boire un verre d'eau pendant que Maixent et Eudes se battaient. Je croyais qu'ils en avaient pour plus longtemps », a expliqué Joachim, et le Bouillon lui a donné une retenue et lui a dit de se mettre en rang.

« Regardez-moi bien dans les yeux, a dit le Bouillon. Le premier qui fait un geste, qui dit un mot, qui bouge, je le fais renvoyer de l'école ! Compris ? » Et puis le Bouillon s'est retourné, il a levé un bras, et il a crié : « Section, à mon commandement ! En avant... Marche ! » Et le Bouillon a fait quelques pas, tout raide, et puis il a regardé derrière lui, et quand il a vu que nous étions toujours à la même place, j'ai cru qu'il devenait fou, comme M. Blédurt, un voisin, quand papa l'a arrosé avec le tuyau par-dessus la haie, dimanche dernier. « Pourquoi n'avez-vous pas obéi ? » a demandé le Bouillon. « Ben quoi, a dit Geoffroy, vous nous avez dit de ne pas bouger. » Alors, le Bouillon, ça a été terrible. « Vous ferai passer le goût du pain, moi ! Vous flanquerai huit dont quatre ! Graines de bagne ! Cosaques ! » il a crié et plusieurs d'entre nous se sont mis à pleurer et le directeur est venu en courant.

« Monsieur Dubon, a dit le directeur, je vous ai entendu de mon bureau. Croyez-vous que ce soit la façon de parler à de jeunes enfants ? Vous n'êtes plus dans l'armée, maintenant. » « L'armée ? a crié le Bouillon. J'étais sergent-chef de tirailleurs, eh bien, des enfants de chœur, les tirailleurs, parfaitement, c'étaient des enfants de chœur, comparés à cette troupe ! » Et le Bouillon est parti en faisant des tas de gestes, suivi du directeur qui lui disait : « Allons, Dubon, mon ami, allons, du calme ! »

L'inauguration de la statue, c'était très chouette, mais le directeur avait changé d'avis et nous on n'a pas défilé, on était assis sur des gradins, derrière les soldats. Ce qui est dommage, c'est que le Bouillon n'était pas là. Il paraît qu'il est parti se reposer quinze jours chez sa famille, en Ardèche.

Les boy-scouts

Les copains, on s'est cotisés pour acheter un cadeau à la maîtresse, parce que, demain, ça va être sa fête. D'abord, on a compté les sous. C'est Agnan, qui est le premier en arithmétique, qui a fait l'addition. On était contents, parce que Geoffroy avait apporté un gros billet de 5 000 vieux francs ; c'est son papa qui le lui a donné ; son papa est très riche, et il lui donne tout ce qu'il veut.

« Nous avons 5 207 francs, nous a dit Agnan. Avec ça, on va pouvoir acheter un beau cadeau. »

L'ennui, c'est qu'on ne savait pas quoi acheter. « On devrait offrir une boîte de bonbons ou des tas de petits pains au chocolat », a dit Alceste, un gros copain qui mange tout le temps. Mais nous, on n'était pas d'accord, parce que si on achète quelque chose de bon à manger, on voudra tous y goûter et il n'en restera rien pour la maîtresse. « Mon papa a acheté un manteau en fourrure à ma maman, et ma maman était drôlement contente », nous a dit Geoffroy. Ça paraissait une bonne idée, mais

Geoffroy nous a dit que ça devait coûter plus que 5 207 francs, parce que sa maman était vraiment très, très contente. « Et si on lui achetait un livre ? » a demandé Agnan. Ça nous a tous fait rigoler ; il est fou, Agnan ! « Un stylo ? » a dit Eudes ; mais Clotaire s'est fâché. Clotaire, c'est le dernier de la classe, et il a dit que ça lui ferait mal que la maîtresse lui mette de mauvaises notes avec un stylo qu'il lui aurait payé. « Tout près de chez moi, a dit Rufus, il y a un magasin où on vend des cadeaux. Ils ont des choses terribles ; là, on trouverait sûrement ce qu'il nous faut. » Ça, c'était une bonne idée, et on a décidé d'aller au magasin tous ensemble, à la sortie de la classe.

Quand on est arrivés devant le magasin, on s'est mis à regarder dans la vitrine, et c'était formidable. Il y avait des tas de cadeaux terribles : des petites statues, des saladiers en verre avec des plis, des carafes comme celle dont on ne se sert jamais à la maison, des tas de fourchettes et de couteaux, et même des pendules. Ce qu'il y avait de plus beau, c'étaient les statues. Il y en avait une avec un monsieur en slip qui essayait d'arrêter deux chevaux pas contents ; une autre avec une dame qui tirait à l'arc ; il n'y avait pas de corde à l'arc, mais c'était si bien fait qu'on aurait pu croire qu'il y en avait une. Cette statue allait bien avec celle d'un lion qui avait une flèche dans le dos et qui traînait ses pattes de derrière. Il y avait aussi deux tigres, tout noirs, qui marchaient en faisant des grands pas, et des boy-scouts et des petits chiens et des éléphants et un monsieur, dans le magasin, qui nous regardait et qui avait l'air méfiant.

Quand nous sommes entrés dans le magasin, le monsieur est venu vers nous, en faisant des tas de gestes avec les mains.

– Allons, allons, il nous a dit, dehors ! Ce n'est pas un endroit pour s'amuser, ici !

– On n'est pas venus pour rigoler, a dit Alceste ; on est venus pour acheter un cadeau.

– Un cadeau pour la maîtresse, j'ai dit.

– On a des sous, a dit Geoffroy.

Et Agnan a sorti les 5 207 francs de sa poche, et il les a mis sous le nez du monsieur, qui a dit :

– Bon, ça va ; mais qu'on ne touche à rien.

– C'est combien, ça ? a demandé Clotaire, en prenant deux chevaux sur le comptoir.

– Attention ! Lâche ça. C'est fragile ! a crié le monsieur, qui avait drôlement raison de se méfier, parce que Clotaire est très maladroit et casse tout. Clotaire s'est vexé et il a remis la statue à sa place, et le monsieur a eu juste le temps de rattraper un éléphant que Clotaire avait poussé avec le coude.

Nous, on regardait partout, et le monsieur courait dans le magasin en criant : « Non, non, ne touchez pas ! Ça casse ! » Moi, il me faisait de la peine, le monsieur. Ça doit être énervant de travailler dans un magasin où tout casse. Et puis, le monsieur

nous a demandé de nous tenir tous en groupe au milieu du magasin, les bras derrière le dos, et de lui dire ce qu'on voulait acheter.

« Qu'est-ce qu'on pourrait avoir de chouette pour 5 207 francs ? » a demandé Joachim. Le monsieur a regardé autour de lui, et puis il a sorti d'une vitrine deux boy-scouts peints, on aurait dit qu'ils étaient vrais. Je n'avais rien vu d'aussi beau, même à la foire, au stand de tir.

« Vous pourriez avoir ceci pour 5 000 francs, a dit le monsieur.

– C'est moins que ce que nous pensions mettre, a dit Agnan.

– Moi, a dit Clotaire, j'aime mieux les chevaux. »

Et Clotaire allait reprendre les chevaux sur le comptoir ; mais le monsieur les a pris avant lui, et il les a gardés dans ses bras.

« Bon, il a dit le monsieur, vous les prenez, les boy-scouts, oui ou non ? » Comme il n'avait pas l'air de rigoler, nous avons dit d'accord. Agnan lui a donné les 5 000 francs, et nous sommes sortis avec les boy-scouts.

Dans la rue, on a commencé à discuter pour savoir qui allait garder le cadeau jusqu'à demain pour le donner à la maîtresse.

« Ce sera moi, a dit Geoffroy, c'est moi qui ai mis le plus d'argent.

– Je suis le premier de la classe, a dit Agnan, c'est moi qui donnerai le cadeau à la maîtresse.

– Tu n'es qu'un chouchou », a dit Rufus.

Agnan s'est mis à pleurer et à dire qu'il était très malheureux, mais il ne s'est pas roulé par terre, comme il le fait d'habitude, parce qu'il tenait les boy-scouts dans les mains et il ne voulait pas les casser. Pendant que Rufus, Eudes, Geoffroy et Joachim se battaient, moi j'ai eu l'idée de jouer à pile ou face pour savoir qui allait donner le cadeau. Ça a pris pas mal de temps, et on a perdu deux monnaies dans l'égout, et puis c'est Clotaire qui a gagné. Nous, on était très embêtés, parce qu'on avait peur qu'avec Clotaire, qui casse tout, le cadeau n'arrive pas jusqu'à la maîtresse. On a donné les deux boy-scouts à Clotaire, et Eudes lui a dit que, s'il les cassait, il lui donnerait des tas de coups de poing sur le nez. Clotaire a dit qu'il ferait attention, et il est parti chez lui en portant le cadeau, en marchant tout doucement et en tirant la langue. Nous, avec les 205 francs qui nous restaient, on a acheté des tas de petits pains au chocolat et on n'a pas eu faim pour dîner, et nos papas et nos mamans ont cru que nous étions malades.

Le lendemain, on est tous arrivés très inquiets à l'école, mais on a été contents quand on a vu Clotaire avec les boy-scouts dans les bras. « J'ai pas dormi cette nuit, nous a dit Clotaire ; j'avais peur que la statue ne tombe de la table de nuit. »

En classe, je regardais Clotaire, qui surveillait le cadeau, qu'il avait mis sous son pupitre. J'étais drôlement jaloux, parce que, quand Clotaire lui donnerait le cadeau, la maîtresse serait contente et elle l'embrasserait, et Clotaire deviendrait tout rouge, parce qu'elle est très jolie, la maîtresse, quand elle est contente, presque aussi jolie que ma maman.

« Que caches-tu sous ton pupitre, Clotaire ? » a demandé la maîtresse. Et puis elle s'est approchée du banc de Clotaire, l'air fâché. « Allons, a dit la maîtresse, donne ! » Clotaire lui a donné le cadeau, la maîtresse l'a regardé et elle a dit : « Je vous ai déjà interdit d'apporter des horreurs à l'école ! Je confisque ceci jusqu'à la fin de la classe, et tu auras une punition ! »

Et puis, quand on a voulu se faire rembourser, on n'a pas pu, parce que, devant le magasin, Clotaire a glissé et les boy-scouts se sont cassés.

Le bras de Clotaire

Clotaire, chez lui, a marché sur son petit camion rouge, il est tombé et il s'est cassé le bras. Nous, ça nous a fait beaucoup de peine parce que Clotaire c'est un copain et aussi parce que le petit camion rouge, je le connaissais : il était chouette, avec des phares qui s'allumaient, et je crois qu'après que Clotaire lui a marché dessus, on ne pourra pas l'arranger.

On a voulu aller le visiter chez lui, Clotaire, mais sa maman n'a pas voulu nous laisser entrer. On lui a dit qu'on était des copains et qu'on connaissait bien Clotaire, mais la maman nous a dit que Clotaire avait besoin de repos et qu'elle nous connaissait bien, elle aussi.

C'est pour ça qu'on a été drôlement contents quand on a vu arriver Clotaire en classe, aujourd'hui.

Il avait le bras retenu par une sorte de serviette qui lui passait autour du cou, comme dans les films quand le jeune homme est blessé, parce que dans les films, le jeune homme est toujours blessé au bras ou à l'épaule et les comiques qui jouent le jeune homme dans les films devraient déjà le savoir et se méfier. Comme la classe était commencée depuis une demi-heure, Clotaire est allé s'excuser devant la maîtresse, mais au lieu de le gronder la maîtresse a dit : « Je suis très contente de te revoir, Clotaire. Tu as beaucoup de courage de venir en classe avec un bras dans le plâtre. J'espère que tu ne souffres plus. » Clotaire a ouvert des yeux tout grands : comme il est le dernier de la classe, il n'est pas habitué à ce que la maîtresse lui parle comme ça,

surtout quand il arrive en retard. Clotaire est resté là, la bouche ouverte, et la maîtresse lui a dit : « Va t'asseoir à ta place, mon petit. »

Quand Clotaire s'est assis, on a commencé à lui poser des tas de questions : on lui a demandé si ça lui faisait mal, et qu'est-ce que c'était que ce truc dur qu'il avait autour du bras et on lui a dit qu'on était drôlement contents de le revoir ; mais la maîtresse s'est mise à crier que nous devions laisser notre camarade tranquille et qu'elle ne voulait pas que nous prenions ce prétexte pour nous dissiper. « Ben quoi, a dit Geoffroy, si on ne peut plus parler aux copains, maintenant… » et la maîtresse l'a mis au piquet et Clotaire s'est mis à rigoler.

« Nous allons faire une dictée », a dit la maîtresse. Nous avons pris nos cahiers et Clotaire a essayé de sortir le sien de son cartable avec une seule main. « Je vais t'aider », a dit Joachim, qui était assis à côté de lui. « On ne t'a pas sonné », a répondu Clotaire. La maîtresse a regardé du côté de Clotaire et elle lui a dit : « Non, mon petit, pas toi, bien sûr ; repose-toi. » Clotaire s'est arrêté de chercher dans son cartable et il a fait une tête triste, comme si ça lui faisait de la peine de ne pas faire de dictée. La dictée était terrible, avec des tas de mots comme « chrysanthème », où on a tous fait des fautes, et « dicotylédone » et le seul qui l'a bien écrit c'est Agnan, qui est le premier de la classe et le chouchou de la maîtresse. Chaque fois qu'il y

avait un mot difficile, moi je regardais Clotaire et il rigolait.

Et puis, la cloche de la récré a sonné. Le premier qui s'est levé, ça a été Clotaire. « Il vaudrait peut-être mieux, a dit la maîtresse, que tu ne descendes pas dans la cour avec ton bras. » Clotaire a fait la même tête que pour la dictée, mais en plus embêté. « Le docteur a dit qu'il me fallait prendre de l'air, a dit Clotaire, sinon, ça pourrait être drôlement grave. » La maîtresse a dit que bon, mais qu'il fallait faire attention. Et elle a fait sortir Clotaire le premier, pour que nous ne puissions pas le bousculer dans l'escalier. Avant de nous laisser descendre dans la cour, la maîtresse nous a fait des tas de recommandations : elle nous a dit que nous devions être prudents et ne pas jouer à des jeux brutaux et aussi que nous devions protéger Clotaire pour qu'il ne se fasse pas mal. On a perdu des tas de minutes de la récré, comme ça. Quand on est enfin descendus dans la cour, nous avons cherché Clotaire : il était en train de jouer à saute-mouton avec les

élèves d'une autre classe, qui sont tous très bêtes et que nous n'aimons pas.

On s'est tous mis autour de Clotaire et on lui a posé des tas de questions. Il avait l'air tout fier, Clotaire, qu'on soit si intéressés. On lui a demandé si son petit camion rouge était cassé. Il nous a dit que oui, mais qu'on lui avait donné des tas de cadeaux pour le consoler pendant qu'il était malade : il avait eu un voilier, un jeu de dames, deux autos, un train et des tas de livres qu'il échangerait contre d'autres jouets. Et puis il nous a dit que tout le monde avait été drôlement gentil avec lui : le docteur lui apportait chaque fois des bonbons, son papa et sa maman avaient mis la télé dans sa chambre et on lui donnait des tas de bonnes choses à manger. Quand on parle de manger, ça donne faim à Alceste, qui est un copain qui mange tout le temps. Il a sorti de sa

poche un gros morceau de chocolat et il a commencé à mordre dedans. « Tu m'en donnes un bout ? » a demandé Clotaire. « Non », a répondu Alceste. « Mais mon bras ?... », a demandé Clotaire. « Mon œil », a répondu Alceste. Ça, ça ne lui a pas plu à Clotaire, qui s'est mis à crier qu'on profitait de lui parce qu'il avait un bras cassé et qu'on ne le traiterait pas comme ça s'il pouvait donner des coups de poing, comme tout le monde. Il criait tellement, Clotaire, que le surveillant est venu en courant. « Qu'est-ce qui se passe ici ? » il a demandé, le surveillant. « Il profite parce que j'ai le bras cassé », a dit Clotaire en montrant Alceste du doigt. Alceste était rudement pas content ; il a essayé de le dire, mais avec la bouche pleine, il a envoyé du chocolat partout et on n'a rien compris à ce qu'il a dit. « Vous n'avez pas honte ? a dit le surveillant à Alceste, profiter d'un camarade physiquement diminué ? Au piquet !

— C'est ça ! a dit Clotaire.

— Alors, a dit Alceste, qui a fini par avaler son chocolat, s'il se casse un bras en faisant le guignol, il faut que je lui donne à manger ?

– C'est vrai, a dit Geoffroy, chaque fois qu'on lui parle, on va au piquet ; il nous embête, à la fin, avec son bras ! »

Le surveillant nous a regardés avec des yeux très tristes et puis il nous a parlé avec une voix douce, douce, comme quand papa explique à maman qu'il doit aller à la réunion des anciens de son régiment. « Vous n'avez pas de cœur, il nous a dit, le surveillant. Je sais que vous êtes encore bien jeunes, mais votre attitude me fait beaucoup de peine. » Il s'est arrêté, le surveillant, et puis il a crié : « Au piquet ! Tous ! »

On a dû tous aller au piquet, même Agnan c'est la première fois qu'il y va et il ne savait pas comment faire et on lui a montré. On était tous au piquet, sauf Clotaire, bien sûr. Le surveillant lui a caressé la tête, il lui a demandé si son bras lui faisait mal ; Clotaire a dit que oui, assez, et puis le surveillant est allé s'occuper d'un grand qui frappait un autre grand avec un petit. Clotaire nous a regardés un moment en rigolant et puis il est allé continuer sa partie de saute-mouton.

Je n'étais pas content, quand je suis arrivé à la maison. Papa, qui était là, m'a demandé ce que j'avais. Alors, j'ai crié : « C'est pas juste ! Pourquoi je ne peux jamais me casser le bras, moi ? »

Papa m'a regardé avec des yeux tout ronds et moi je suis monté dans ma chambre pour bouder.

On a fait un test

Ce matin, on ne va pas à l'école, mais ce n'est pas chouette, parce qu'on doit aller au dispensaire se faire examiner, pour voir si on n'est pas malades et si on n'est pas fous. En classe, on nous avait donné à chacun un papier que nous devions apporter à nos papas et à nos mamans, expliquant qu'on devait aller au dispensaire, avec nos certificats de vaccin, nos mamans et nos carnets scolaires. La maîtresse nous a dit qu'on nous ferait passer un « test ». Un test, c'est quand on vous fait faire des petits dessins pour voir si vous n'êtes pas fous.

Quand je suis arrivé au dispensaire avec ma maman, Rufus, Geoffroy, Eudes, Alceste étaient déjà là, et ils ne rigolaient pas. Il faut dire que les maisons des docteurs, moi, ça m'a toujours fait peur. C'est tout blanc et ça sent les médicaments. Les copains étaient là avec leurs mamans, sauf Geoffroy, qui a un papa très riche, et qui est venu avec Albert, le chauffeur de son papa. Et puis, Clotaire, Maixent, Joachim et Agnan sont arrivés avec leurs mamans, et Agnan il faisait un drôle de bruit en pleurant. Une dame très gentille, habillée en blanc, a appelé les mamans et elle leur a pris les certificats de vaccin, et elle a dit que le docteur nous recevrait bientôt, qu'on ne s'impatiente pas. Nous, on n'était pas du tout impatients. Les mamans ont commencé à parler entre elles et à nous passer la main sur les cheveux en disant qu'on était drôlement mignons. Le chauffeur de Geoffroy est sorti frotter sa grosse voiture noire.

— Le mien, disait la maman de Rufus, j'ai toutes les peines du monde à le faire manger ; il est très nerveux.

— Ce n'est pas comme le mien, a dit la maman d'Alceste, c'est quand il ne mange pas qu'il est nerveux.

— Moi, disait la maman de Clotaire, je trouve qu'on les fait trop travailler à l'école. C'est de la folie ; le mien ne peut pas suivre. De mon temps...

— Oh ! je ne sais pas, a dit la maman d'Agnan, le mien, chère madame, a beaucoup de facilité ; ça dépend des enfants, bien sûr. Agnan, si tu ne cesses pas de pleurer, tu auras une fessée devant tout le monde !

— Il a peut-être de la facilité, chère madame, a répondu la maman de Clotaire, mais il semble que le pauvre petit n'est pas très équilibré, non ?

La maman d'Agnan, ça ne lui a pas plu ce qu'avait dit la maman de Clotaire, mais avant qu'elle puisse répondre, la dame en blanc est venue, elle a dit qu'on allait commencer et qu'on nous déshabille. Alors, Agnan a été malade. La maman d'Agnan s'est mise à crier, la maman de Clotaire a rigolé et le docteur est arrivé.

– Qu'est-ce qui se passe ? a dit le docteur. Ces matinées d'examen scolaire, c'est toujours effroyable ! Du calme, les enfants, ou je vous ferai punir par vos professeurs. Déshabillez-vous, et en vitesse !

On s'est déshabillés, et ça faisait un drôle d'effet d'être là tout nus devant tout le monde. Chaque maman regardait les copains des autres mamans, et toutes les mamans faisaient la tête que fait maman quand elle va acheter du poisson et elle dit au marchand que ce n'est pas frais.

– Bien, les enfants, a dit la dame en blanc, passez dans la pièce à côté ; le docteur va vous examiner.

– Je ne veux pas quitter ma maman ! a crié Agnan, qui n'était plus habillé qu'avec ses lunettes.

– Bon, a dit la dame en blanc. Madame, vous pouvez entrer avec lui, mais essayez de le calmer.

– Ah ! pardon ! a dit la maman de Clotaire, si cette dame peut entrer avec son fils, je ne vois pas pourquoi je ne pourrais pas entrer avec le mien !

– Et moi, je veux qu'Albert vienne aussi ! a crié Geoffroy.

– Toi, t'es un dingue ! a dit Eudes.

– Répète un peu, a dit Geoffroy ; et Eudes lui a donné un coup de poing sur le nez.

– Albert ! a crié Geoffroy, et le chauffeur est arrivé en courant, en même temps que le docteur.

– C'est incroyable ! a dit le docteur. Ça fait cinq minutes, il y en avait un qui était malade, maintenant il y en a un qui saigne du nez ; ce n'est pas un dispensaire, c'est un champ de bataille !

– Ouais, a dit Albert, je suis responsable de cet enfant, au même titre que de la voiture. J'aimerais les ramener tous les deux au patron sans égratignures. Compris ?

Le docteur a regardé Albert, il a ouvert la bouche, il l'a refermée et il nous a fait entrer dans son bureau, avec la maman d'Agnan.

Le docteur a commencé par nous peser.

– Allez, a dit le docteur, toi d'abord ; et il a montré Alceste, qui a demandé qu'on lui laisse finir son petit pain au chocolat, puisqu'il n'avait plus de poches où le mettre. Le docteur a poussé un soupir, et puis il m'a fait monter sur la balance et il a grondé Joachim qui mettait le pied pour que j'aie l'air d'être plus lourd. Agnan ne voulait pas se peser, mais sa maman lui a promis des tas de cadeaux, alors Agnan y est allé en tremblant drôlement, et quand ça a été fini, il s'est jeté dans les bras de sa maman en pleurant. Rufus et Clotaire ont voulu se peser ensemble pour rigoler, et pendant que le docteur était occupé à les gronder, Geoffroy a donné un coup de pied à Eudes pour se venger du coup de poing sur le nez. Le docteur s'est mis en colère, il a dit qu'il en avait assez, que si nous continuions à faire les guignols, il nous purgerait tous et qu'il aurait dû devenir avocat comme son père le lui conseillait. Après, le docteur nous a fait tirer la langue, il nous a écoutés dans la poitrine avec un appareil, et il nous a fait tousser et il a grondé Alceste à cause des miettes.

Ensuite, le docteur nous a fait asseoir à une table, il nous a donné du papier et des crayons et il nous a dit :

— Mes enfants, dessinez ce qui vous passe par la tête, et je vous préviens, le premier qui fera le singe recevra une fessée dont il se souviendra !

— Essayez et j'appelle Albert ! a crié Geoffroy.

— Dessine ! a crié le docteur.

On s'est mis au travail. Moi, j'ai dessiné un gâteau au chocolat ; Alceste, un cassoulet toulousain. C'est lui qui me l'a dit, parce qu'on ne reconnaissait pas du premier coup. Agnan, il a dessiné la carte de France avec les départements et les chefs-lieux ; Eudes et Maixent ont dessiné un cow-boy à cheval ; Geoffroy a dessiné un château avec des tas d'autos autour et il a écrit : « Ma maison » ; Clotaire n'a rien dessiné du tout parce qu'il a dit qu'il n'avait pas été prévenu et qu'il n'avait rien préparé. Rufus, lui, il a dessiné Agnan tout nu et il a écrit :

« Agnan est un chouchou ». Agnan l'a vu et il s'est mis à pleurer et Eudes a crié : « M'sieur ! Maixent a copié ! » C'était chouette, on parlait, on rigolait, Agnan pleurait, Eudes et Maixent se battaient, et puis les mamans sont venues avec Albert.

Quand nous sommes partis, le docteur était assis au bout de la table, sans rien dire et en faisant de gros soupirs. La dame en blanc lui apportait un verre d'eau et des pilules, et le docteur dessinait des revolvers.

Il est fou, le docteur !

La distribution des prix

Le directeur a dit qu'il nous voyait partir avec des tas d'émotions et qu'il était sûr qu'on partageait les émotions avec lui et qu'il nous souhaitait drôlement du plaisir pour les vacances, parce qu'à la rentrée ce ne serait plus le moment de rigoler, qu'il faudrait se mettre au travail, et la distribution des prix s'est terminée.

Ça a été une chouette distribution des prix. On était arrivés le matin à l'école, avec nos papas et nos mamans qui nous avaient habillés comme des guignols. On avait des costumes bleus, des chemises blanches en tissu qui brille comme la cravate rouge et verte de papa que maman a achetée à papa et que papa ne porte pas pour ne pas la salir. Agnan – il est fou, Agnan – il portait des gants blancs et ça nous a fait tous rigoler, tous sauf Rufus qui nous a dit que son papa, qui est agent de police, en porte souvent, des gants blancs, et que ça n'a rien de drôle. On avait aussi les cheveux collés sur la tête –

moi j'ai un épi – et puis les oreilles propres et les ongles coupés. On était terribles.

La distribution des prix, on l'avait attendue avec impatience, les copains et moi. Pas tellement à cause des prix ; là, on était plutôt inquiets, mais surtout parce qu'après la distribution des prix, on ne va plus à l'école et c'est les vacances. Depuis des jours et des jours, à la maison, je demande à papa si c'est bientôt les vacances et si je dois rester jusqu'au dernier jour à l'école parce que j'ai des copains qui sont déjà partis et que c'est pas juste et que, de toute façon on ne fait plus rien à l'école et que je suis très fatigué, et je pleure et papa me dit de me taire et que je vais le rendre fou.

Des prix, il y en a eu pour tout le monde. Agnan, qui est le premier de la classe et le chouchou de la maîtresse, il a eu le prix d'arithmétique, le prix d'histoire, le prix de géographie, le prix de grammaire, le prix d'orthographe, le prix de sciences et le prix de conduite. Il est fou Agnan. Eudes, qui est très fort et qui aime bien donner des coups de poing sur le nez des copains, il a eu le prix de gymnastique. Alceste, un gros copain qui mange tout le temps, a eu le prix d'assiduité ; ça veut dire qu'il vient tout le temps à l'école et il le mérite, ce prix, parce que sa maman ne veut pas de lui dans la cuisine et si ce n'est pas pour rester dans la cuisine, Alceste aime autant venir à l'école. Geoffroy, celui qui a un papa très riche qui lui achète tout ce qu'il

veut, a eu le prix de bonne tenue, parce qu'il est toujours très bien habillé. Il y a des fois où il est arrivé en classe habillé en cow-boy, en Martien ou en mousquetaire et il était vraiment chouette. Rufus a eu le prix de dessin parce qu'il a eu une grosse boîte de crayons de couleur pour son anniversaire. Clotaire, qui est le dernier de la classe, a

eu le prix de la camaraderie et moi j'ai eu le prix d'éloquence. Mon papa était très content, mais il a eu l'air un peu déçu quand la maîtresse lui a expliqué que ce qu'on récompensait chez moi, ce n'était pas la qualité, mais la quantité. Il faudra que je demande à papa ce que ça veut dire.

La maîtresse aussi a eu des prix. Chacun de nous lui a apporté un cadeau que nos papas et nos mamans ont acheté. Elle a eu quatorze stylos et huit poudriers, la maîtresse. Elle était drôlement contente ; elle a dit qu'elle n'en avait jamais eu autant, même les autres années. Et puis, la maîtresse nous a embrassés, elle a dit qu'on devait bien faire nos devoirs de vacances, être sages, obéir à nos papas et à nos mamans, nous reposer, lui envoyer des cartes postales et elle est partie. Nous sommes tous sortis de l'école et sur le trottoir les papas et les mamans ont commencé à parler entre eux. Ils disaient des tas de choses comme : « Le vôtre a bien travaillé » et « Le mien, il a été malade » et aussi « Le nôtre est paresseux, c'est dommage, parce qu'il a beaucoup de facilité », et puis « Moi, quand j'avais l'âge de ce petit crétin, j'étais tout le temps premier, mais maintenant, les enfants ne veulent plus s'intéresser aux études, c'est à cause de la télévision ». Et puis, ils nous caressaient, ils nous donnaient des petites tapes sur la tête et ils s'essuyaient les mains à cause de la brillantine.

Tout le monde regardait Agnan, qui portait des

tas de livres de prix dans ses bras et une couronne de lauriers autour de la tête; le directeur lui avait d'ailleurs demandé de ne pas s'endormir dessus, sans doute parce que les lauriers doivent servir pour l'année prochaine et il ne faut pas les chiffonner; c'est un peu comme quand maman me demande de ne pas marcher sur les bégonias. Le papa de Geoffroy offrait des gros cigares à tous les autres papas qui les gardaient pour plus tard et les mamans rigolaient beaucoup en racontant des choses que nous avions faites pendant l'année et ça nous a étonnés, parce que quand nous les avons faites, ces choses, les mamans elles ne rigolaient pas du tout, même qu'elles nous ont donné des claques.

Les copains et moi, on parlait des choses terribles qu'on allait faire en vacances et ça s'est gâté quand Clotaire nous a dit qu'il sauverait des gens qui se noyaient, comme il l'avait fait l'année dernière. Moi je lui ai dit qu'il était un menteur, parce que je l'ai vu à la piscine, Clotaire : il ne sait pas nager et ça doit être difficile de sauver quelqu'un en faisant la planche. Alors, Clotaire m'a donné un coup sur la tête avec le livre qu'il avait eu pour son prix de camaraderie. Ça, ça a fait rigoler Rufus et je lui ai donné une claque et il s'est mis à pleurer et à donner des coups de pied à Eudes. On a commencé à se bousculer les uns les autres, on rigolait bien, mais les papas et les mamans sont venus en courant, ils prenaient des mains dans le tas, ils tiraient et ils disaient qu'on était incorrigibles et que c'était une honte. Et puis, les papas et les mamans ont pris chacun le copain qui leur appartenait et tout le monde est parti.

En allant à la maison, moi je me disais que c'était chouette, que l'école était finie, qu'il n'y aurait plus de leçons, plus de devoirs, plus de punitions, plus de récrés et que maintenant je n'allais plus voir mes copains pendant des tas de mois, qu'on allait plus faire les guignols ensemble et que j'allais me sentir drôlement seul.

– Alors, Nicolas, m'a dit papa, tu ne dis rien ? Les voilà enfin arrivées, ces fameuses vacances !

Alors, moi je me suis mis à pleurer et papa a dit que j'allais le rendre fou.

Les vacances du Petit Nicolas

Une studieuse année scolaire s'est terminée. Nicolas a remporté le prix d'éloquence, qui récompense chez lui la quantité, sinon la qualité, et il a quitté ses condisciples qui ont nom : Alceste, Rufus, Eudes, Geoffroy, Maixent, Joachim, Clotaire et Agnan. Les livres et les cahiers sont rangés, et c'est aux vacances qu'il s'agit de penser maintenant.

Et chez Nicolas, le choix de l'endroit où l'on va passer ces vacances n'est pas un problème, car...

C'est papa qui décide

Tous les ans, c'est-à-dire le dernier et l'autre, parce qu'avant c'est trop vieux et je ne me rappelle pas, papa et maman se disputent beaucoup pour savoir où aller en vacances, et puis maman se met à pleurer et elle dit qu'elle va aller chez sa maman, et moi je pleure aussi parce que j'aime bien mémé, mais chez elle il n'y a pas de plage, et à la fin on va où veut maman et ce n'est pas chez mémé.

Hier, après le dîner, papa nous a regardés, l'air fâché et il a dit :

— Écoutez-moi bien ! Cette année, je ne veux pas de discussions, c'est moi qui décide ! Nous irons dans le Midi. J'ai l'adresse d'une villa à louer à Plage-les-Pins. Trois pièces, eau courante, électricité. Je ne veux rien savoir pour aller à l'hôtel et manger de la nourriture minable.

— Eh bien, mon chéri, a dit maman, ça me paraît une très bonne idée.

– Chic ! j'ai dit et je me suis mis à courir autour de la table parce que quand on est content, c'est dur de rester assis.

Papa, il a ouvert des grands yeux, comme il fait quand il est étonné, et il a dit : « Ah ? Bon. »

Pendant que maman débarrassait la table, papa est allé chercher son masque de pêche sous-marine dans le placard.

– Tu vas voir, Nicolas, m'a dit papa, nous allons faire des parties de pêche terribles, tous les deux.

Moi, ça m'a fait un peu peur, parce que je ne sais pas encore très bien nager ; si on me met bien sur l'eau je fais la planche, mais papa m'a dit de ne pas m'inquiéter, qu'il allait m'apprendre à nager et qu'il avait été champion interrégional de nage libre quand il était plus jeune, et qu'il pourrait encore battre des records s'il avait le temps de s'entraîner.

– Papa va m'apprendre à faire de la pêche sous-marine ! j'ai dit à maman quand elle est revenue de la cuisine.

– C'est très bien, mon chéri, m'a répondu maman, bien qu'en Méditerranée il paraît qu'il n'y a plus beaucoup de poissons. Il y a trop de pêcheurs.

– C'est pas vrai ! a dit papa ; mais maman lui a demandé de ne pas la contredire devant le petit et que si elle disait ça, c'est parce qu'elle l'avait lu dans un journal ; et puis elle s'est mise à son tricot, un tricot qu'elle a commencé ça fait des tas de jours.

– Mais alors, j'ai dit à papa, on va avoir l'air de deux guignols sous l'eau, s'il n'y a pas de poissons !

Papa est allé remettre le masque dans le placard sans rien dire. Moi, j'étais pas tellement content : c'est vrai, chaque fois qu'on va à la pêche avec papa c'est la même chose, on ne ramène rien. Papa est revenu et puis il a pris son journal.

– Et alors, j'ai dit, des poissons pour la pêche sous-marine, il y en a où ?

– Demande à ta mère, m'a répondu papa, c'est une experte.

— Il y en a dans l'Atlantique, mon chéri, m'a dit maman.

Moi, j'ai demandé si l'Atlantique c'était loin de là où nous allions, mais papa m'a dit que si j'étudiais un peu mieux à l'école, je ne poserais pas de questions comme ça et ce n'est pas très juste, parce qu'à l'école on n'a pas de classes de pêche sous-marine ; mais je n'ai rien dit, j'ai vu que papa n'avait pas trop envie de parler.

— Il faudra faire la liste des choses à emporter, a dit maman.

— Ah ! non ! a crié papa. Cette année, nous n'allons pas partir déguisés en camion de déménagement. Des slips de bain, des shorts, des vêtements simples, quelques lainages...

— Et puis des casseroles, la cafetière électrique, la couverture rouge et un peu de vaisselle, a dit maman.

Papa, il s'est levé d'un coup, tout fâché, il a ouvert la bouche, mais il n'a pas pu parler, parce que maman l'a fait à sa place.

— Tu sais bien, a dit maman, ce que nous ont raconté les Blédurt quand ils ont loué une villa l'année dernière. Pour toute vaisselle, il y avait trois assiettes ébréchées et à la cuisine deux petites casseroles dont une avait un trou au fond. Ils ont dû acheter sur place à prix d'or ce dont ils avaient besoin.

— Blédurt ne sait pas se débrouiller, a dit papa. Et il s'est rassis.

– Possible, a dit maman, mais si tu veux une soupe de poisson, je ne peux pas la faire dans une casserole trouée, même si on arrive à se procurer du poisson.

Alors, moi je me suis mis à pleurer, parce que c'est vrai ça, c'est pas drôle d'aller à une mer où il n'y a pas de poissons, alors que pas loin il y a les Atlantiques où c'en est plein. Maman a laissé son tricot, elle m'a pris dans ses bras et elle m'a dit qu'il ne fallait pas être triste à cause des vilains poissons et que je serai bien content tous les matins quand je verrai la mer de la fenêtre de ma jolie chambre.

– C'est-à-dire, a expliqué papa, que la mer on ne la voit pas de la villa. Mais elle n'est pas très loin, à deux kilomètres. C'est la dernière villa qui restait à louer à Plage-les-Pins.

– Mais bien sûr, mon chéri, a dit maman. Et puis elle m'a embrassé et je suis allé jouer sur le tapis avec les deux billes que j'ai gagnées à Eudes à l'école.

– Et la plage, c'est des galets ? a demandé maman.

– Non, madame ! Pas du tout ! a crié papa tout content. C'est une plage de sable ! De sable très fin ! On ne trouve pas un seul galet sur cette plage !

– Tant mieux, a dit maman ; comme ça, Nicolas ne passera pas son temps à faire ricocher des galets sur l'eau. Depuis que tu lui as appris à faire ça, c'est une véritable passion chez lui.

Et moi j'ai recommencé à pleurer, parce que c'est

vrai que c'est chouette de faire ricocher des galets sur l'eau ; j'arrive à les faire sauter jusqu'à quatre fois, et ce n'est pas juste, à la fin, d'aller dans cette vieille villa avec des casseroles trouées, loin de la mer, là où il n'y a ni galets ni poissons.

— Je vais chez mémé ! j'ai crié, et j'ai donné un coup de pied à une des billes d'Eudes.

Maman m'a pris de nouveau dans ses bras et elle m'a dit de ne pas pleurer, que papa était celui qui avait le plus besoin de vacances dans la famille et que même si c'était moche là où il voulait aller, il fallait y aller en faisant semblant d'être contents.

— Mais, mais, mais... a dit papa.

— Moi je veux faire des ricochets ! j'ai crié.

— Tu en feras peut-être l'année prochaine, m'a dit maman, si papa décide de nous emmener à Bains-les-Mers.

— Où ça ? a demandé papa, qui est resté avec la bouche ouverte.

— À Bains-les-Mers, a dit maman, en Bretagne, là où il y a l'Atlantique, beaucoup de poissons et un gentil petit hôtel qui donne sur une plage de sable et de galets.

— Moi je veux aller à Bains-les-Mers ! j'ai crié. Moi je veux aller à Bains-les-Mers !

— Mais, mon chéri, a dit maman, il faut être raisonnable, c'est papa qui décide.

Papa s'est passé la main sur la figure, il a poussé un gros soupir et il a dit :

— Bon, ça va ! j'ai compris. Il s'appelle comment ton hôtel ?
— Beau-Rivage, mon chéri, a dit maman.
Papa a dit que bon, qu'il allait écrire pour voir s'il restait encore des chambres.
— Ce n'est pas la peine, mon chéri, a dit maman, c'est déjà fait. Nous avons la chambre 29, face à la mer, avec salle de bains.
Et maman a demandé à papa de ne pas bouger parce qu'elle voulait voir si la longueur du pull-over qu'elle tricotait était bien. Il paraît que les nuits en Bretagne sont un peu fraîches.

Le père de Nicolas ayant pris sa décision, il ne restait plus qu'à ranger la maison, mettre les housses, enlever les tapis, décrocher les rideaux, faire les bagages, sans oublier d'emporter les œufs durs et les bananes pour manger dans le compartiment.

Le voyage en train s'est très bien passé, même si la mère de Nicolas s'est entendu reprocher d'avoir mis le sel pour les œufs durs dans la malle marron qui est dans le fourgon. Et c'est l'arrivée à Bains-les-Mers, à l'hôtel Beau-Rivage. La plage est là, et les vacances peuvent commencer…

La plage, c'est chouette

À la plage, on rigole bien. Je me suis fait des tas de copains, il y a Blaise, et puis Fructueux, et Mamert ; qu'il est bête celui-là ! Et Irénée et Fabrice et Côme et puis Yves, qui n'est pas en vacances parce qu'il est du pays et on joue ensemble, on se dispute, on ne se parle plus et c'est drôlement chouette.

« Va jouer gentiment avec tes petits camarades, m'a dit papa ce matin, moi je vais me reposer et prendre un bain de soleil. » Et puis, il a commencé à se mettre de l'huile partout et il rigolait en disant : « Ah ! quand je pense aux copains qui sont restés au bureau ! »

Nous, on a commencé à jouer avec le ballon d'Irénée. « Allez jouer plus loin », a dit papa, qui avait fini de se huiler, et bing ! le ballon est tombé sur la tête de papa. Ça, ça ne lui a pas plu à papa. Il s'est fâché tout plein et il a donné un gros coup de

pied dans le ballon, qui est allé tomber dans l'eau, très loin. Un shoot terrible. « C'est vrai ça, à la fin », a dit papa. Irénée est parti en courant et il est revenu avec son papa. Il est drôlement grand et gros le papa d'Irénée, et il n'avait pas l'air content.

— C'est lui ! a dit Irénée en montrant papa avec le doigt.

— C'est vous, a dit le papa d'Irénée à mon papa, qui avez jeté dans l'eau le ballon du petit ?

— Ben oui, a répondu mon papa au papa d'Irénée, mais ce ballon, je l'avais reçu dans la figure.

— Les enfants, c'est sur la plage pour se détendre, a dit le papa d'Irénée, si ça ne vous plaît pas, restez chez vous. En attendant, ce ballon, il faut aller le chercher.

— Ne fais pas attention, a dit maman à papa. Mais papa a préféré faire attention.

— Bon, bon, il a dit, je vais aller le chercher, ce fameux ballon.

– Oui, a dit le papa d'Irénée, moi à votre place j'irais aussi.

Papa, ça lui a pris du temps de chercher le ballon, que le vent avait poussé très loin. Il avait l'air fatigué, papa, quand il a rendu le ballon à Irénée et il nous a dit :

– Écoutez, les enfants, je veux me reposer tranquille. Alors, au lieu de jouer au ballon, pourquoi ne jouez-vous pas à autre chose ?

– Ben, à quoi par exemple, hein, dites ? a demandé Mamert. Qu'il est bête celui-là !

– Je ne sais pas, moi, a répondu papa, faites des trous, c'est amusant de faire des trous dans le sable. Nous, on a trouvé que c'était une idée terrible et on a pris nos pelles pendant que papa a voulu commencer à se rehuiler, mais il n'a pas pu, parce qu'il n'y avait plus d'huile dans la bouteille. « Je vais aller en acheter au magasin, au bout de la promenade », a dit papa, et maman lui a demandé pourquoi il ne restait pas un peu tranquille.

On a commencé à faire un trou. Un drôle de trou, gros et profond comme tout. Quand papa est revenu avec sa bouteille d'huile, je l'ai appelé et je lui ai dit :

– T'as vu notre trou, papa ?

– Il est très joli, mon chéri, a dit papa, et il a essayé de déboucher sa bouteille d'huile avec ses dents. Et puis, est venu un monsieur avec une casquette blanche et il nous a demandé qui nous avait permis de faire ce trou dans sa plage. « C'est lui, m'sieur ! » ont dit tous mes copains en montrant papa. Moi j'étais très fier, parce que je croyais que le monsieur à la casquette allait féliciter papa. Mais le monsieur n'avait pas l'air content.

– Vous n'êtes pas un peu fou, non, de donner des idées comme ça aux gosses ? a demandé le monsieur. Papa, qui travaillait toujours à déboucher sa bouteille d'huile, a dit : « Et alors ? » Et alors, le monsieur à la casquette s'est mis à crier que c'était incroyable ce que les gens étaient inconscients, qu'on pouvait se casser une jambe en tombant dans le trou, et qu'à marée haute, les gens qui ne savaient pas nager perdraient pied et se noieraient dans le trou, et que le sable pouvait s'écrouler et qu'un de nous risquait de rester dans le trou, et qu'il pouvait se passer des tas de choses terribles dans le trou et qu'il fallait absolument reboucher le trou.

– Bon, a dit papa, rebouchez le trou, les enfants. Mais les copains ne voulaient pas reboucher le trou.

– Un trou, a dit Côme, c'est amusant à creuser, mais c'est embêtant à reboucher.

– Allez, on va se baigner ! a dit Fabrice. Et ils sont tous partis en courant. Moi je suis resté, parce que j'ai vu que papa avait l'air d'avoir des ennuis.

– Les enfants ! Les enfants ! il a crié papa, mais le monsieur à la casquette a dit :
– Laissez les enfants tranquilles et rebouchez-moi ce trou en vitesse ! Et il est parti.

Papa a poussé un gros soupir et il m'a aidé à reboucher le trou. Comme on n'avait qu'une seule petite pelle, ça a pris du temps et on avait à peine fini que maman a dit qu'il était l'heure de rentrer à l'hôtel pour déjeuner, et qu'il fallait se dépêcher,

parce que, quand on est en retard, on ne vous sert pas, à l'hôtel. « Ramasse tes affaires, ta pelle, ton seau et viens », m'a dit maman. Moi j'ai pris mes affaires, mais je n'ai pas trouvé mon seau. « Ça ne fait rien, rentrons », a dit papa. Mais moi, je me suis mis à pleurer plus fort.

Un chouette seau, jaune et rouge, et qui faisait des pâtés terribles. « Ne nous énervons pas, a dit papa, où l'as-tu mis, ce seau ? » J'ai dit qu'il était peut-être au fond du trou, celui qu'on venait de boucher. Papa m'a regardé comme s'il voulait me donner une fessée, alors je me suis mis à pleurer plus fort et papa a dit que bon, qu'il allait le chercher le seau, mais que je ne lui casse plus les oreilles. Mon papa, c'est le plus gentil de tous les papas ! Comme nous n'avions toujours que la petite pelle pour les deux, je n'ai pas pu aider papa et je le regardais faire quand on a entendu une grosse voix derrière nous : « Est-ce que vous vous fichez de moi ? » Papa a poussé un cri, nous nous sommes retournés et nous avons vu le monsieur à la casquette blanche. « Je crois me souvenir que je vous avais interdit de faire des trous », a dit le monsieur. Papa lui a expliqué qu'il cherchait mon seau. Alors, le monsieur lui a dit que d'accord, mais à condition qu'il rebouche le trou après. Et il est resté là pour surveiller papa.

« Écoute, a dit maman à papa, je rentre à l'hôtel avec Nicolas. Tu nous rejoindras dès que tu auras retrouvé le seau. » Et nous sommes partis. Papa est arrivé très tard à l'hôtel, il était fatigué, il n'avait pas faim et il est allé se coucher. Le seau, il ne l'avait pas trouvé, mais ce n'est pas grave, parce que je me suis aperçu que je l'avais laissé dans ma chambre. L'après-midi, il a fallu appeler un docteur, à cause des brûlures de papa. Le docteur a dit à papa qu'il devait rester couché pendant deux jours.

– On n'a pas idée de s'exposer comme ça au soleil, a dit le docteur, sans se mettre de l'huile sur le corps.

– Ah ! a dit papa, quand je pense aux copains qui sont restés au bureau !

Mais il ne rigolait plus du tout en disant ça.

Malheureusement, il arrive parfois en Bretagne que le soleil aille faire un petit tour sur la Côte d'Azur. C'est pour cela que le patron de l'hôtel Beau-Rivage surveille avec inquiétude son baromètre, qui mesure la pression atmosphérique de ses pensionnaires...

Le boute-en-train

Nous on est en vacances dans un hôtel, et il y a la plage et la mer et c'est drôlement chouette, sauf aujourd'hui où il pleut et ce n'est pas rigolo, c'est vrai ça, à la fin. Ce qui est embêtant, quand il pleut, c'est que les grands ne savent pas nous tenir et nous on est insupportables et ça fait des histoires. J'ai des tas de copains à l'hôtel, il y a Blaise, et Fructueux, et Mamert, qu'il est bête celui-là ! et Irénée, qui a un papa grand et fort, et Fabrice, et puis Côme. Ils sont chouettes, mais ils ne sont pas toujours très sages. Pendant le déjeuner, comme c'était mercredi il y avait des raviolis et des escalopes, sauf pour le papa et la maman de Côme qui prennent toujours des suppléments et qui ont eu des langoustines, moi j'ai dit que je voulais aller à la plage. « Tu vois bien qu'il pleut, m'a répondu papa, ne me casse pas les oreilles. Tu joueras dans l'hôtel avec tes petits camarades. » Moi, j'ai dit que je voulais bien jouer avec mes petits camarades, mais à la plage, alors papa m'a demandé si je voulais une fessée devant

tout le monde et comme je ne voulais pas, je me suis mis à pleurer. À la table de Fructueux, ça pleurait dur aussi et puis la maman de Blaise a dit au papa de Blaise que c'était une drôle d'idée qu'il avait eue de venir passer ses vacances dans un endroit où il pleuvait tout le temps et le papa de Blaise s'est mis à crier que ce n'était pas lui qui avait eu cette idée, que la dernière idée qu'il avait eue dans sa vie, c'était celle de se marier. Maman a dit à papa qu'il ne fallait pas faire pleurer le petit, papa a crié qu'on commençait à lui chauffer les oreilles et Irénée a fait tomber par terre sa crème renversée et son papa lui a donné une gifle. Il y avait un drôle de bruit dans la salle à manger et le patron de l'hôtel est venu, il a dit qu'on allait servir le café dans le salon, qu'il allait mettre des disques et qu'il avait entendu à la radio que demain il allait faire un soleil terrible.

Et dans le salon, M. Lanternau a dit : « Moi, je vais m'occuper des gosses ! » M. Lanternau est un monsieur très gentil, qui aime bien rigoler très fort et se faire ami avec tout le monde. Il donne des tas de claques sur les épaules des gens et papa n'a pas tellement aimé ça, mais c'est parce qu'il avait un gros coup de soleil quand M. Lanternau lui a donné sa claque. Le soir où M. Lanternau s'est déguisé avec un rideau et un abat-jour, le patron de l'hôtel a expliqué à papa que M. Lanternau était un vrai boute-en-train. « Moi, il ne me fait pas rigoler », a répondu papa, et il est allé se coucher. Mme Lanternau, qui est en vacances avec M. Lanternau, elle ne dit jamais rien, elle a l'air un peu fatiguée.

M. Lanternau s'est mis debout, il a levé un bras et il a crié :

– Les gosses ! À mon commandement ! Tous derrière moi en colonne par un ! Prêts ? Direction la salle à manger, en avant, marche ! Une deux, une deux, une deux ! Et M. Lanternau est parti dans la salle à manger, d'où il est ressorti tout de suite, pas tellement content. Et alors, il a demandé, pourquoi ne m'avez-vous pas suivi ?

– Parce que nous, a dit Mamert (qu'il est bête, celui-là !), on veut aller jouer sur la plage.

– Mais non, mais non, a dit M. Lanternau, il faut être fou pour vouloir aller se faire tremper par la pluie sur la plage ! Venez avec moi, on va s'amuser bien mieux que sur la plage. Vous verrez, après, vous voudrez qu'il pleuve tout le temps ! Et M. Lanternau s'est mis à faire des gros rires.

– On y va ? j'ai demandé à Irénée.

– Bof, a répondu Irénée, et puis on y est allés avec les autres.

Dans la salle à manger, M. Lanternau a écarté les tables et les chaises et il a dit qu'on allait jouer à colin-maillard. « Qui s'y colle ? » a demandé M. Lanternau et nous on lui a dit que c'était lui qui s'y collait, alors, il a dit bon et il a demandé qu'on lui bande les yeux avec un mouchoir et quand il a vu nos mouchoirs, il a préféré prendre le sien. Après ça, il a mis les bras devant lui et il criait : « Hou, je vous attrape ! Je vous attrape, houhou ! » et il faisait des tas de gros rires.

Moi, je suis terrible aux dames, c'est pour ça que ça m'a fait rigoler quand Blaise a dit qu'il pouvait battre n'importe qui aux dames, qu'il était champion. Blaise, ça ne lui a pas plu que je rigole et il m'a dit que puisque j'étais si malin, on allait voir, et nous sommes allés dans le salon pour demander le jeu de dames au patron de l'hôtel et les autres nous ont suivis pour savoir qui était le plus fort. Mais le patron de l'hôtel n'a pas voulu nous prêter les dames, il a dit que le jeu était pour les grandes personnes et qu'on allait lui perdre des pions. On était là tous à discuter, quand on a entendu une grosse voix derrière nous : « Ça vaut pas de sortir de la salle à manger ! » C'était M. Lanternau qui venait nous chercher et qui nous avait trouvés parce qu'il n'avait plus les yeux bandés. Il était tout rouge et sa voix tremblait un peu, comme celle de papa, la fois où il m'a vu en train de faire des bulles de savon avec sa nouvelle pipe.

– Bien, a dit M. Lanternau, puisque vos parents sont partis faire la sieste, nous allons rester dans le salon et nous amuser gentiment. Je connais un jeu formidable, on prend tous du papier et un crayon, et moi je dis une lettre et il faut écrire cinq noms de pays, cinq noms d'animaux et cinq noms de villes. Celui qui perd, il aura un gage.

M. Lanternau est allé chercher du papier et des crayons et nous, nous sommes allés dans la salle à manger jouer à l'autobus avec les chaises. Quand M. Lanternau est venu nous chercher, je crois qu'il était un peu fâché. « Au salon, tous ! » il a dit.

– Nous allons commencer par la lettre « A », a dit M. Lanternau. Au travail ! et il s'est mis à écrire drôlement vite.

– La mine de mon crayon s'est cassée, c'est pas juste ! a dit Fructueux et Fabrice a crié :

– M'sieu ! Côme copie !

– C'est pas vrai, sale menteur ! a répondu Côme et Fabrice lui a donné une gifle. Côme, il est resté un peu étonné et puis il a commencé à donner des coups de pied à Fabrice, et puis Fructueux a voulu prendre mon crayon juste quand j'allais écrire « Autriche » et je lui ai donné un coup de poing sur le nez, alors Fructueux a fermé les yeux et il a donné des claques partout et Irénée en a reçu une et puis Mamert demandait en criant : « Eh, les gars ! Asnières, c'est un pays ? » On faisait tous un drôle de bruit et c'était chouette comme une récré, quand, bing ! il y a un cendrier qui est tombé par terre. Alors le patron de l'hôtel est venu en courant, il s'est mis à crier et à nous gronder et nos papas et nos mamans sont venus dans le salon et ils se sont disputés avec nous et avec le patron de l'hôtel. M. Lanternau, lui, il était parti.

C'est Mme Lanternau qui l'a retrouvé le soir, à l'heure du dîner. Il paraît que M. Lanternau avait passé l'après-midi à se faire tremper par la pluie, assis sur la plage.

Et c'est vrai que M. Lanternau est un drôle de boute-en-train, parce que papa, quand il l'a vu revenir à l'hôtel, il a tellement rigolé, qu'il n'a pas pu manger. Et pourtant, le mercredi soir, c'est de la soupe au poisson !

De l'hôtel Beau-Rivage, on a vue sur la mer, quand on se met debout sur le bord de la baignoire, et il faut faire attention de ne pas glisser. Quand il fait beau, et si on n'a pas glissé, on distingue très nettement la mystérieuse île des Embruns, où, d'après une brochure éditée par le Syndicat d'initiative, le Masque de Fer a failli être emprisonné. On peut visiter le cachot qu'il aurait occupé, et acheter des souvenirs à la buvette.

L'île des Embruns

C'est chic, parce qu'on va faire une excursion en bateau. M. et Mme Lanternau viennent avec nous, et ça, ça n'a pas tellement plu à papa qui n'aime pas beaucoup M. Lanternau, je crois. Et je ne comprends pas pourquoi. M. Lanternau, qui passe ses vacances dans le même hôtel que nous, est très drôle et il essaie toujours d'amuser les gens. Hier, il est venu dans la salle à manger avec un faux nez et une grosse moustache et il a dit au patron de l'hôtel que le poisson n'était pas frais. Moi, ça m'a fait drôlement rigoler. C'est quand maman a dit à Mme Lanternau que nous allions en excursion à l'île des Embruns, que M. Lanternau a dit : « Excellente idée, nous irons avec vous, comme ça, vous ne risquerez pas de vous ennuyer ! » et après, papa a dit à maman que ce n'était pas malin ce qu'elle avait fait et que ce boute-en-train à la manque allait nous gâcher la promenade.

Nous sommes partis de l'hôtel le matin, avec un panier de pique-nique plein d'escalopes froides, de

sandwiches, d'œufs durs, de bananes et de cidre. C'était chouette. Et puis M. Lanternau est arrivé avec une casquette blanche de marin, moi j'en veux une comme ça, et il a dit : « Alors, l'équipage, prêt à l'embarquement ? En avant, une deux, une deux, une deux ! » Papa a dit des choses à voix basse et maman l'a regardé avec des gros yeux.

Au port, quand j'ai vu le bateau, j'ai été un peu déçu, parce qu'il était tout petit, le bateau. Il s'appelait « La Jeanne » et le patron avait une grosse tête rouge avec un béret dessus et il ne portait pas un uniforme avec des tas de galons en or, comme j'espérais, pour le raconter à l'école aux copains quand je rentrerai de vacances, mais ça ne fait rien, je le raconterai quand même, après tout, quoi, à la fin ?

– Alors, capitaine, a dit M. Lanternau, tout est paré à bord ?

– C'est bien vous les touristes pour l'île des Embruns ? a demandé le patron et puis nous sommes montés sur son bateau. M. Lanternau est resté debout et il a crié :

— Larguez les amarres ! Hissez les voiles ! En avant, toute !

— Remuez pas comme ça, a dit papa, vous allez tous nous flanquer à l'eau !

— Oh oui, a dit maman, soyez prudent M. Lanternau. Et puis elle a ri un petit coup, elle m'a serré la main très fort et elle m'a dit de ne pas avoir peur mon chéri. Mais moi, comme je le raconterai à l'école à la rentrée, je n'ai jamais peur.

— Ne craignez rien, petite madame, a dit M. Lanternau à maman, c'est un vieux marin que vous avez à bord !

— Vous avez été marin, vous ? a demandé papa.

— Non, a répondu M. Lanternau, mais chez moi, sur la cheminée, j'ai un petit voilier dans une bouteille ! Et il a fait un gros rire et il a donné une grande claque sur le dos de papa.

Le patron du bateau n'a pas hissé les voiles, comme l'avait demandé M. Lanternau, parce qu'il n'y avait pas de voiles sur le bateau. Il y avait un moteur qui faisait potpotpot et qui sentait comme l'autobus qui passe devant la maison, chez nous. Nous sommes sortis du port et il y avait des petites vagues et le bateau remuait, c'était chouette comme tout.

— La mer va être calme ? a demandé papa au patron du bateau. Pas de grain à l'horizon ?

M. Lanternau s'est mis à rigoler.

– Vous, il a dit à papa, vous avez peur d'avoir le mal de mer !

– Le mal de mer ? a répondu papa. Vous voulez plaisanter. J'ai le pied marin, moi. Je vous parie que vous aurez le mal de mer avant moi, Lanternau !

– Tenu ! a dit M. Lanternau et il a donné une grosse claque sur le dos de papa, et papa a fait une tête comme s'il voulait donner une claque sur la figure de M. Lanternau.

– C'est quoi, le mal de mer, maman ? j'ai demandé.

– Parlons d'autre chose, mon chéri, si tu veux bien, m'a répondu maman.

Les vagues devenaient plus fortes et c'était de plus en plus chouette. De là où nous étions, on voyait l'hôtel qui avait l'air tout petit et j'ai reconnu la fenêtre qui donnait sur notre baignoire, parce que maman avait laissé son maillot rouge à sécher. Pour aller à l'île des Embruns, ça prend une heure, il paraît. C'est un drôle de voyage !

– Dites donc, a dit M. Lanternau à papa, je connais une histoire qui va vous amuser. Voilà : il y avait deux clochards qui avaient envie de manger des spaghettis...

Malheureusement je n'ai pas pu connaître la suite de l'histoire, parce que M. Lanternau a continué à la raconter à l'oreille de papa.

– Pas mal, a dit papa, et vous connaissez celle du médecin qui soigne un cas d'indigestion ? et comme M. Lanternau ne la connaissait pas, papa la lui a racontée à l'oreille. Ils sont embêtants, à la fin ! Maman, elle, n'écoutait pas, elle regardait vers l'hôtel. Mme Lanternau, comme d'habitude, elle ne disait rien. Elle a toujours l'air un peu fatiguée.

Devant nous, il y avait l'île des Embruns, elle était encore loin et c'était joli à voir avec toute la mousse blanche des vagues. Mais M. Lanternau ne regardait pas l'île, il regardait papa, et, quelle drôle d'idée, il a tenu absolument à lui raconter ce qu'il avait mangé dans un restaurant avant de partir en vacances. Et papa, qui pourtant, d'habitude, n'aime pas faire la conversation avec M. Lanternau, lui a raconté tout ce qu'il avait mangé à son repas de première communion. Moi, ils commençaient à me donner faim avec leurs histoires. J'ai voulu demander à maman de me donner un œuf dur, mais elle ne m'a pas entendu parce qu'elle avait les mains sur les oreilles, à cause du vent, sans doute.

– Vous m'avez l'air un peu pâle, a dit M. Lanternau à papa, ce qui vous ferait du bien, c'est un grand bol de graisse de mouton tiède.

– Oui, a dit papa, ce n'est pas mauvais avec des huîtres recouvertes de chocolat chaud.

L'île des Embruns était tout près maintenant.

– Nous allons bientôt débarquer, a dit M. Lanternau à papa, vous seriez chiche de manger une escalope froide ou un sandwich, tout de suite, avant de quitter le bateau ?

– Mais certainement, a répondu papa, l'air du large,

ça creuse ! Et papa a pris le panier à pique-nique et puis il s'est retourné vers le patron du bateau.

– Un sandwich avant d'accoster, patron ? a demandé papa.

Eh bien, on n'y est jamais arrivé à l'île des Embruns, parce que quand il a vu le sandwich, le patron du bateau est devenu très malade et il a fallu revenir au port le plus vite possible.

Un nouveau professeur de gymnastique a fait son apparition sur la plage, et tous les parents se sont empressés d'inscrire leurs enfants à son cours. Ils ont pensé, dans leur sagesse de parents, que d'occuper les enfants pendant une heure tous les jours pouvait faire le plus grand bien à tout le monde.

La gym

Hier, on a eu un nouveau professeur de gymnastique.
— Je m'appelle Hector Duval, il nous a dit, et vous ?
— Nous pas, a répondu Fabrice, et ça, ça nous a fait drôlement rigoler.

J'étais sur la plage avec tous les copains de l'hôtel, Blaise, Fructueux, Mamert, qu'il est bête celui-là ! Irénée, Fabrice et Côme. Pour la leçon de gymnastique, il y avait des tas d'autres types ; mais ils sont de l'hôtel de la Mer et de l'hôtel de la Plage et nous, ceux du Beau-Rivage, on ne les aime pas.

Le professeur, quand on a fini de rigoler, il a plié ses bras et ça a fait deux gros tas de muscles.

— Vous aimeriez avoir des biceps comme ça ? a demandé le professeur.
— Bof, a répondu Irénée.
— Moi, je ne trouve pas ça joli, a dit Fructueux,

mais Côme a dit qu'après tout, oui, pourquoi pas, il aimerait bien avoir des trucs comme ça sur les bras pour épater les copains à l'école. Côme, il m'énerve, il veut toujours se montrer. Le professeur a dit :

– Eh bien, si vous êtes sages et vous suivez bien les cours de gymnastique, à la rentrée, vous aurez tous des muscles comme ça.

Alors, le professeur nous a demandé de nous mettre en rang et Côme m'a dit :

– Chiche que tu ne sais pas faire des galipettes comme moi. Et il a fait une galipette.

Moi, ça m'a fait rigoler, parce que je suis terrible pour les galipettes, et je lui ai montré.

– Moi aussi je sais ! Moi aussi je sais ! a dit Fabrice, mais lui, il ne savait pas. Celui qui les faisait bien, c'était Fructueux, beaucoup mieux que Blaise, en tout cas. On était tous là, à faire des galipettes partout, quand on a entendu des gros coups de sifflet à roulette.

– Ce n'est pas bientôt fini ? a crié le professeur. Je vous ai demandé de vous mettre en rang, vous aurez toute la journée pour faire les clowns !

On s'est mis en rang pour ne pas faire d'histoires et le professeur nous a dit qu'il allait nous montrer ce que nous devions faire pour avoir des tas de muscles partout. Il a levé les bras et puis il les a

baissés, il les a levés et il les a baissés, il les a levés et un des types de l'hôtel de la Mer nous a dit que notre hôtel était moche.

— C'est pas vrai, a crié Irénée, il est rien chouette notre hôtel, c'est le vôtre qui est drôlement laid !

— Dans le nôtre, a dit un type de l'hôtel de la Plage, on a de la glace au chocolat tous les soirs !

— Bah ! a dit un de ceux de l'hôtel de la Mer, nous, on en a à midi aussi et jeudi il y avait des crêpes à la confiture !

— Mon papa, a dit Côme, il demande toujours des suppléments, et le patron de l'hôtel lui donne tout ce qu'il veut !

— Menteur, c'est pas vrai ! a dit un type de l'hôtel de la Plage.

— Ça va continuer longtemps, votre petite conversation ? a crié le professeur de gymnastique, qui ne bougeait plus les bras parce qu'il les avait croisés. Ce qui bougeait drôlement, c'étaient ses trous de nez, mais je ne crois pas que c'est en faisant ça qu'on aura des muscles.

Le professeur s'est passé une main sur la figure et puis il nous a dit qu'on verrait plus tard pour les mouvements de bras, qu'on allait faire des jeux pour commencer. Il est chouette, le professeur !

— Nous allons faire des courses, il a dit. Mettez-vous en rang, là. Vous partirez au coup de sifflet. Le premier arrivé au parasol, là-bas, c'est le vainqueur. Prêts ? et le professeur a donné un coup de sifflet. Le

seul qui est parti, c'est Mamert, parce que nous, on a regardé le coquillage que Fabrice avait trouvé sur la plage, et Côme nous a expliqué qu'il en avait trouvé un beaucoup plus grand l'autre jour et qu'il allait l'offrir à son papa pour qu'il s'en fasse un cendrier. Alors, le professeur a jeté son sifflet par terre et il a donné des tas de coups de pied dessus. La dernière fois que j'ai vu quelqu'un d'aussi fâché que ça, c'est à l'école, quand Agnan, qui est le premier de la classe et le chouchou de la maîtresse, a su qu'il était second à la composition d'arithmétique.

– Est-ce que vous allez vous décider à m'obéir ? a crié le professeur.

– Ben quoi, a dit Fabrice, on allait partir pour votre course, m'sieur, y a rien qui presse.

Le professeur a fermé les yeux et les poings, et puis il a levé ses trous de nez qui bougeaient, vers le ciel. Quand il a redescendu la tête, il s'est mis à parler très lentement et très doucement.

— Bon, il a dit, on recommence. Tous prêts pour le départ.

— Ah non, a crié Mamert, c'est pas juste ! C'est moi qui ai gagné, j'étais le premier au parasol ! C'est pas juste et je le dirai à mon papa ! et il s'est mis à pleurer et à donner des coups de pied dans le sable et puis il a dit que puisque c'était comme ça, il s'en allait et il est parti en pleurant et je crois qu'il a bien fait de partir, parce que le professeur le regardait de la même façon que papa regardait le ragoût qu'on nous a servi hier soir pour le dîner.

— Mes enfants, a dit le professeur, mes chers petits, mes amis, celui qui ne fera pas ce que je lui dirai de faire... je lui flanque une fessée dont il se souviendra longtemps !

— Vous n'avez pas le droit, a dit quelqu'un, il n'y a que mon papa, ma maman, tonton et pépé qui ont le droit de me donner des fessées !

— Qui a dit ça ? a demandé le professeur.

— C'est lui, a dit Fabrice en montrant un type de l'hôtel de la Plage, un tout petit type.

— C'est pas vrai, sale menteur, a dit le petit type et Fabrice lui a jeté du sable à la figure, mais le petit type lui a donné une drôle de claque. Moi je crois que le petit type avait déjà dû faire de la gymnastique et Fabrice a été tellement surpris, qu'il a oublié de pleurer. Alors, on a tous commencé à se battre, mais ceux de l'hôtel de la Mer et ceux de l'hôtel de la Plage, c'est des traîtres.

Quand on a fini de se battre, le professeur, qui était assis sur le sable, s'est levé et il a dit :
— Bien. Nous allons passer au jeu suivant. Tout le monde face à la mer. Au signal, vous allez tous à l'eau ! Prêts ? Partez !

Ça, ça nous plaisait bien, ce qu'il y a de mieux à la plage, avec le sable, c'est la mer. On a couru drôlement et l'eau était chouette et on s'est éclaboussés les uns les autres et on a joué à sauter avec les vagues et Côme criait : « Regardez-moi ! Regardez-moi ! Je fais du crawl ! » et quand on s'est retournés, on a vu que le professeur n'était plus là.

Et aujourd'hui, on a eu un nouveau professeur de gymnastique.
— Je m'appelle Jules Martin, il nous a dit, et vous ?

Les vacances se poursuivent agréablement, et le père de Nicolas n'a rien à reprocher à l'hôtel Beau-Rivage, si ce n'est son ragoût, surtout le soir où il a trouvé un coquillage dedans. Comme il n'y a plus de professeur de gymnastique pour l'instant, les enfants cherchent d'autres activités pour y déverser le trop-plein de leur énergie...

Le golf miniature

Aujourd'hui on a décidé d'aller jouer au golf miniature qui se trouve à côté du magasin où on vend des souvenirs. C'est rien chouette le golf miniature, je vais vous l'expliquer : il y a dix-huit trous et on vous donne des balles et des bâtons et il faut mettre les balles dans les trous en moins de coups de bâton possible. Pour arriver jusqu'aux trous, il faut passer par des petits châteaux, des rivières, des zigzags, des montagnes, des escaliers ; c'est terrible. Il n'y a que le premier trou qui est facile.

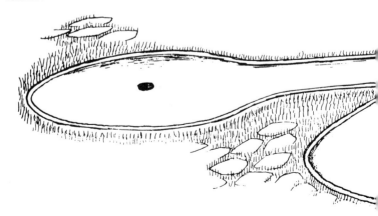

L'ennui, c'est que le patron du golf miniature ne nous laisse pas jouer si on n'est pas accompagnés par une grande personne. Alors, avec Blaise, Fructueux, Mamert, qu'il est bête celui-là ! Irénée, Fabrice et Côme qui sont mes copains de l'hôtel, nous sommes allés demander à mon papa de venir jouer avec nous au golf miniature.

– Non, a dit papa qui lisait son journal sur la plage.

– Allez, quoi, soyez chouette pour une fois ! a dit Blaise.

– Allez, quoi ! Allez, quoi ! ont crié les autres et moi je me suis mis à pleurer et j'ai dit que puisque je ne pouvais pas jouer au golf miniature, je prendrai un pédalo et je partirai loin, très loin et on ne me reverrait jamais.

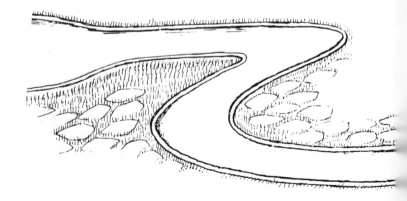

– Tu peux pas, m'a dit Mamert, mais qu'il est bête ! Pour louer un pédalo, il faut être accompagné par une grande personne.

– Bah, a dit Côme, qui m'énerve parce qu'il aime toujours se montrer, moi, j'ai pas besoin de pédalo, je peux aller très loin en faisant du crawl.

On était tous là à discuter autour de papa, et puis papa a chiffonné son journal, il l'a jeté sur le sable et il a dit :

– Bon, ça va, je vous emmène au golf miniature.

J'ai le papa le plus gentil du monde. Je le lui ai dit et je l'ai embrassé.

Le patron du golf miniature, quand il nous a vus, il n'avait pas tellement envie de nous laisser jouer. Nous on s'est mis à crier : « Allez, quoi !

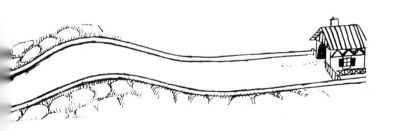

Allez, quoi ! » et puis le patron du golf miniature a accepté, mais il a dit à papa de bien nous surveiller.

On s'est mis au départ du premier trou, celui qui est drôlement facile et papa, qui sait des tas de choses, nous a montré comment il fallait faire pour tenir le bâton.

— Moi je sais ! a dit Côme et il a voulu commencer à jouer, mais Fabrice lui a dit qu'il n'y avait pas de raison qu'il soit le premier.

— On n'a qu'à y aller par ordre alphabétique, comme à l'école, quand la maîtresse nous interroge, a dit Blaise ; mais moi j'étais pas d'accord, parce que Nicolas, c'est drôlement loin dans l'alphabet et à l'école c'est chouette, mais au golf miniature, c'est pas juste. Et puis, le patron du golf miniature est venu dire à papa qu'il faudrait que nous commencions à jouer, parce qu'il y avait des gens qui attendaient pour faire du golf miniature.

— C'est Mamert qui va commencer, parce que c'est le plus sage, a dit papa.

Et Mamert est venu, il a donné un coup de bâton terrible dans la balle qui a sauté en l'air, qui est passée par-dessus la grille et qui est allée taper contre une auto qui était arrêtée sur la route. Mamert s'est mis à pleurer et papa est allé chercher la balle.

Papa, il tardait un peu à revenir, parce que dans l'auto arrêtée il y avait un monsieur, et le monsieur est sorti de l'auto et il s'est mis à parler avec papa en faisant des tas de gestes et il y a des gens qui sont venus pour les regarder et qui rigolaient.

Nous, on voulait continuer à jouer, mais Mamert était assis sur le trou, il pleurait et il disait qu'il ne se lèverait pas tant qu'on ne lui aurait pas rendu sa balle et qu'on était tous des méchants. Et puis, papa est revenu avec la balle et il n'avait pas l'air content.

– Essayez de faire un peu attention, il a dit papa.
– D'accord, a dit Mamert, passez-moi la balle. Mais papa n'a pas voulu, il a dit à Mamert que ça allait comme ça, qu'il jouerait un autre jour. Ça, ça ne lui a pas plu à Mamert qui a commencé à donner des coups de pied partout et qui s'est mis à crier que tout le monde profitait de lui et puisque c'était comme ça, il allait chercher son papa. Et il est parti.
– Bon, à moi, a dit Irénée.
– Non monsieur, a dit Fructueux, c'est moi qui vais jouer. Alors Irénée a donné un coup de bâton sur la tête de Fructueux et Fructueux a donné une claque à Irénée et le patron du golf miniature est venu en courant.
– Dites, a crié le patron du golf miniature à mon papa, enlevez d'ici votre marmaille, il y a des gens qui attendent pour jouer !
– Soyez poli, a dit papa. Ces enfants ont payé pour jouer, ils joueront !
– Bravo ! a dit Fabrice à papa, dites-y ! Et tous les copains étaient drôlement pour papa, sauf Fructueux et Irénée qui étaient occupés à se donner des coups de bâton et des claques.
– Ah, c'est comme ça, a dit le patron du golf miniature, et si j'appelais un agent ?
– Appelez-le, a dit papa, on verra à qui il donnera raison. Alors, le patron du golf miniature a appelé l'agent qui était sur la route.

– Lucien ! il a appelé le patron du golf miniature. Et l'agent est venu.

– Qu'est-ce qu'il y a Ernest ? il a demandé au patron du golf miniature.

– Il y a, a répondu le patron du golf miniature, que cet individu empêche les autres gens de jouer.

– Oui, a dit un monsieur, voilà une demi-heure que nous attendons pour faire le premier trou !

– À votre âge, a demandé papa, vous n'avez pas de choses plus intéressantes à faire ?

– De quoi ? a dit le patron du golf miniature, si le golf miniature ne vous plaît pas, ne dégoûtez pas les autres du golf miniature !

– Au fait, a dit l'agent, il y a un monsieur qui vient de porter plainte parce qu'une balle de golf miniature a rayé la carrosserie de sa voiture.

– Alors, on peut le faire ce premier trou, oui ou non ? a demandé le monsieur qui attendait.

Et puis, est arrivé Mamert avec son papa.

– C'est lui ! a dit Mamert à son papa en montrant mon papa.

– Eh bien, a dit le papa de Mamert, il paraît que vous empêchez mon fils de jouer avec ses petits camarades ? Et puis papa s'est mis à crier, et le patron du golf miniature s'est mis à crier, et tout le monde s'est mis à crier et l'agent donnait des coups de sifflet, et puis à la fin papa nous a fait tous sortir du golf miniature et Côme n'était pas content parce qu'il disait que pendant que personne ne le regardait il avait fait le trou en un seul coup, mais moi je suis sûr que c'est des blagues.

Comme on a bien rigolé, au golf miniature, on a décidé de revenir demain pour essayer le deuxième trou.

Ce que je ne sais pas, c'est si papa sera d'accord pour nous accompagner au golf miniature.

Non, le père de Nicolas n'a plus jamais voulu retourner au golf miniature ; il est même pris d'une grande aversion pour le golf miniature, presque autant que pour le ragoût de l'hôtel Beau-Rivage. La mère de Nicolas a dit qu'il ne fallait pas faire de scandale au sujet du ragoût, et le père de Nicolas a répondu qu'au prix où était la pension, le scandale c'était de servir des choses pareilles à table. Et ce qui n'a rien arrangé, c'est qu'il s'est mis à pleuvoir de nouveau...

On a joué à la marchande

Ce qu'il y a avec les filles, c'est que ça ne sait pas jouer, ça pleure tout le temps et ça fait des histoires. À l'hôtel, il y en a trois.

Les trois filles qu'il y a à l'hôtel s'appellent Isabelle, Micheline et Gisèle. Gisèle, c'est la sœur de mon copain Fabrice et ils se battent tout le temps et Fabrice m'a expliqué que c'était très embêtant d'avoir une fille comme sœur et que si ça continuait, il allait quitter la maison.

Quand il fait beau et que nous sommes à la plage, les filles ne nous gênent pas. Elles jouent à des jeux bêtes, elles font des tas de pâtés, elles se racontent des histoires et puis avec des crayons, elles se mettent du rouge sur les ongles. Nous, avec les copains, on fait des choses terribles. On fait des courses, des galipettes, du foot, on nage, on se bat. Des choses chouettes, quoi.

Mais quand il ne fait pas beau, alors, c'est autre chose, parce qu'on doit tous rester à l'hôtel ensemble. Et hier, il ne faisait pas beau, il pleuvait tout le temps. Après le déjeuner, on a eu des raviolis et c'était drôlement meilleur que le ragoût, nos papas et nos mamans sont partis faire la sieste. Avec Blaise, Fructueux, Mamert, Irénée, Fabrice et Côme, tous des copains de l'hôtel, on était dans le salon et on jouait aux cartes, sans faire de bruit. On ne faisait pas les guignols, parce que quand il pleut, les papas et les mamans, ça ne rigole pas. Et pendant ces vacances, c'est souvent que les papas et les mamans n'ont pas rigolé.

Et puis, les trois filles sont entrées dans le salon.
— On veut jouer avec vous, a dit Gisèle.
— Laisse-nous tranquilles, ou je te flanque une claque, Zésèle ! a dit Fabrice. Ça, ça ne lui a pas plu à Gisèle.
— Si on ne peut pas jouer avec vous, tu sais ce que je vais faire, Fafa ? a dit Gisèle. Eh bien, j'irai tout raconter à papa et à maman et tu seras puni, et tes copains seront punis et vous n'aurez pas de dessert.
— Bon, a dit Mamert, mais qu'il est bête celui-là ! Vous pouvez jouer avec nous.
— Toi, on t'a pas sonné, a dit Fabrice. Alors, Mamert s'est mis à pleurer, il a dit qu'il n'avait pas envie d'être puni, que c'était pas juste et que s'il était privé de dessert, il se tuerait. Nous, on était embêtés, parce qu'avec tout le bruit que faisait Mamert, il allait finir par réveiller nos papas et nos mamans.

– Alors, qu'est-ce qu'on fait ? j'ai demandé à Irénée.

– Bof, m'a répondu Irénée, et on a décidé de laisser jouer les filles avec nous.

– À quoi on joue ? a demandé Micheline, une grosse qui me fait penser à Alceste, un copain de l'école qui mange tout le temps.

– On joue à la marchande, a dit Isabelle.

– T'es pas un peu folle ? a demandé Fabrice.

– C'est bon, Fafa, a dit Gisèle, je vais réveiller papa. Et tu sais comment est papa quand on le réveille ! Alors Mamert s'est mis à pleurer et il a dit qu'il voulait jouer à la marchande. Blaise a dit que plutôt que de jouer à la marchande, il préférait aller réveiller lui-même le papa de Fabrice. Mais Fructueux a dit qu'il croyait que ce soir il y avait de la glace au chocolat comme dessert, alors, on a dit, bon d'accord.

Gisèle s'est mise derrière une table du salon, et sur la table elle a mis les cartes et puis des cendriers et elle a dit qu'elle serait la marchande et que la table ce serait le comptoir, et que ce qu'il y avait sur la table ce serait les choses qu'elle vendait et que nous, on devait venir et lui acheter les choses.

– C'est ça, a dit Micheline, et moi, je serais une dame très belle et très riche et j'aurais une auto et des tas de fourrures.

– C'est ça, a dit Isabelle, et moi, je serais une autre dame, encore plus riche et encore plus belle, et j'aurais une auto avec des fauteuils rouges comme celle de tonton Jean-Jacques, et des chaussures avec des talons hauts.

– C'est ça, a dit Gisèle, et Côme, ce serait le mari de Micheline.

– Je veux pas, a dit Côme.

– Et pourquoi tu veux pas ? a demandé Micheline.

– Parce qu'il te trouve trop grosse, voilà pourquoi, a dit Isabelle. Il préfère être mon mari à moi.

– C'est pas vrai ! a dit Micheline et elle a donné une claque à Côme et Mamert s'est mis à pleurer. Pour faire taire Mamert, Côme a dit qu'il serait le mari de n'importe qui.

– Bon, a dit Gisèle, alors, on va commencer à jouer.

Toi, Nicolas, tu serais le premier client, mais comme tu serais très pauvre, tu n'aurais pas de quoi acheter à manger. Alors moi, je serais très généreuse, et je te donnerais des choses pour rien.

– Moi, je joue pas, a dit Micheline, après ce que m'a dit Isabelle, je ne parlerai plus jamais à personne.

– Ah ! là là ! mademoiselle fait des manières, a dit Isabelle, tu crois que je ne sais pas ce que tu as dit de moi à Gisèle quand je n'étais pas là ?

– Oh ! La menteuse ! a crié Micheline, après tout ce que tu m'as dit de Gisèle !

– Qu'est-ce que tu as dit de moi à Micheline, Isabelle ? a demandé Gisèle.

– Rien, j'ai rien dit de toi à Micheline, voilà ce que j'ai dit, a dit Isabelle.

– Tu as du toupet, a crié Micheline, tu me l'as dit devant la vitrine du magasin, là où il y avait le maillot noir avec des petites fleurs roses, celui qui m'irait si bien, tu sais ?

– C'est pas vrai, a crié Isabelle, mais Gisèle m'a raconté ce que tu lui avais dit de moi sur la plage.

– Dites, les filles, a demandé Fabrice, on joue, oui ou non ? Alors, Micheline a dit à Fabrice de se mêler de ce qui le regardait et elle l'a griffé.

— Laisse mon frère tranquille ! a dit Gisèle et elle a tiré les nattes de Micheline et Micheline s'est mise à crier et elle a donné une claque à Gisèle et ça, ça a fait rigoler Fabrice, mais Mamert s'est mis à pleurer et les filles faisaient un drôle de bruit et des tas de papas et de mamans sont descendus dans le salon et ils ont demandé ce qui se passait.

— Ce sont les garçons qui ne nous laissent pas jouer tranquilles à la marchande, a dit Isabelle. Alors, on a été tous privés de dessert.

Et Fructueux avait raison, ce soir-là, c'était la glace au chocolat !

Et puis, le soleil est revenu, radieux, le jour de la fin des vacances. Il a fallu dire au revoir à tous les amis, faire les bagages et reprendre le train. Le patron de l'hôtel Beau-Rivage a proposé au père de Nicolas de lui donner un peu de ragoût pour le voyage, mais le père de Nicolas a refusé. Il a eu tort, car cette fois-ci, c'étaient les œufs durs qui étaient dans la malle marron, qui était, elle-même, dans le fourgon.

On est rentrés

Moi, je suis bien content d'être rentré à la maison, mais mes copains de vacances ne sont pas ici et mes copains d'ici sont encore en vacances et moi je suis tout seul et ce n'est pas juste et je me suis mis à pleurer.

– Ah, non ! a dit papa. Demain je recommence à travailler, je veux me reposer un peu aujourd'hui, tu ne vas pas me casser les oreilles !

– Mais enfin, a dit maman à papa, sois un peu patient avec le petit. Tu sais comment sont les enfants quand ils reviennent de vacances. Et puis maman m'a embrassé, elle s'est essuyé la figure, elle m'a mouché et elle m'a dit de m'amuser gentiment. Alors moi j'ai dit à maman que je voulais bien, mais que je ne savais pas quoi faire.

– Pourquoi ne ferais-tu pas germer un haricot ?

m'a demandé maman. Et elle m'a expliqué que c'était très chouette, qu'on prenait un haricot, qu'on le mettait sur un morceau d'ouate mouillé et puis qu'après on voyait apparaître une tige, et puis des feuilles, et puis qu'on avait une belle plante d'haricot et que c'était drôlement amusant et que papa me montrerait. Et puis maman est montée arranger ma chambre.

Papa, qui était couché sur le canapé du salon, a poussé un gros soupir et puis il m'a dit d'aller chercher l'ouate. Je suis allé dans la salle de bains, j'ai pas trop renversé de choses et la poudre par terre c'est facile à nettoyer avec un peu d'eau ; je suis revenu dans le salon et j'ai dit à papa :

– Voilà l'ouate, papa.

– On dit : la ouate, Nicolas, m'a expliqué papa qui sait des tas de choses parce qu'à mon âge il était le premier de sa classe et c'était un drôle d'exemple pour ses copains.

– Bon, m'a dit papa, maintenant, va à la cuisine chercher un haricot.

À la cuisine, je n'ai pas trouvé d'haricot. Ni de gâteaux non plus, parce qu'avant de partir maman avait tout vidé, sauf le morceau de camembert qu'elle avait oublié dans le placard et c'est pour ça qu'en rentrant de vacances il a fallu ouvrir la fenêtre de la cuisine.

Dans le salon, quand j'ai dit à papa que je n'avais pas trouvé d'haricot, il m'a dit :

– Eh bien tant pis, et il s'est remis à lire son journal, mais moi j'ai pleuré et j'ai crié :

– Je veux faire germer un haricot ! Je veux faire germer un haricot ! Je veux faire germer un haricot !

– Nicolas, m'a dit papa, tu vas recevoir une fessée.

Alors ça, c'est formidable ! On veut que je fasse germer un haricot et parce qu'il n'y a pas d'haricots, on veut me punir ! Là, je me suis mis à pleurer pour de vrai, et maman est arrivée et quand je lui ai expliqué, elle m'a dit :

– Va à l'épicerie du coin et demande qu'on te donne un haricot.

– C'est ça, a dit papa, et prends tout ton temps.

Je suis allé chez M. Compani, qui est l'épicier du coin et qui est drôlement chouette parce que quand j'y vais, il me donne quelquefois des biscuits. Mais là, il ne m'a rien donné, parce que l'épicerie était fermée et il y avait un papier où c'était écrit que c'était à cause des vacances.

Je suis revenu en courant à la maison, où j'ai trouvé papa toujours sur le canapé, mais il ne lisait plus, il avait mis le journal sur sa figure.

– C'est fermé chez M. Compani, j'ai crié, alors, j'ai pas d'haricot !

Papa, il s'est assis d'un coup.

– Hein ? Quoi ? Qu'est-ce qu'il y a ? il a demandé ; alors, il a fallu que je lui explique de nouveau. Papa s'est passé la main sur la figure, il a fait de gros soupirs, et il a dit qu'il n'y pouvait rien.

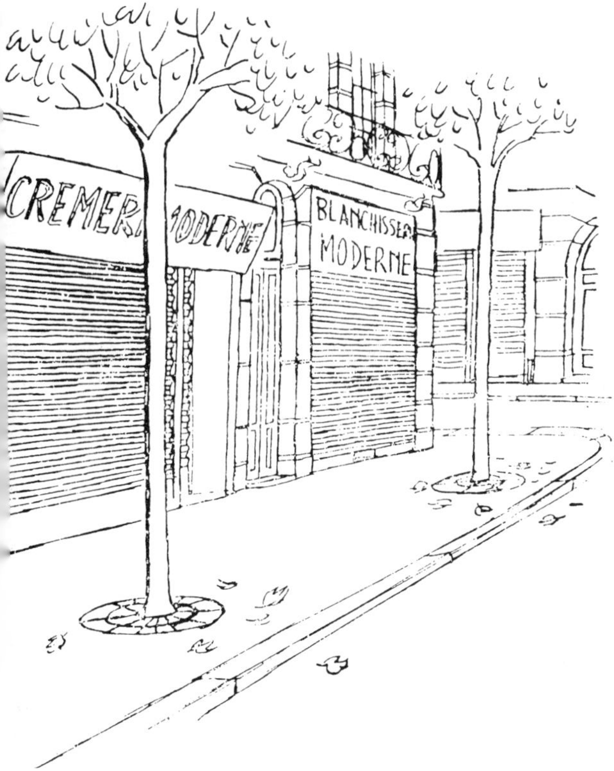
MODERNE

— Et qu'est-ce que je vais faire germer alors, sur mon morceau de la ouate ? j'ai demandé.

— On dit un morceau d'ouate, pas de la ouate, m'a dit papa.

— Mais tu m'avais dit qu'on disait de la ouate, j'ai répondu.

— Nicolas, a crié papa, c'est assez comme ça ! Va jouer dans ta chambre !

Moi je suis monté dans ma chambre en pleurant, et j'y ai trouvé maman en train de ranger.

— Non, Nicolas, n'entre pas ici, m'a dit maman. Descends jouer dans le salon. Pourquoi ne fais-tu pas germer un haricot, comme je te l'ai dit ?

Dans le salon, avant que papa se mette à crier, je lui ai expliqué que c'était maman qui m'avait dit de descendre et que si elle m'entendait pleurer, elle allait se fâcher.

— Bon, m'a dit papa, mais sois sage.

— Et où est-ce que je vais trouver l'haricot pour faire germer ? j'ai demandé.

— On ne dit pas l'haricot, on dit... a commencé à dire papa, et puis, il m'a regardé, il s'est gratté la tête et il m'a dit :

— Va chercher des lentilles dans la cuisine. Ça remplacera l'haricot.

Ça, des lentilles, il y en avait dans la cuisine, et moi j'étais drôlement content. Et puis papa m'a montré comment il fallait mouiller la ouate et comment il fallait mettre les lentilles dessus.

— Maintenant, m'a dit papa, tu mets le tout sur une soucoupe, sur le rebord de la fenêtre, et puis plus tard, il y aura des tiges et des feuilles. Et puis il s'est recouché sur le canapé.

Moi, j'ai fait comme m'avait dit papa, et puis j'ai attendu. Mais je n'ai pas vu les tiges sortir des lentilles et je me suis demandé ce qui ne marchait pas. Comme je ne savais pas, je suis allé voir papa.

— Quoi encore ? a crié papa.

— Il n'y a pas de tiges qui sortent des lentilles, j'ai dit.

— Tu la veux cette fessée ? a crié papa, et moi j'ai dit que j'allais quitter la maison, que j'étais très malheureux, qu'on ne me reverrait jamais, qu'on me regretterait bien, que le coup des lentilles c'était de la blague et maman est arrivée en courant dans le salon.

– Tu ne peux pas être un peu plus patient avec le petit ? a demandé maman à papa, moi, je dois ranger la maison, je n'ai pas le temps de m'occuper de lui, il me semble…

– Il me semble à moi, a répondu papa, qu'un homme devrait pouvoir avoir la paix chez soi !

– Ma pauvre mère avait bien raison, a dit maman.

– Ne mêle pas ta mère qui n'a rien de pauvre, dans cette histoire ! a crié papa.

– C'est ça, a dit maman, insulte ma mère maintenant !

– Moi j'ai insulté ta mère ? a crié papa. Et maman s'est mise à pleurer, et papa s'est mis à marcher dans le salon en criant, et moi j'ai dit que si on ne faisait pas germer mes lentilles tout de suite, je me tuerais. Alors, maman m'a donné une fessée.

Les parents, quand ils reviennent de vacances, sont insupportables !

Une nouvelle année scolaire, tout aussi studieuse que la précédente, s'est écoulée. C'est avec un peu de mélancolie que Nicolas, Alceste, Rufus, Eudes, Geoffroy, Maixent, Joachim, Clotaire et Agnan se sont éparpillés, après la distribution des prix. Mais l'appel des vacances est là, et la joie revient vite dans les jeunes cœurs des écoliers.

Cependant, Nicolas est inquiet ; on ne parle pas de vacances chez lui.

Il faut être raisonnable

Ce qui m'étonne, moi, c'est qu'à la maison on n'a pas encore parlé de vacances ! Les autres années, papa dit qu'il veut aller quelque part, maman dit qu'elle veut aller ailleurs, ça fait des tas d'histoires. Papa et maman disent que puisque c'est comme ça ils préfèrent rester à la maison, moi je pleure, et puis on va où voulait aller maman. Mais cette année, rien.

Pourtant, les copains de l'école se préparent tous à partir. Geoffroy, qui a un papa très riche, va passer ses vacances dans la grande maison que son papa a au bord de la mer. Geoffroy nous a dit qu'il a un morceau de plage pour lui tout seul, où personne d'autre n'a le droit de venir faire des pâtés.

Ça, c'est peut-être des blagues, parce qu'il faut dire que Geoffroy est très menteur.

Agnan, qui est le premier de la classe et le chouchou de la maîtresse, s'en va en Angleterre passer ses vacances dans une école où on va lui apprendre à parler l'anglais. Il est fou, Agnan.

Alceste va manger des truffes en Périgord, où son papa a un ami qui a une charcuterie. Et c'est comme ça pour tous : ils vont à la mer, à la montagne ou chez leurs mémés à la campagne. Il n'y a que moi qui ne sais pas encore où je vais aller, et c'est très embêtant, parce qu'une des choses que j'aime le mieux dans les vacances, c'est d'en parler avant et après aux copains.

C'est pour ça qu'à la maison, aujourd'hui, j'ai demandé à maman où on allait partir en vacances. Maman, elle a fait une drôle de figure, elle m'a embrassé sur la tête et elle m'a dit que nous allions en parler « quand papa sera de retour, mon chéri », et que j'aille jouer dans le jardin, maintenant.

Alors, je suis allé dans le jardin et j'ai attendu papa, et quand il est arrivé de son bureau, j'ai couru vers lui ; il m'a pris dans ses bras, il m'a fait « Ouplà ! » et je lui ai demandé où nous allions partir en vacances. Alors, papa a cessé de rigoler, il m'a posé par terre et il m'a dit qu'on allait en parler dans la maison, où nous avons trouvé maman assise dans le salon.

– Je crois que le moment est venu, a dit papa.

– Oui, a dit maman, il m'en a parlé tout à l'heure.
– Alors, il faut le lui dire, a dit papa.
– Eh bien, dis-lui, a dit maman.
– Pourquoi moi ? a demandé papa ; tu n'as qu'à lui dire, toi.
– Moi ? c'est à toi à lui dire, a dit maman ; l'idée est de toi.
– Pardon, pardon, a dit papa, tu étais d'accord avec moi, tu as même dit que ça lui ferait le plus grand bien, et à nous aussi. Tu as autant de raisons que moi de le lui dire.
– Ben alors, j'ai dit, on parle des vacances ou on ne parle pas des vacances ? Tous les copains partent et moi je vais avoir l'air d'un guignol si je ne peux pas leur dire où nous allons et ce que nous allons y faire.

Alors, papa s'est assis dans le fauteuil, il m'a pris par les mains et il m'a tiré contre ses genoux.

– Mon Nicolas est un grand garçon raisonnable, n'est-ce pas ? a demandé papa.

– Oh ! oui, a répondu maman, c'est un homme maintenant !

Moi, j'aime pas trop quand on me dit que je suis un grand garçon, parce que d'habitude, quand on me dit ça, c'est qu'on va me faire faire des choses qui ne me plaisent pas.

– Et je suis sûr, a dit papa, que mon grand garçon aimerait bien aller à la mer !

– Oh ! oui, j'ai dit.

– Aller à la mer, nager, pêcher, jouer sur la plage, se promener dans les bois, a dit papa.

– Il y a des bois, là où on va ? j'ai demandé. Alors c'est pas là où on a été l'année dernière ?

– Écoute, a dit maman à papa. Je ne peux pas. Je me demande si c'est une si bonne idée que ça. Je préfère y renoncer. Peut-être, l'année prochaine…

– Non ! a dit papa. Ce qui est décidé est décidé. Un peu de courage, que diable ! Et Nicolas va être très raisonnable ; n'est-ce pas, Nicolas ?

Moi j'ai dit que oui, que j'allais être drôlement raisonnable. J'étais bien content, avec le coup de la mer et de la plage, j'aime beaucoup ça. La promenade dans les bois, c'est moins rigolo, sauf pour jouer à cache-cache ; alors là, c'est terrible.

– Et on va aller à l'hôtel ? j'ai demandé.

– Pas exactement, a dit papa. Je… je crois que tu coucheras sous la tente. C'est très bien, tu sais…

Alors là, j'étais content comme tout.

– Sous la tente, comme les Indiens dans le livre que m'a donné tante Dorothée ? j'ai demandé.

– C'est ça, a dit papa.

– Chic ! j'ai crié. Tu me laisseras t'aider à monter la tente ? Et à faire du feu pour cuire le manger ? Et tu m'apprendras à faire de la pêche sous-marine pour apporter des gros poissons à maman ? Oh ! ça va être chic, chic, chic !

Papa s'est essuyé la figure avec son mouchoir, comme s'il avait très chaud, et puis il m'a dit :

– Nicolas, nous devons parler d'homme à homme. Il faut que tu sois très raisonnable.

– Et si tu es bien sage et tu te conduis comme un grand garçon, a dit maman, ce soir, pour le dessert, il y aura de la tarte.

– Et je ferai réparer ton vélo, comme tu me le demandes, depuis si longtemps, a dit papa. Alors, voilà… Il faut que je t'explique quelque chose…

– Je vais à la cuisine, a dit maman.

– Non ! reste ! a dit papa. Nous avions décidé de le lui dire ensemble…

Alors papa a toussé un peu dans sa gorge, il m'a mis ses mains sur mes épaules et puis il m'a dit :

– Nicolas, mon petit, nous ne partirons pas avec toi en vacances. Tu iras seul, comme un grand.

– Comment, seul ? j'ai demandé. Vous ne partez pas, vous ?

– Nicolas, a dit papa, je t'en prie, sois raisonnable.

Maman et moi, nous irons faire un petit voyage, et comme nous avons pensé que ça ne t'amuserait pas, nous avons décidé que toi tu irais en colonie de vacances. Ça te fera le plus grand bien, tu seras avec des petits camarades de ton âge et tu t'amuseras beaucoup…

– Bien sûr, c'est la première fois que tu seras séparé de nous, Nicolas, mais c'est pour ton bien, a dit maman.

– Alors, Nicolas, mon grand… qu'est-ce que tu en dis ? m'a demandé papa.

– Chouette ! j'ai crié, et je me suis mis à danser dans le salon. Parce que c'est vrai, il paraît que c'est terrible, les colonies de vacances : on se fait des tas de copains, on fait des promenades, des jeux, on chante autour d'un gros feu, et j'étais tellement content que j'ai embrassé papa et maman.

Pour le dessert, la tarte a été très bonne, et j'en ai eu plusieurs fois parce que ni papa ni maman n'en ont mangé. Ce qui est drôle, c'est que papa et maman me regardaient avec des gros yeux ronds. Ils avaient même l'air un peu fâché.

Pourtant, je ne sais pas, moi, mais je crois que j'ai été raisonnable, non ?

Les préparatifs sont allés bon train, entrecoupés, toutefois, par dix-sept coups de téléphone de la mémé de Nicolas. Un seul incident curieux : la mère de Nicolas a tout le temps des choses qui lui tombent dans les yeux, et elle a beau se moucher, rien n'y fait...

Le départ

Aujourd'hui, je pars en colonie de vacances et je suis bien content. La seule chose qui m'ennuie, c'est que papa et maman ont l'air un peu triste ; c'est sûrement parce qu'ils ne sont pas habitués à rester seuls pendant les vacances.

Maman m'a aidé à faire la valise, avec les chemisettes, les shorts, les espadrilles, les petites autos, le maillot de bain, les serviettes, la locomotive du train électrique, les œufs durs, les bananes, les sandwiches au saucisson et au fromage, le filet pour les crevettes, le pull à manches longues, les chaussettes et les billes. Bien sûr, on a dû faire quelques paquets parce que la valise n'était pas assez grande, mais ça ira.

Moi, j'avais peur de rater le train, et après le déjeuner, j'ai demandé à papa s'il ne valait pas mieux partir tout de suite pour la gare. Mais papa m'a dit que c'était encore un peu tôt, que le train partait à 6 heures du soir et que j'avais l'air bien impatient de les quitter. Et maman est partie dans la cuisine avec son mouchoir, en disant qu'elle avait quelque chose dans l'œil.

Je ne sais pas ce qu'ils ont, papa et maman, ils ont l'air bien embêtés. Tellement embêtés que je n'ose pas leur dire que ça me fait une grosse boule dans la gorge quand je pense que je ne vais pas les voir pendant presque un mois. Si je le leur disais, je suis sûr qu'ils se moqueraient de moi et qu'ils me gronderaient.

Moi, je ne savais pas quoi faire en attendant l'heure de partir, et maman n'a pas été contente quand j'ai vidé la valise pour prendre les billes qui étaient au fond.

— Le petit ne tient plus en place, a dit maman à papa. Au fond, nous ferions peut-être mieux de partir tout de suite.

— Mais, a dit papa, il manque encore une heure et demie jusqu'au départ du train.

— Bah ! a dit maman, en arrivant en avance, nous trouverons le quai vide et nous éviterons les bousculades et la confusion.

— Si tu veux, a dit papa.

Nous sommes montés dans la voiture et nous sommes partis. Deux fois, parce que la première, nous avons oublié la valise à la maison.

À la gare, tout le monde était arrivé en avance. Il y avait plein de gens partout, qui criaient et faisaient du bruit. On a eu du mal à trouver une place pour mettre la voiture, très loin de la gare, et on a attendu papa, qui a dû revenir à la voiture pour chercher la valise qu'il croyait que c'était maman qui l'avait prise. Dans la gare, papa nous a dit de rester bien ensemble pour ne pas nous perdre. Et puis il a vu un monsieur en uniforme, qui était rigolo parce qu'il avait la figure toute rouge et la casquette de travers.

– Pardon, monsieur, a demandé papa, le quai numéro 11, s'il vous plaît ?

– Vous le trouverez entre le quai numéro 10 et le quai numéro 12, a répondu le monsieur. Du moins, il était là-bas la dernière fois que j'y suis passé.

– Dites donc, vous... a dit papa ; mais maman a dit qu'il ne fallait pas s'énerver ni se disputer, qu'on trouverait bien le quai tout seuls.

Nous sommes arrivés devant le quai, qui était plein, plein, plein de monde, et papa a acheté, pour lui et maman, trois tickets de quai. Deux pour la première fois et un pour quand il est retourné chercher la valise qui était restée devant la machine qui donne les tickets.

– Bon, a dit papa, restons calmes. Nous devons aller devant la voiture Y.

Comme le wagon qui était le plus près de l'entrée du quai, c'était la voiture A, on a dû marcher longtemps, et ça n'a pas été facile, à cause des gens, des chouettes petites voitures pleines de valises et de paniers et du parapluie du gros monsieur qui s'est accroché au filet à crevettes, et le monsieur et papa

se sont disputés, mais maman a tiré papa par le bras, ce qui a fait tomber le parapluie du monsieur qui était toujours accroché au filet à crevettes. Mais ça s'est très bien arrangé, parce qu'avec le bruit de la gare, on n'a pas entendu ce que criait le monsieur.

Devant le wagon Y, il y avait des tas de types de mon âge, des papas, des mamans et un monsieur qui tenait une pancarte où c'était écrit « Camp Bleu » : c'est le nom de la colonie de vacances où je vais. Tout le monde criait. Le monsieur à la pancarte avait des papiers dans la main, papa lui a dit mon nom, le monsieur a cherché dans ses papiers et il a crié : « Lestouffe ! Encore un pour votre équipe ! »

Et on a vu arriver un grand, il devait avoir au moins dix-sept ans, comme le frère de mon copain Eudes, celui qui lui apprend à boxer.

– Bonjour, Nicolas, a dit le grand. Je m'appelle Gérard Lestouffe et je suis ton chef d'équipe. Notre équipe, c'est l'équipe Œil-de-Lynx.

Et il m'a donné la main. Très chouette.

– Nous vous le confions, a dit papa en rigolant.

– Ne craignez rien, a dit mon chef ; quand il reviendra, vous ne le reconnaîtrez plus.

Et puis maman a encore eu quelque chose dans l'œil et elle a dû sortir son mouchoir. Une dame, qui tenait par la main un petit garçon qui ressemblait à Agnan, surtout à cause des lunettes, s'est approchée de mon chef et elle lui a dit :

– Vous n'êtes pas un peu jeune pour prendre la responsabilité de surveiller des enfants ?

– Mais non, madame, a répondu mon chef. Je suis moniteur diplômé ; vous n'avez rien à craindre.

– Ouais, a dit la dame, enfin... Et comment faites-vous la cuisine ?

– Pardon ? a demandé mon chef.

– Oui, a dit la dame, vous cuisinez au beurre, à l'huile, à la graisse ? Parce que je vous préviens tout de suite, le petit ne supporte pas la graisse. C'est bien simple : si vous voulez qu'il soit malade, donnez-lui de la graisse !

– Mais madame... a dit mon chef.

– Et puis, a dit la dame, faites-lui prendre son médicament avant chaque repas, mais surtout pas de graisse ; ce n'est pas la peine de leur donner des médicaments si c'est pour les rendre malades. Et faites bien attention qu'il ne tombe pas pendant les escalades.

– Les escalades ? a demandé mon chef, quelles escalades ?

– Eh bien, celles que vous ferez en montagne ! a répondu la dame.

– En montagne ? a dit mon chef. Mais il n'y a pas de montagnes où nous allons, à Plage-les-Trous.

– Comment ! Plage-les-Trous ? a crié la dame. On m'a dit que les enfants allaient à Sapins-les-Sommets. Quelle organisation ! Bravo ! Je disais bien que vous étiez trop jeune pour...

– Le train pour Sapins-les-Sommets, c'est à la voie 4, madame, a dit un monsieur en uniforme, qui passait. Et vous feriez bien de vous dépêcher, il part dans trois minutes.

– Oh ! mon Dieu ! a dit la dame, je n'aurai même pas le temps de leur faire des recommandations !

Et elle est partie en courant avec le type qui ressemblait à Agnan.

Et puis on a entendu un gros coup de sifflet et tout le monde est monté dans les wagons en criant, et le monsieur en uniforme est allé voir le monsieur à la pancarte et il lui a demandé d'empêcher le petit imbécile qui jouait avec un sifflet de mettre la pagaille partout. Alors, il y en a qui sont descendus des wagons, et ce n'était pas facile à cause de ceux qui montaient. Des papas et des mamans criaient des choses, en demandant qu'on n'oublie pas d'écrire, de bien se couvrir et de ne pas faire de bêtises. Il y avait des types qui pleuraient et d'autres qui se sont fait gronder parce qu'ils jouaient au football sur le quai, c'était terrible. On n'a même pas entendu le monsieur en uniforme qui sifflait, il en avait la figure toute foncée, comme s'il revenait de vacances. Tout le monde a embrassé tout le monde et le train est parti pour nous emmener à la mer.

Moi, je regardais par la fenêtre, et je voyais mon papa et ma maman, tous les papas et toutes les mamans, qui nous faisaient « au revoir » avec leurs mouchoirs. J'avais de la peine. C'était pas juste, c'était nous qui partions, et eux ils avaient l'air tellement plus fatigués que nous. J'avais un peu envie de pleurer, mais je ne l'ai pas fait, parce qu'après tout, les vacances, c'est fait pour rigoler et tout va très bien se passer.

Et puis, pour la valise, papa et maman se débrouilleront sûrement pour me la faire porter par un autre train.

Tout seul, comme un grand, Nicolas est parti à la colo. Et s'il a eu un moment de faiblesse en voyant ses parents devenir tout petits, là-bas, au bout du quai de la gare, Nicolas retrouvera le bon moral qui le caractérise, grâce au cri de ralliement de son équipe…

Courage!

Le voyage en train s'est très bien passé ; ça prend toute une nuit pour arriver où nous allons. Dans le compartiment où nous étions, notre chef d'équipe, qui s'appelle Gérard Lestouffe et qui est très chouette, nous a dit de dormir et d'être sages pour arriver bien reposés au camp, demain matin. Il a bien raison. Je dis notre chef d'équipe, parce qu'on nous a expliqué que nous serions des équipes de douze, avec un chef. Notre équipe s'appelle l'équipe « Œil-de-Lynx », et notre chef nous a dit que notre cri de ralliement c'est : « Courage ! »

Bien sûr, on n'a pas pu beaucoup dormir. Il y en avait un qui pleurait tout le temps et qui disait qu'il voulait rentrer chez son papa et sa maman. Alors, un autre a rigolé et lui a dit qu'il n'était qu'une fille. Alors, celui qui pleurait lui a donné une baffe et ils se sont mis à pleurer à deux, surtout quand le chef leur a dit qu'il allait les faire voyager debout dans le couloir s'ils continuaient. Et puis, aussi, le premier

qui a commencé à sortir des provisions de sa valise a donné faim à tout le monde, et on s'est tous mis à manger. Et de mâcher ça empêche de dormir, surtout les biscottes, à cause du bruit et des miettes. Et puis les types ont commencé à aller au bout du wagon, et il y en a eu un qui n'est pas revenu et le chef est allé le chercher, et s'il ne revenait pas, c'était parce que la porte s'était coincée, et il a fallu appeler le monsieur qui contrôle les billets pour ouvrir la porte, et tout le monde s'énervait, parce que le type qui était dedans pleurait et criait qu'il avait peur, et qu'est-ce qu'il allait faire si on arrivait dans une gare, parce que c'était écrit qu'il était interdit d'être là-dedans quand le train était dans une gare.

Et puis, quand le type est sorti, en nous disant qu'il avait bien rigolé, le chef nous a dit de revenir tous dans le compartiment, et ça a été toute une histoire pour retrouver le bon compartiment, parce que comme tous les types étaient sortis de leurs compartiments, plus personne ne savait quel était son compartiment, et tout le monde courait et ouvrait des portes. Et un monsieur a sorti sa tête toute rouge d'un compartiment et il a dit que si on n'arrêtait pas ce vacarme, il allait se plaindre à la S.N.C.F., où il avait un ami qui travaillait dans une situation drôlement haute.

On s'est relayés pour dormir, et le matin nous sommes arrivés à Plage-les-Trous, où des cars nous attendaient pour nous conduire au camp. Notre chef, il est terrible, n'avait pas l'air trop fatigué. Pourtant, il a passé la nuit à courir dans le couloir, à faire ouvrir trois fois la porte du bout du wagon ; deux fois pour faire sortir des types qui y étaient coincés et une fois pour le monsieur qui avait un ami à la S.N.C.F., et qui a donné sa carte de visite à notre chef, pour le remercier.

Dans le car, on criait tous, et le chef nous a dit qu'au lieu de crier, on ferait mieux de chanter. Et il nous a fait chanter des chouettes chansons, une où ça parle d'un chalet, là-haut sur la montagne, et l'autre où on dit qu'il y a des cailloux sur toutes les routes. Et puis après, le chef nous a dit qu'au fond il préférait qu'on se remette à crier, et puis nous sommes arrivés au camp.

Là, j'ai été un peu déçu. Le camp est joli, bien sûr : il y a des arbres, il y a des fleurs, mais il n'y a pas de tentes. On va coucher dans des maisons en bois, et c'est dommage, parce que moi je croyais qu'on allait vivre dans des tentes, comme des Indiens, et ça aurait été plus rigolo. On nous a emmenés au milieu du camp, où nous attendaient deux messieurs. L'un avec pas de cheveux et l'autre avec des lunettes, mais tous les deux avec des shorts. Le monsieur avec pas de cheveux nous a dit :

– Mes enfants, je suis heureux de vous accueillir dans le Camp Bleu, où je suis sûr que vous passerez d'excellentes vacances, dans une ambiance de saine et franche camaraderie, et où nous vous préparerons pour votre avenir d'hommes, dans le cadre

de la discipline librement consentie. Je suis M. Rateau, le chef du camp, et ici je vous présente M. Genou, notre économe, qui vous demandera parfois de l'aider dans son travail. Je compte sur vous pour obéir à ces grands frères que sont vos chefs d'équipe, et qui vous conduiront maintenant à vos baraques respectives. Et dans dix minutes, rassemblement pour aller à la plage, pour votre première baignade.

Et puis quelqu'un a crié : « Pour le Camp Bleu, hip hip ! » et des tas de types ont répondu « Hourra ». Trois fois comme ça. Très rigolo.

Notre chef nous a emmenés, les douze de l'équipe Œil-de-Lynx, notre équipe, jusqu'à notre baraque. Il nous a dit de choisir nos lits, de nous installer et de mettre nos slips de bain, qu'il viendrait nous chercher dans huit minutes.

— Bon, a dit un grand type, moi je prends le lit près de la porte.

— Et pourquoi, je vous prie ? a demandé un autre type.

— Parce que je l'ai vu le premier et parce que je suis le plus fort de tous, voilà pourquoi, a répondu le grand type.

— Non, monsieur ; non, monsieur ! a chanté un autre type. Le lit près de la porte, il est à moi ! J'y suis déjà !

— Moi aussi, j'y suis déjà ! ont crié deux autres types.

– Sortez de là, ou je vais me plaindre, a crié le grand type.

Nous étions huit sur le lit et on allait commencer à se donner quelques gifles quand notre chef est entré, en slip de bain, avec des tas de muscles partout.

– Alors ? il a demandé. Qu'est-ce que ça veut dire ? Vous n'êtes pas encore en slip ? Vous faites plus de bruit que ceux de toutes les autres baraques réunis. Dépêchez-vous !

– C'est à cause de mon lit… a commencé à expliquer le grand type.

– Nous nous occuperons des lits plus tard, a dit le chef ; maintenant, mettez vos slips. On n'attend plus que nous pour le rassemblement !

– Moi je veux pas me déshabiller devant tout le monde ! Moi je veux rentrer chez mon papa et ma maman ! a dit un type, et il s'est mis à pleurer.

– Allons, allons, a dit le chef. Voyons, Paulin, souviens-toi du cri de ralliement de notre équipe : « Courage ! » Et puis, tu es un homme maintenant, tu n'es plus un gamin.

– Si ! Je suis un gamin ! Je suis un gamin ! Je suis un gamin ! a dit Paulin, et il s'est roulé par terre en pleurant.

– Chef, j'ai dit, je peux pas me mettre en slip, parce que mon papa et ma maman ont oublié de me donner ma valise à la gare.

Le chef s'est frotté les joues avec les deux mains

et puis il a dit qu'il y aurait sûrement un camarade qui me prêterait un slip.

— Non monsieur, a dit un type. Ma maman m'a dit qu'il ne fallait pas prêter mes affaires.

— T'es un radin, et je n'en veux pas de ton slip ! j'ai dit. Et bing ! je lui ai donné une gifle.

— Et qui c'est qui va me détacher mes chaussures ? a demandé un autre type.

— Chef ! Chef ! a crié un type. Toute la confiture s'est renversée dans ma valise. Qu'est-ce que je fais ?

Et puis on a vu que le chef n'était plus avec nous dans la baraque.

Quand nous sommes sortis, nous étions tous en slip ; un chouette type qui s'appelle Bertin m'en avait prêté un ; nous étions les derniers au rassemblement. C'était drôle à voir, parce que tout le monde était en slip.

Le seul qui n'était pas en slip, c'était notre chef. Il était en costume, avec un veston, une cravate et une valise. M. Rateau était en train de lui parler, et il lui disait :

— Revenez sur votre décision, mon petit ; je suis sûr que vous saurez les reprendre en main. Courage !

La vie de la colo s'organise ; la vie qui fera des hommes de Nicolas et de ses amis. Même leur chef d'équipe, Gérard Lestouffe, a changé depuis le jour de l'arrivée ; et si parfois un peu de lassitude trouble son regard clair, par contre, il a appris à se crisper, pour ne pas laisser la panique avoir de prise sur lui...

La baignade

Dans le camp où je passe mes vacances, on fait des tas de choses dans la journée :

Le matin, on se lève à 8 heures. Vite, vite, il faut s'habiller, et puis on va au rassemblement. Là, on fait de la gymnastique, une deux, une deux, et puis après, on court pour faire sa toilette et on s'amuse bien en se jetant des tas d'eau à la figure les uns des autres. Après, ceux qui sont de service se dépêchent d'aller chercher le petit déjeuner, et il est drôlement bon le petit déjeuner, avec beaucoup de tartines ! Quand on a vite fini le petit déjeuner, on court à nos baraques pour faire les lits, mais on ne les fait pas comme maman à la maison ; on prend les draps

et les couvertures, on les plie en quatre et on les met sur le matelas. Après ça, il y a les services, nettoyer les abords, aller chercher des choses pour M. Genou, l'économe, et puis il y a le rassemblement, il faut y courir, et on part à la plage pour la baignade. Après, il y a rassemblement de nouveau et on rentre au camp pour déjeuner, et il est chouette parce qu'on a toujours faim. Après le déjeuner, on chante des chansons : « En passant par la Lorraine avec mes sabots » et « C'est nous les gars de la marine ». Et puis il faut aller faire la sieste ; c'est pas tellement amusant, mais c'est obligé, même si on trouve des excuses. Pendant la sieste, notre chef d'équipe nous surveille et nous raconte des histoires. Et puis, il y a un autre rassemblement et on retourne à la plage, on se baigne, il y a rassemblement et on retourne au camp pour le dîner. Après le dîner, on chante de nouveau, quelquefois autour d'un grand feu, et si on n'a pas de jeux de nuit, on va se coucher et il faut vite éteindre la lumière et dormir. Le restant du temps, on peut faire ce qu'on veut.

Ce que j'aime le mieux, moi, c'est la baignade. On y va tous avec nos chefs d'équipe et la plage est pour nous. Ce n'est pas tellement que les autres n'ont pas le droit d'y venir, mais quand ils y viennent, ils s'en vont. C'est peut-être parce qu'on fait beaucoup de bruit et qu'on joue à des tas de choses sur le sable.

On nous range par équipes. La mienne s'appelle l'équipe Œil-de-Lynx ; on est douze, on a un chef d'équipe très chouette et notre cri de ralliement, c'est : « Courage ! » Le chef d'équipe nous fait mettre autour de lui, et puis il nous dit : « Bon. Je ne veux pas d'imprudences. Vous allez rester tous groupés et ne vous éloignez pas trop du bord. Au coup de sifflet, vous retournez sur la plage. Je veux vous voir tous ! Interdiction de nager sous l'eau ! Celui qui n'obéit pas sera privé de baignade. Vu ? Allez, pas de gymnastique, tous à l'eau ! » Et notre chef d'équipe a donné un gros coup de sifflet et nous sommes tous allés avec lui dans l'eau. Elle était froide, elle faisait des vagues, ce qu'elle pouvait être chouette !

Et puis on a vu que tous ceux de l'équipe n'étaient pas dans l'eau. Sur la plage, il en était resté un qui pleurait. C'était Paulin, qui pleure toujours et qui dit qu'il veut rentrer chez son papa et sa maman.

– Allons, Paulin ! Viens ! a crié notre chef d'équipe.

– Non, a crié Paulin. J'ai peur ! Je veux rentrer chez mon papa et ma maman ! Et il s'est roulé sur le sable en criant qu'il était très malheureux.

– Bon, a dit le chef, restez groupés et ne bougez pas, je vais aller chercher votre camarade.

Et le chef est sorti de l'eau et il est allé parler à Paulin.

– Mais enfin, p'tit gars, il lui a dit, le chef, il ne faut pas avoir peur.

– Si, il faut ! a crié Paulin. Si, il faut !
– Il n'y a aucun danger, a dit le chef. Viens, donne-moi la main, nous entrerons ensemble dans l'eau et je ne te lâcherai pas.

Paulin, en pleurant, lui a donné la main et il s'est fait tirer jusqu'à l'eau. Quand il a eu les pieds mouillés, il s'est mis à faire : « Hou ! Hou ! C'est froid ! J'ai peur ! Je vais mourir ! Hou ! »

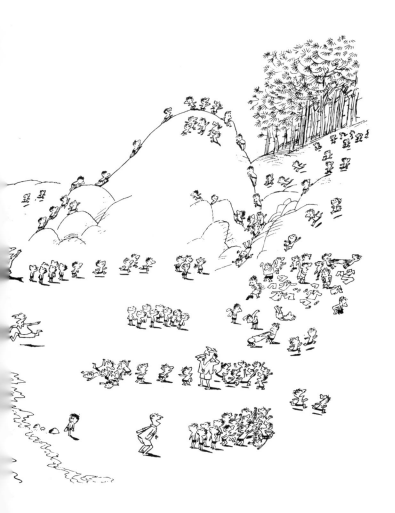

— Mais puisque je te dis qu'il n'y a aucun... a commencé à dire le chef; et puis il a ouvert des grands yeux et il a crié :

— Qui c'est, celui qui nage là-bas, vers la bouée ?

— C'est Crépin, a dit un des types de l'équipe; il nage drôlement bien, il nous a parié qu'il allait jusqu'à la bouée.

Le chef a lâché la main de Paulin et il s'est mis à courir dans l'eau et à nager en criant : « Crépin ! Ici ! Tout de suite ! » et à siffler, et avec l'eau, le sifflet faisait un bruit de bulles. Et Paulin s'est mis à crier : « Ne me laissez pas seul ! Je vais me noyer ! Hou ! Hou ! Papa ! Maman ! Hou ! » Et comme il avait juste les pieds dans l'eau, il était rigolo à voir.

Le chef est revenu avec Crépin, qui était tout fâché parce que le chef lui a dit de sortir de l'eau et de rester sur la plage. Et puis le chef a commencé à nous compter, et ça n'a pas été facile, parce que pendant qu'il n'était pas là, on était un peu partis chacun de notre côté, et comme le chef avait perdu son sifflet en allant chercher Crépin, il s'est mis à crier : « Équipe Œil-de-Lynx ! Rassemblement ! Équipe Œil-de-Lynx ! Courage ! Courage ! »

Et puis un autre chef d'équipe est venu et lui a dit : « Dis, Gérard, braille un peu moins fort, mes gars n'entendent plus mes coups de sifflet. » Et il faut dire que les chefs d'équipe faisaient un drôle de bruit en sifflant, criant et appelant. Et puis le chef nous a comptés, il a vu qu'on était tous là et il a envoyé Gualbert rejoindre Crépin sur la plage, parce qu'il était dans l'eau jusqu'au menton, et il criait : « Je suis tombé dans un trou ! Au secours ! Je suis tombé dans un trou ! » Mais la vérité, c'est qu'il était accroupi. Il est rigolo, Gualbert !

Et puis les chefs d'équipe ont décidé que c'était assez de baignade pour ce matin et ils se sont mis à crier et à siffler : « Rassemblement par équipes sur la plage ! » On s'est mis en rang et notre chef nous a comptés. « Onze ! il a dit. Il en manque un ! » C'était Paulin, qui était assis dans l'eau et qui ne voulait pas en sortir.

– Je veux rester dans l'eau ! il criait. Si je sors, je vais avoir froid ! Je veux rester !

Le chef, qui avait l'air de s'énerver, l'a ramené en le tirant par le bras et Paulin criait qu'il voulait rentrer chez son papa, chez sa maman, et dans l'eau. Et puis, quand le chef nous a comptés de nouveau, il a vu qu'il en manquait encore un.

– C'est Crépin... on lui a dit.

– Il n'est pas reparti dans l'eau ? a demandé notre chef, qui est devenu tout pâle.

Mais le chef de l'équipe à côté de la nôtre lui a dit : « J'en ai un de trop, il ne serait pas à toi, par hasard ? » Et c'était Crépin, qui était allé parler à un type qui avait une tablette en chocolat.

Quand le chef est revenu avec Crépin, il nous a comptés de nouveau, et il a vu que nous étions treize.

– Lequel n'est pas de l'équipe Œil-de-Lynx ? a demandé le chef.

– Moi, m'sieur, a dit un petit type qu'on ne connaissait pas.

– Et tu es de quelle équipe, a dit le chef, celle des Aiglons ? celle des Jaguars ?

– Non, a dit le petit type, je suis de l'hôtel Bellevue et de la Plage. Mon papa, c'est celui qui dort, là-bas sur la jetée.

Et le petit type a appelé : « Papa ! papa ! » Et le monsieur qui dormait a levé la tête et puis tout doucement il est venu vers nous.

– Qu'est-ce qu'il y a encore, Bobo ? a demandé le monsieur.

Alors, notre chef d'équipe a dit :

– Votre petit est venu jouer avec nos enfants. On dirait que ça le tente, les colonies de vacances.

Alors, le monsieur a dit :

– Oui, mais je ne l'y enverrai jamais. Je ne veux pas vous vexer, mais sans les parents, j'ai l'impression que les enfants ne sont pas surveillés.

S'il y a une chose que M. Rateau, le chef de la colo, aime bien, à part les enfants, c'est les promenades en forêt. C'est pour cela que M. Rateau a attendu la fin du dîner avec impatience pour exposer sa petite idée…

La pointe des Bourrasques

Hier, après le dîner, M. Rateau, qui est le chef de la colonie de vacances où mon papa et ma maman m'ont envoyé (et c'était une chouette idée), nous a tous réunis et nous a dit : « Demain, nous allons tous partir en excursion à la pointe des Bourrasques. À pied, à travers les bois, sac au dos, comme des hommes. Ce sera pour vous une splendide promenade et une expérience exaltante. »

Et M. Rateau nous a dit que nous partirions de très bonne heure le matin et que M. Genou, l'économe, nous donnerait des casse-croûte avant de partir. Alors on a tous crié : « Hip, hip, hourra » trois fois, et nous sommes allés nous coucher très énervés.

Le matin, à 6 heures, notre chef d'équipe est venu dans notre baraque pour nous réveiller, et il a eu beaucoup de mal.

— Mettez vos grosses chaussures et prenez un chandail, nous a dit notre chef. Et n'oubliez pas la musette pour mettre le casse-croûte. Emportez le ballon de volley, aussi.

— Chef, chef, a dit Bertin, je peux emporter mon appareil de photo ?

— Bien sûr, Bertin, a dit le chef, comme ça tu prendras des photos de nous tous sur la pointe des Bourrasques. Ce sera un chic souvenir !

— Hé les gars ! Hé les gars ! a crié Bertin tout fier, vous avez entendu ? Je vais prendre des photos !

— T'es un crâneur, toi et ton appareil de photo, a répondu Crépin. On s'en fiche de ton appareil de photo, et puis je ne me laisserai pas prendre en photo par toi. Je bougerai.

— Tu parles comme ça de mon appareil de photo parce que tu es jaloux, a dit Bertin, parce que tu n'en as pas, d'appareil de photo !

— Je n'ai pas d'appareil de photo, moi ? a dit Crépin. Laisse-moi rigoler ! Chez moi, j'en ai un plus chouette que toi d'appareil de photo, alors !

— T'es un menteur et un imbécile, a dit Bertin ; et ils ont commencé à se battre, mais ils ont arrêté parce que le chef a dit que s'ils continuaient à faire les guignols, ils n'iraient pas à la pointe des Bourrasques.

Et puis le chef nous a dit de nous dépêcher parce qu'on allait être en retard pour le rassemblement.

On a pris un gros petit déjeuner, et ensuite nous sommes allés en file devant la cuisine, où M. Genou nous donnait à chacun un casse-croûte et une orange. Ça a pris assez de temps, et M. Genou avait l'air de commencer à s'énerver. Surtout quand Paulin a soulevé le pain et il a dit:

—M'sieur, il y a du gras.

—Eh bien, tu n'auras qu'à le manger, a dit M. Genou.

—À la maison, a dit Paulin, ma maman ne veut jamais que je mange le gras, et puis j'aime pas ça.

—Alors, tu n'auras qu'à le laisser, le gras, a dit M. Genou.

—Mais vous m'aviez dit de le manger, a dit Paulin. C'est pas juste! Moi je veux rentrer chez mon papa et ma maman. Et il s'est mis à pleurer.

Mais ça s'est arrangé parce que Gualbert, qui avait déjà mangé son gras, a changé son casse-croûte contre celui de Paulin.

Nous sommes sortis du camp, avec M. Rateau devant et tous les autres rangés par équipes avec nos chefs, derrière lui. C'était comme un vrai défilé; on nous a fait chanter des tas de choses et on chantait très fort parce qu'on était très fiers. Ce qui est dommage, c'est que comme c'était tôt le matin, il n'y avait personne pour nous voir, surtout quand on est passés devant les hôtels où les autres gens sont en vacances. Il y a tout de même une fenêtre qui s'est ouverte et un monsieur a crié:

—Vous n'êtes pas un peu fous de crier comme ça à cette heure-ci?

Et puis une autre fenêtre s'est ouverte et un autre monsieur a crié :

– C'est vous, monsieur Patin, qui hurlez comme ça ? C'est pas assez de supporter vos rejetons toute la journée ?

– Pas la peine de crâner parce que vous prenez des suppléments à table, Lanchois ! a crié le premier monsieur. Et puis encore une autre fenêtre s'est ouverte et un autre monsieur s'est mis à crier des choses, mais nous ne savons pas quoi, parce que nous étions déjà loin, et comme on chantait fort on n'entendait pas bien.

Et puis, nous sommes sortis de la route et nous avons traversé un champ, et beaucoup ne voulaient pas y aller parce qu'il y avait trois vaches ; mais on nous a dit que nous étions des hommes, qu'il ne

fallait pas avoir peur et on nous a forcés à y aller. Là, les seuls qui chantaient, c'étaient M. Rateau et les chefs d'équipe. Nous, on a repris en chœur quand nous sommes sortis du champ pour entrer dans les bois.

Ils sont chouettes, les bois, avec des tas et des tas d'arbres, comme vous n'en avez jamais vu. Il y a tellement de feuilles qu'on ne voit pas le ciel et il ne fait pas clair du tout, et il n'y a même pas de chemin. On a dû s'arrêter parce que Paulin s'est roulé par terre en criant qu'il avait peur de se perdre et d'être mangé par les bêtes des bois.

– Écoute, p'tit gars, a dit notre chef d'équipe, tu es insupportable ! Regarde tes camarades, est-ce qu'ils ont peur, eux ?

Et puis un autre type s'est mis à pleurer, en disant

que oui, que lui aussi il avait peur, et il y en a eu trois ou quatre qui se sont mis à pleurer aussi, mais je crois qu'il y en a qui faisaient ça pour rigoler.

Alors, M. Rateau est venu en courant et il nous a réunis autour de lui, ce qui n'était pas facile à cause des arbres. Il nous a expliqué que nous devions agir comme des hommes et il nous a dit qu'il y avait des tas de façons de retrouver sa route. D'abord il y avait la boussole, et puis le soleil, et puis les étoiles, et puis la mousse sur les arbres, et puis il y était déjà allé l'année dernière, il connaissait le chemin, et assez ri comme ça, en avant marche !

On n'a pas pu partir tout de suite, parce qu'il a fallu réunir les copains qui s'étaient un peu éloignés dans les bois. Il y en avait deux qui jouaient à cache-cache ; un, on l'a trouvé tout de suite, mais l'autre il a fallu crier « Pouce » pour qu'il sorte de derrière son arbre. Il y en avait un autre qui cherchait des champignons, trois qui jouaient au volley-ball et Gualbert qui a eu du mal à descendre de l'arbre où il était monté pour voir s'il y avait des cerises. Et quand tout le monde a été là et qu'on allait se remettre à marcher, Bertin a crié :

– Chef ! Il faut qu'on rentre au camp ! J'ai oublié mon appareil de photo !

Et comme Crépin s'est mis à rigoler, ils ont commencé à se battre, mais ils se sont arrêtés quand notre chef d'équipe a crié : « Assez, ou c'est la fessée ! » On était tous très étonnés ; c'est la première fois qu'on l'entend crier comme ça, notre chef d'équipe !

On a marché très, très longtemps dans les bois, on commençait à être fatigués, et puis on s'est arrêtés. M. Rateau s'est gratté la tête et puis il a réuni les chefs d'équipe autour de lui. Ils faisaient tous des gestes en montrant des directions différentes, et j'ai entendu M. Rateau qui disait : « C'est drôle, ils ont dû faire des coupes depuis l'année dernière, je ne retrouve plus mes repères. » Et puis, à la fin, il a mis un doigt dans sa bouche, il l'a levé en l'air et il s'est remis à marcher et nous on l'a suivi. C'est drôle, il ne nous avait pas parlé de ce système pour retrouver son chemin.

Et puis, après avoir beaucoup marché, on est enfin sortis des bois et nous avons retraversé le champ. Mais les vaches n'y étaient plus, sans doute à cause de la pluie qui s'est mise à tomber. Alors, nous avons couru jusqu'à la route, et nous sommes entrés dans un garage, où nous avons mangé nos casse-croûte, nous avons chanté et nous avons bien rigolé. Et puis, quand la pluie a cessé de tomber, comme il était très tard, nous sommes rentrés au camp. Mais M. Rateau nous a dit qu'il ne se tenait pas pour battu, que demain ou après-demain, nous irions à la pointe des Bourrasques.

En car…

Ma chère maman, mon cher papa,
Je suis très sage, je mange de tout, je m'amuse bien et je voudrais que vous écriviez une lettre d'excuses à M. Rateau pour lui dire que je ne dois pas faire la sieste, comme la lettre que j'ai apportée à la maîtresse la fois où papa et moi nous n'avons pas réussi à faire le problème d'arithmétique…

(Extrait d'une lettre de Nicolas à ses parents)

La sieste

Ce que je n'aime pas à la colonie de vacances, c'est que tous les jours, après le déjeuner, on est de sieste. Et la sieste, elle est obligatoire, même si on invente des excuses pour ne pas la faire. Et c'est pas juste, quoi, à la fin, parce qu'après le matin, où nous nous sommes levés, nous avons fait la gymnastique, notre toilette, nos lits, pris le petit déjeuner, être allés à la plage, nous être baignés et avoir joué sur le sable, il n'y a vraiment pas de raison pour que nous soyons fatigués et que nous allions nous coucher.

Pour la sieste, la seule chose de bien, c'est que notre chef d'équipe vient nous surveiller dans notre baraque et il nous raconte des histoires pour que nous nous tenions tranquilles, et ça c'est chouette.

– Bon ! a dit notre chef d'équipe, tout le monde sur son lit, et que je ne vous entende plus.

Nous, on a tous obéi, sauf Bertin qui s'est mis sous son lit.

– Bertin ! a crié notre chef d'équipe. C'est toujours

le même qui fait le pitre ! Ça ne m'étonne pas, tu es le plus insupportable de la bande !

– Ben quoi, chef, a dit Bertin, je cherche mes espadrilles.

Bertin, c'est mon copain, et c'est vrai qu'il est insupportable ; on rigole bien avec lui.

Quand Bertin s'est couché comme les autres, le chef nous a dit de dormir et de ne pas faire de bruit pour ne pas déranger ceux des autres baraques.

– Une histoire, chef ! Une histoire ! nous avons tous crié.

Le chef a fait un gros soupir et il a dit que bon, d'accord, mais silence.

– Il y avait une fois, a dit le chef, dans un très lointain pays, un calife qui était très bon, mais qui avait un très méchant vizir…

Le chef s'est arrêté et il a demandé :
— Qui peut nous dire ce qu'est un vizir ?
Et Bertin a levé le doigt.
— Eh bien ! Bertin ? a demandé le chef.
— Je peux sortir, chef ? a dit Bertin.

Le chef l'a regardé avec des yeux tout petits ; il a pris plein d'air dans sa bouche, et puis il a dit : « Bon, vas-y, mais reviens vite », et Bertin est sorti.

Et puis le chef a continué à se promener dans le couloir entre les lits et à nous raconter son histoire. Je dois dire que moi j'aime mieux les histoires avec des cow-boys, des Indiens ou des aviateurs. Le chef parlait, personne ne faisait de bruit et j'avais les yeux qui se fermaient, et puis j'étais à cheval, habillé en cow-boy, avec des chouettes revolvers en argent à la ceinture, et je commandais des tas de cow-boys, parce que j'étais le shérif, et les Indiens allaient nous attaquer et il y en a un qui a crié : « Regardez les gars ! J'ai trouvé un œuf ! »

Je me suis assis d'un coup sur mon lit et j'ai vu que c'était Bertin qui était entré dans la baraque, avec un œuf dans la main.

On s'est tous levés pour aller voir.
— Couchez-vous ! Couchez-vous tous ! a crié le chef, qui n'avait pas l'air content du tout.
— À votre avis, chef, c'est un œuf de quoi ? a demandé Bertin.

Mais le chef lui a dit que ça ne le regardait pas, et qu'il aille remettre l'œuf où il l'avait trouvé et qu'il revienne se coucher. Et Bertin est ressorti avec son œuf.

Comme plus personne ne dormait, le chef a continué à nous raconter son histoire. C'était pas mal, surtout la partie où le chouette calife se déguise pour savoir ce que les gens pensent de lui, et le grand vizir, qui est drôlement méchant, en profite pour prendre sa place. Et puis le chef s'est arrêté, et il a dit :

– Mais que fait donc ce garnement de Bertin ?

– Si vous voulez, chef, je peux aller le chercher, a dit Crépin.

– Bon, a dit le chef, mais ne t'attarde pas.

Crépin est sorti et il est revenu tout de suite en courant.

– Chef ! Chef ! a crié Crépin, Bertin est sur un arbre et il ne peut plus en descendre !

Le chef est sorti en courant et nous on l'a tous suivi, même qu'il a fallu réveiller Gualbert qui dormait et qui n'avait rien entendu.

Bertin était assis sur une branche, tout en haut d'un arbre, et il n'avait pas l'air content.

– Le voilà ! Le voilà ! on a tous crié en le montrant du doigt.

– Silence ! a crié notre chef d'équipe. Bertin, qu'est-ce que tu fais là-haut ?

– Ben ! a dit Bertin, je suis allé remettre l'œuf où je l'avais trouvé, comme vous me l'aviez dit, et je l'avais trouvé ici, dans un nid. Mais en montant, il

y a une branche qui s'est cassée et je ne peux plus descendre.

Et Bertin s'est mis à pleurer. Il a une voix terrible, Bertin : quand il pleure, on l'entend de loin. Et puis de la baraque à côté de l'arbre, est sorti le chef d'une autre équipe, qui avait l'air très fâché.

— C'est toi et ton équipe qui faites tout ce bruit ? il a demandé à notre chef d'équipe. Tu as réveillé tous mes zèbres et je venais à peine de réussir à les endormir.

— Plains-toi, a crié notre chef, moi j'en ai un sur l'arbre, là !

L'autre chef d'équipe a regardé et il s'est mis à rigoler, mais pas pour longtemps, parce que tous les types de son équipe sont sortis de leur baraque pour voir ce qui se passait. On était un tas de monde autour de l'arbre.

– Rentrez vous coucher ! a crié le chef de l'autre équipe. Tu vois ce que tu as réussi à faire ? Tu n'as qu'à mieux tenir tes zèbres. Quand on ne sait pas se faire obéir, on ne se met pas chef d'équipe dans une colonie de vacances !

– Je voudrais t'y voir, a dit notre chef, et puis tes zèbres à toi, ils font autant de bruit que mes zèbres à moi !

– Oui, a dit l'autre chef d'équipe, mais ce sont tes zèbres à toi qui ont réveillé mes zèbres à moi !

– Chef, je voudrais descendre ! a crié Bertin.

Alors, les chefs ont cessé de se disputer et ils sont allés chercher une échelle.

– Faut être un peu bête pour rester coincé comme ça sur un arbre, a dit un type de l'autre équipe.

– Ça te regarde ? j'ai demandé.

– Ouais ! a dit un autre type de l'autre équipe. Dans votre équipe, vous êtes tous bêtes, c'est bien connu !

– Répète un peu !... a demandé Gualbert.

Et comme l'autre a répété, nous avons commencé à nous battre.

– Hé, les gars ! Hé ! Attendez qu'on me descende pour commencer ! a crié Bertin. Hé, les gars !

Et puis les chefs sont revenus en courant avec une échelle et M. Rateau, le chef du camp, qui voulait savoir ce qui se passait. Tout le monde criait, c'était très chouette, et les chefs avaient l'air très fâché, peut-être parce que Bertin ne les avait pas attendus pour descendre de l'arbre, tellement il avait été pressé de venir rigoler avec nous.

– Rentrez dans vos baraques, tous ! a crié M. Rateau, et il avait la voix du Bouillon, qui est mon surveillant à l'école.

Et nous sommes retournés pour faire la sieste.

Ça n'a pas été pour très longtemps, parce que c'était l'heure du rassemblement, et notre chef d'équipe nous a tous fait sortir. Il avait l'air content. Je crois que lui non plus n'aime pas la sieste.

Ce qui a encore fait des histoires, c'est que Bertin s'était endormi sur son lit, et il ne voulait pas se lever.

Mon chéri,
Nous espérons que tu es bien sage, que tu manges tout ce qu'on te donne et que tu t'amuses bien. Pour la sieste, M. Rateau a raison ; il faut que tu te reposes, et que tu dormes aussi bien après le déjeuner qu'après le dîner. Si on te laissait faire, nous te connaissons, mon poussin, tu voudrais jouer même la nuit. Heureusement que tes supérieurs sont là pour te surveiller, et il faut toujours leur obéir. Pour le problème d'arithmétique, papa dit qu'il avait trouvé la solution, mais qu'il voulait que tu y arrives par toi-même...

(Extrait d'une lettre des parents de Nicolas à Nicolas)

Jeu de nuit

Hier soir, pendant le dîner, M. Rateau, qui est le chef du camp, parlait avec nos chefs d'équipe et ils se disaient des tas de choses à voix basse en nous regardant de temps en temps. Et puis, après le dessert – de la confiture de groseilles, c'était bien – on nous a dit d'aller vite nous coucher.

Notre chef d'équipe est venu nous voir dans notre baraque, il nous a demandé si on était en forme, et puis il nous a dit de nous endormir bien vite, parce qu'on aurait besoin de toutes nos forces.

– Pour quoi faire, chef ? a demandé Calixte.

– Vous verrez, a dit le chef, et puis il nous a dit bonne nuit et il a éteint la lumière.

Moi, je sentais bien que cette nuit c'était pas comme les autres nuits, et j'ai vu que je ne pourrais pas dormir ; ça me fait toujours ça quand je m'énerve avant de me coucher.

Je me suis réveillé tout d'un coup en entendant des cris et des coups de sifflet.

— Jeu de nuit ! Jeu de nuit ! Rassemblement pour le jeu de nuit ! on criait dehors.

On s'est tous assis dans notre lit, sauf Gualbert, qui n'avait rien entendu et qui dormait, et Paulin qui avait eu peur et qui pleurait sous sa couverture et on ne le voyait pas, mais on l'entendait et ça faisait : « Hmm hmm hmm » ; mais nous on le connaît et on savait qu'il criait qu'il voulait retourner chez son papa et sa maman, comme il dit toujours.

Et puis la porte de notre baraque s'est ouverte, notre chef d'équipe est entré, il a allumé la lumière et il nous a dit de nous habiller tous en vitesse pour aller au rassemblement pour le jeu de nuit, et de bien nous couvrir avec nos chandails. Alors, Paulin a sorti sa tête de dessous sa couverture et il s'est mis à crier qu'il avait peur de sortir la nuit, et que de toute façon son papa et sa maman ne le laissaient jamais sortir la nuit, et qu'il n'allait pas sortir la nuit.

— Bon, a dit notre chef d'équipe, tu n'as qu'à rester ici.

Alors, Paulin s'est levé et ça a été le premier à être prêt et à sortir, parce qu'il disait qu'il avait peur de rester seul dans la baraque et qu'il se plaindrait à son papa et à sa maman.

On a fait le rassemblement au milieu du camp, et comme il était très tard la nuit et qu'il faisait noir, on avait allumé les lumières, mais on n'y voyait quand même pas beaucoup.

M. Rateau nous attendait.

— Mes chers enfants, nous a dit M. Rateau, nous allons faire un jeu de nuit, M. Genou, notre économe, que nous aimons tous bien, est parti avec un fanion. Il s'agit pour vous de retrouver M. Genou et de ramener son fanion au camp. Vous agirez par équipes, et l'équipe qui rapportera le fanion aura droit à une distribution supplémentaire de chocolat. M. Genou nous a laissé quelques indications qui vous permettront de le retrouver plus facilement ; écoutez bien : « Je suis parti vers la Chine, et devant un tas de trois gros cailloux blancs... » Ça ne vous ferait rien de ne pas faire de bruit quand je parle ?

Bertin a rangé son sifflet dans sa poche et M. Rateau a continué :

« — Et devant un tas de trois gros cailloux blancs, j'ai changé d'avis et je suis allé dans les bois. Mais pour ne pas me perdre, j'ai fait comme le Petit Poucet et... » Pour la dernière fois, voulez-vous cesser de jouer avec ce sifflet ?

— Oh ! pardon, monsieur Rateau, a dit un chef d'équipe, j'ai cru que vous aviez fini.

M. Rateau a fait un gros soupir, et il a dit :

— Bien. Vous avez là les indications qui vous permettront de retrouver M. Genou et son fanion si vous faites preuve d'ingéniosité, de perspicacité et d'initiative. Restez bien groupés par équipes, et que le meilleur gagne. Allez-y!

Et les chefs d'équipe ont donné des tas de coups de sifflet, tout le monde s'est mis à courir partout, mais sans sortir du camp, parce que personne ne savait où aller.

On était drôlement contents : jouer comme ça la nuit, c'est une aventure terrible.

— Je vais aller chercher ma lampe électrique, a crié Calixte.

Mais notre chef d'équipe l'a rappelé.

— Ne vous éparpillez pas, il nous a dit. Discutez entre vous pour savoir comment commencer vos recherches. Et faites vite si vous ne voulez pas qu'une autre équipe arrive avant vous à retrouver M. Genou.

Là, je crois qu'il n'y avait pas trop à s'inquiéter, parce que tout le monde courait et criait, mais personne n'était encore sorti du camp.

— Voyons, a dit notre chef d'équipe. Réfléchissez. M. Genou a dit qu'il était parti vers la Chine. Dans quelle direction se trouve ce pays d'Orient?

— Moi, j'ai un atlas où il y a la Chine, nous a dit Crépin. C'est ma tante Rosalie qui me l'a donné pour mon anniversaire ; j'aurais préféré un vélo.

— Moi, j'ai un chouette vélo, chez moi, a dit Bertin.

— De course ? j'ai demandé.

— L'écoute pas, a dit Crépin, il raconte des blagues !

— Et la baffe que tu vas recevoir, c'est une blague ? a demandé Bertin.

— La Chine se trouve à l'Est ! a crié notre chef d'équipe.

— Et l'Est, c'est où ? a demandé un type.

— Hé, chef, a crié Calixte, ce type, il est pas de chez nous ! C'est un espion !

— Je suis pas un espion, a crié le type. Je suis de l'équipe des Aigles, et c'est la meilleure équipe de la colo !

— Eh bien, va la rejoindre, ton équipe, a dit notre chef.

— C'est que je sais pas où elle est, a dit le type, et il s'est mis à pleurer.

Il était bête, le type, parce qu'elle ne devait pas être bien loin, son équipe, puisque personne n'était encore sorti du camp.

— Le soleil, a dit notre chef d'équipe, se lève de quel côté ?

— Il se lève du côté de Gualbert, qui a son lit à côté de la fenêtre ! Même qu'il se plaint que ça le réveille, a dit Jonas.

— Hé ! chef, a crié Crépin, il est pas là, Gualbert !

— C'est vrai, a dit Bertin, il s'est pas réveillé. Il dort drôlement, Gualbert. Je vais aller le chercher.

— Fais vite ! a crié le chef.

Bertin est parti en courant et puis il est revenu en disant que Gualbert avait sommeil et qu'il ne voulait pas venir.

– Tant pis pour lui, a dit le chef. Nous avons perdu assez de temps comme ça !

Mais comme personne n'était encore sorti du camp, ce n'était pas bien grave.

Et puis, M. Rateau, qui était resté debout au milieu du camp, s'est mis à crier :

– Un peu de silence ! Les chefs d'équipe, faites de

l'ordre ! Réunissez vos équipes pour commencer le jeu !

Ça, ça a été un drôle de travail, parce que dans le noir on s'était un peu mélangés. Chez nous, il y en avait un des Aigles et deux des Braves. Paulin, on l'a vite retrouvé chez les Sioux, parce qu'on a reconnu sa façon de pleurer. Calixte était allé espionner chez les Trappeurs, qui cherchaient leur chef d'équipe.

On rigolait bien, et puis il s'est mis à pleuvoir fort comme tout.

– Le jeu est suspendu ! a crié M. Rateau. Que les équipes retournent dans leurs baraques !

Et ça, ça a été vite fait, parce qu'heureusement, personne n'était encore sorti du camp.

M. Genou, on l'a vu revenir le lendemain matin, avec son fanion, dans la voiture du fermier qui a le champ d'orangers. Après, on nous a dit que M. Genou s'était caché dans le bois de pins. Et puis, quand il s'était mis à pleuvoir, il en avait eu assez de nous attendre et il avait voulu revenir au camp. Mais il s'était perdu dans les bois et il était tombé dans un fossé plein d'eau. Là, il s'était mis à crier et ça avait fait aboyer le chien du fermier. Et c'est comme ça que le fermier avait pu trouver M. Genou et le ramener dans sa ferme pour le sécher et lui faire passer la nuit.

Ce qu'on nous a pas dit, c'est si on avait donné au fermier la distribution supplémentaire de chocolat. Il y avait droit, pourtant !

« La pêche à la ligne a une influence calmante indéniable… »
Ces quelques mots lus dans un magazine ont fortement impressionné Gérard Lestouffe, le jeune chef de l'équipe Œil-de-Lynx, qui a passé une nuit délicieuse à rêver de douze petits garçons immobiles et silencieux, en train de surveiller attentivement douze bouchons ballottés sur l'onde paisible…

La soupe de poisson

Ce matin, notre chef d'équipe est entré dans la baraque et il nous a dit : « Eh, les gars ! Pour changer, au lieu d'aller à la baignade avec les autres, ça vous amuserait d'aller à la pêche ? » « Oui ! » on a répondu tous. Presque tous, parce que Paulin n'a rien dit, il se méfie toujours et il veut rentrer chez son papa et sa maman. Gualbert non plus n'a rien dit. Il dormait encore.

– Bon, a dit notre chef. J'ai déjà prévenu le cuisinier pour lui dire que nous lui apporterons du poisson pour midi. C'est notre équipe qui offrira la soupe de poisson à tout le camp. Comme ça, les autres équipes sauront que l'équipe Œil-de-Lynx est la meilleure de toutes. Pour l'équipe Œil-de-Lynx… hip hip !

– Hourra ! on a tous crié, sauf Gualbert.

– Et notre mot de passe, c'est ?… nous a demandé notre chef.

— Courage ! on a tous répondu, même Gualbert qui venait de se réveiller.

Après le rassemblement, pendant que les autres allaient à la plage, M. Rateau, le chef du camp, nous a fait distribuer des cannes à pêche et une vieille boîte pleine de vers. « Ne rentrez pas trop tard, que j'aie le temps de préparer la soupe » a crié le cuisinier en rigolant. Il rigole toujours le cuisinier, et nous on l'aime bien. Quand on va le voir dans sa cuisine, il se met à crier : « Dehors, bande de petits mendiants ! Je vais vous chasser avec ma grosse louche ! Vous allez voir ! » et il nous donne des biscuits.

Nous sommes partis avec nos cannes à pêche et nos vers, et nous sommes arrivés sur la jetée, tout au bout. Il n'y avait personne, sauf un gros monsieur avec un petit chapeau blanc qui était en train

de pêcher, et qui n'a pas eu l'air tellement content de nous voir.

– Avant tout, pour pêcher, a dit notre chef, il faut du silence, sinon, les poissons ont peur et ils s'écartent ! Pas d'imprudences, je ne veux voir personne tomber dans l'eau ! Restez groupés ! Interdiction de descendre dans les rochers ! Faites bien attention de ne pas vous faire mal avec les hameçons !

– C'est pas un peu fini ? a demandé le gros monsieur.

– Hein ? a demandé notre chef, tout étonné.

– Je vous demande si vous n'avez pas un peu fini de hurler comme un putois, a dit le gros monsieur. À crier comme ça, vous effrayeriez une baleine !

– Il y a des baleines par ici ? a demandé Bertin.

– S'il y a des baleines, moi je m'en vais ! a crié Paulin, et il s'est mis à pleurer, en disant qu'il avait peur et qu'il voulait rentrer chez son papa et sa maman. Mais il n'est pas parti, celui qui est parti, c'est le gros monsieur, et c'était tant mieux, parce que comme ça on était entre nous, sans qu'il y ait personne pour nous déranger.

— Quels sont ceux d'entre vous qui sont déjà allés à la pêche ? a demandé notre chef.

— Moi, a dit Athanase. L'été dernier, j'ai pêché un poisson comme ça ! et il a ouvert les bras autant qu'il a pu. Nous on a rigolé parce qu'Athanase est très menteur ; c'est même le plus menteur de nous tous.

— T'es un menteur, lui a dit Bertin.

— T'es jaloux et bête, a dit Athanase. Comme ça qu'il était mon poisson ! Et Bertin a profité qu'Athanase ait les bras écartés pour lui coller une gifle.

— Assez, vous deux, ou je vous défends de pêcher ! C'est compris ? a crié le chef. Athanase et Bertin se sont tenus tranquilles, mais Athanase a encore dit qu'on verrait bien le poisson qu'il sortirait, non mais sans blague ! et Bertin a dit qu'il était sûr que son poisson à lui serait le plus grand de tous.

Le chef nous a montré comment il fallait faire pour mettre un ver au bout de l'hameçon. « Et surtout, il nous a dit, faites bien attention de ne pas vous faire de mal avec les hameçons ! » On a tous essayé de faire comme le chef, mais ce n'est pas facile, et le chef nous a aidés, surtout Paulin qui avait peur des vers et qui a demandé s'ils mordaient.

Dès qu'il a eu un ver à son hameçon, Paulin, vite, vite, il a jeté la ligne à l'eau, pour éloigner le ver le plus possible. On avait tous mis nos lignes dans l'eau, sauf Athanase et Bertin qui avaient emmêlé leurs lignes, et Gualbert et Calixte qui étaient occupés à faire une course de vers sur la jetée. « Surveillez bien vos bouchons ! » a dit le chef.

Nous, les bouchons, on les surveillait, mais il ne se passait pas grand-chose, et puis, Paulin a poussé un cri, il a levé sa canne et au bout de la ligne il y avait un poisson. « Un poisson ! a crié Paulin. Maman ! » et il a lâché la canne qui est tombée sur les rochers. Le chef s'est passé la main sur la figure, il a regardé Paulin qui pleurait, et puis il a dit : « Attendez-moi là, je vais aller chercher la canne de ce petit... de ce petit maladroit. » Le chef est descendu sur les rochers, et c'est dangereux parce que c'est très glissant, mais tout s'est bien passé, sauf que ça a fait des histoires quand Crépin est descendu aussi pour aider le chef, et il a glissé dans l'eau, mais le chef a pu le rattraper, et il criait tellement fort le chef, que très loin, sur la plage, on a vu des gens qui se levaient pour voir. Quand le chef a rendu la canne à Paulin, le poisson n'était plus au bout de la ligne. Là où Paulin a été vraiment content, c'est que le ver n'y était plus non plus. Et Paulin a été d'accord pour continuer à pêcher, à condition qu'on ne lui remette pas de ver à l'hameçon.

Le premier poisson, c'est Gualbert qui l'a eu.

C'était son jour à Gualbert : il avait gagné la course de vers, et maintenant, il avait un poisson. On est tous allés voir. Il était pas très gros, son poisson, mais Gualbert était fier quand même et le chef l'a félicité. Après, Gualbert a dit qu'il avait fini, puisqu'il avait eu son poisson. Il s'est allongé sur la jetée et il a dormi. Le deuxième poisson, vous ne devinerez jamais qui l'a eu ! C'est moi ! Un poisson formidable ! Vraiment terrible ! Il était à peine un peu plus petit que celui de Gualbert, mais il était très bien. Ce qui est dommage, c'est que le chef s'est fait mal au doigt avec l'hameçon, en le décrochant (c'est drôle, je l'aurais parié que ça allait lui arriver). C'est peut-être pour ça que le chef a dit qu'il était l'heure de rentrer. Athanase et Bertin ont protesté parce qu'ils n'avaient pas encore réussi à démêler leurs lignes.

En donnant les poissons au cuisinier, on était un peu embêtés, parce que deux poissons pour faire la soupe pour tout le camp, c'est peut-être pas beaucoup. Mais le cuisinier s'est mis à rigoler et il nous a dit que c'était parfait, que c'était juste ce qu'il fallait. Et pour nous récompenser, il nous a donné des biscuits.

Eh bien, le cuisinier, il est formidable ! La soupe était très bonne et M. Rateau a crié : « Pour l'équipe Œil-de-Lynx... hip hip... » « Hourra ! » a crié tout le monde, et nous aussi, parce que nous étions drôlement fiers.

Après, j'ai demandé au cuisinier comment ça se faisait que les poissons de la soupe étaient si gros et si nombreux. Alors, le cuisinier s'est mis à rigoler, et il m'a expliqué que les poissons, ça gonfle à la cuisson. Et comme il est chouette, il m'a donné une tartine à la confiture…

Cher Monsieur, chère Madame,

Crépin se porte très bien, et je suis heureux de vous dire que nous sommes très contents de lui. Cet enfant est parfaitement adapté et s'entend très bien avec ses camarades. Il a peut-être parfois un peu tendance à jouer au « dur » (si vous me passez l'expression). Il veut que ses camarades le considèrent comme un homme et comme un chef. Dynamique, avec un sens très poussé de l'initiative, Crépin a un ascendant très vif sur ses jeunes amis, qui admirent, inconsciemment, son équilibre. Je serai très heureux de vous voir, lors de votre passage dans la région...

(Extrait d'une lettre de M. Rateau aux parents de Crépin)

Crépin a des visites

La colonie de vacances où je suis, le Camp Bleu, est très bien. On est des tas de copains et on s'amuse drôlement. La seule chose, c'est que nos papas et nos mamans ne sont pas là. Oh ! bien sûr, on s'écrit des tas de lettres, les papas, les mamans et nous. Nous, on raconte ce qu'on fait, on dit qu'on est sages, qu'on mange bien, qu'on rigole et qu'on les embrasse très fort, et eux, ils nous répondent que nous devons être obéissants, qu'on doit manger de tout, qu'on doit être prudents et qu'ils nous font des grosses bises ; mais ce n'est pas la même chose que quand nos papas et nos mamans sont là.

C'est pour ça que Crépin a eu drôlement de la chance. On venait de s'asseoir pour déjeuner, quand M. Rateau, le chef du camp, est entré avec un gros sourire sur sa figure, et il a dit :

– Crépin, une bonne surprise pour toi, ta maman et ton papa sont venus te rendre visite.

Et nous sommes tous sortis pour voir. Crépin a sauté au cou de sa maman, et puis à celui de son papa, il les a embrassés, ils lui ont dit qu'il avait grandi et qu'il était bien brûlé par le soleil. Crépin a demandé s'ils lui avaient apporté le train électrique et ils avaient l'air tout contents de se voir. Et puis Crépin leur a dit, à son papa et à sa maman :

– Ça, c'est les copains. Celui-là, c'est Bertin ; l'autre, c'est Nicolas, et puis Gualbert, et puis Paulin, et puis Athanase, et puis les autres, et ça c'est notre chef d'équipe, et ça c'est notre baraque et hier j'ai pêché des tas de crevettes.

– Vous partagerez bien notre déjeuner ? a demandé M. Rateau.

– Nous ne voudrions pas vous déranger, a dit le papa de Crépin, nous sommes juste de passage.

– Par curiosité, j'aimerais bien voir ce qu'ils mangent les petiots, a dit la maman de Crépin.

– Mais avec plaisir, chère madame, a dit M. Rateau. Je vais faire prévenir le chef de préparer deux rations supplémentaires.

Et nous sommes tous revenus dans le réfectoire.

La maman et le papa de Crépin étaient à la table de M. Rateau, avec M. Genou, qui est notre économe. Crépin est resté avec nous, il était drôlement fier et il nous a demandé si on avait vu l'auto de son papa. M. Rateau a dit à la maman et au papa de Crépin que tout le monde au camp était très content de Crépin, qu'il avait des tas d'initiatives et de dynamismes. Et puis on a commencé à manger.

– Mais c'est très bon ! a dit le papa de Crépin.

– Une nourriture simple, mais abondante et saine, a dit M. Rateau.

– Enlève bien la peau de ton saucisson, mon gros lapin, et mâche bien ! a crié la maman de Crépin à Crépin.

Et Crépin, ça n'a pas paru lui plaire que sa maman lui dise ça. Peut-être parce qu'il avait déjà mangé son saucisson avec la peau. Il faut dire que pour manger, il a des dynamismes terribles, Crépin. Et puis, on a eu du poisson.

– C'est bien meilleur que dans l'hôtel où nous étions sur la Costa Brava, a expliqué le papa de Crépin ; là-bas, l'huile…

– Les arêtes ! Attention aux arêtes, mon gros lapin ! a crié la maman de Crépin. Souviens-toi comme tu as pleuré à la maison, le jour où tu en as avalé une !

– J'ai pas pleuré, il a dit Crépin, et il est devenu tout rouge ; il avait l'air encore plus brûlé par le soleil qu'avant.

On a eu le dessert, de la crème, très chouette, et après M. Rateau a dit :

– Nous avons l'habitude, après les repas, de chanter quelques chansons.

Et puis M. Rateau s'est levé, il nous a dit : Attention !

Il a remué les bras, et on a chanté le coup, là, où il y a des cailloux sur toutes les routes, et puis après, celle du petit navire, où on tire à la courte paille pour savoir qui, qui, qui sera mangé, ohé ! ohé ! et le papa de Crépin, qui avait l'air de bien s'amuser, nous a aidés ; il est terrible pour les ohé ! ohé ! Quand on a eu fini, la maman de Crépin a dit :

– Lapin, chante-nous la petite balançoire !

Et elle a expliqué à M. Rateau que Crépin chantait ça quand il était tout petit, avant que son papa insiste pour qu'on lui coupe les cheveux, et c'est dommage, parce qu'il était terrible avec ses boucles. Mais Crépin n'a pas voulu chanter, il a dit qu'il la savait plus la chanson, et sa maman a voulu l'aider :

– Youp-là, youp-là, la petite balançoire...

Mais même là, Crépin n'a pas voulu, et il n'a pas eu l'air content que Bertin se mette à rigoler. Et puis M. Rateau a dit qu'il était l'heure de se lever de table.

Nous sommes sortis du réfectoire, et le papa de Crépin a demandé ce qu'on faisait à cette heure-ci, d'habitude.

– Ils font la sieste, a dit M. Rateau, c'est obligatoire. Il faut qu'ils se reposent et qu'ils se détendent.

– C'est très judicieux, a dit le papa de Crépin.

– Moi, je veux pas faire la sieste, a dit Crépin, je veux rester avec mon papa et ma maman !

– Mais oui, mon gros lapin, a dit la maman de Crépin, je suis sûre que M. Rateau fera une exception pour toi, aujourd'hui.

– S'il ne fait pas la sieste, je la fais pas non plus ! a dit Bertin.

– Moi je m'en fiche que tu fasses pas la sieste, a répondu Crépin. Moi, en tout cas, je la fais pas !

– Et pourquoi tu la ferais pas la sieste, s'il vous plaît ? a demandé Athanase.

– Ouais, a dit Calixte, si Crépin fait pas la sieste, personne la fait, la sieste !

– Et pourquoi je la ferais pas la sieste ? a demandé Gualbert. Moi j'ai sommeil, et j'ai le droit de faire la sieste, même si cet imbécile ne la fait pas !

– Tu veux une baffe ? a demandé Calixte.

Alors M. Rateau, qui a eu l'air de se fâcher tout d'un coup, a dit :

– Silence ! Tout le monde fera la sieste ! Un point, c'est tout !

Alors, Crépin s'est mis à crier, à pleurer, à faire des tas de gestes avec les mains et les pieds, et ça nous a étonnés, parce que c'est plutôt Paulin qui fait ça. Paulin, c'est un copain qui pleure tout le temps et qui dit qu'il veut retourner chez son papa et sa maman, mais là, il ne disait rien, tellement il était étonné d'en voir pleurer un autre que lui.

Le papa de Crépin a eu l'air très embêté.

– De toute façon, il a dit, nous devons repartir tout de suite, si nous voulons arriver cette nuit comme prévu...

La maman de Crépin a dit que c'était plus sage, en effet. Elle a embrassé Crépin, lui a fait des tas de conseils, lui a promis des tas de jouets, et puis elle a dit au revoir à M. Rateau.

– C'est très bien chez vous, elle a dit. Je trouve seulement que, loin de leurs parents, les enfants sont un peu nerveux. Ce serait une bonne chose, si les parents venaient les voir régulièrement. Ça les calmerait, ça leur rendrait leur équilibre de se retrouver dans l'atmosphère familiale.

Et puis, nous sommes tous allés faire la sieste. Crépin ne pleurait plus, et si Bertin n'avait pas dit : « Lapin, chante-nous la petite balançoire », je crois que nous ne nous serions pas tous battus.

Les vacances se terminent, et il va falloir quitter la colo. C'est triste, bien sûr, mais les enfants se consolent en pensant que leurs parents seront très contents de les revoir. Et avant le départ, il y a eu une grande veillée d'adieu au Camp Bleu. Chaque équipe a fait montre de ses talents ; celle de Nicolas a clos la fête en faisant une pyramide humaine. Au sommet de la pyramide, un des jeunes gymnastes a agité le fanion de l'équipe Œil-de-Lynx, et tout le monde a poussé le cri de ralliement : « Courage ! »

Courage qu'ils ont tous eu au moment des adieux, sauf Paulin, qui pleurait et qui criait qu'il voulait rester au camp.

Souvenirs de vacances

Moi, je suis rentré de vacances; j'étais dans une colo, et c'était très bien.

Quand nous sommes arrivés à la gare avec le train, il y avait tous les papas et toutes les mamans qui nous attendaient. C'était terrible : tout le monde criait, il y en avait qui pleuraient parce qu'ils n'avaient pas encore retrouvé leurs mamans et leurs papas, d'autres qui riaient parce qu'ils les avaient retrouvés, les chefs d'équipe qui nous accompagnaient sifflaient pour que nous restions en rang, les employés de la gare sifflaient pour que les chefs d'équipe ne sifflent plus, ils avaient peur qu'ils fassent partir les trains, et puis j'ai vu mon papa et ma maman, et là, ça a été chouette comme je ne peux pas vous dire. J'ai sauté dans les bras de ma maman, et puis dans ceux de mon papa, et on s'est embrassés, et ils m'ont dit que j'avais grandi, que j'étais tout brun, et maman avait les yeux mouillés et papa il rigolait doucement en faisant « hé hé » et il me passait sa main sur les cheveux, moi j'ai commencé à leur raconter mes vacances, et nous sommes partis de la gare, et papa a perdu ma valise.

J'ai été content de retrouver la maison, elle sent bon, et puis ma chambre avec tous les jouets, et maman est allée préparer le déjeuner, et ça c'est chouette, parce qu'à la colo, on mangeait bien, mais maman cuisine mieux que tout le monde, et même quand elle rate un gâteau, il est meilleur que n'importe quoi que vous ayez jamais mangé. Papa s'est assis dans un fauteuil pour lire son journal et moi je lui ai demandé :

— Et qu'est-ce que je fais maintenant ?

— Je ne sais pas moi, a dit papa, tu dois être fatigué du voyage, va te reposer dans ta chambre.

— Mais je ne suis pas fatigué, j'ai dit.

— Alors va jouer, m'a dit papa.

— Avec qui ? j'ai dit.

— Avec qui, avec qui, en voilà une question ! a dit papa. Avec personne, je suppose.

— Moi je sais pas jouer tout seul, j'ai dit, c'est pas juste, à la colo, on était des tas de copains et il y avait toujours des choses à faire.

Alors papa a mis le journal sur ses genoux, il m'a fait les gros yeux et il m'a dit : « Tu n'es plus à la colo ici, et tu vas me faire le plaisir d'aller jouer tout seul ! » Alors moi je me suis mis à pleurer, maman est sortie en courant de la cuisine, elle a dit : « Ça commence bien », elle m'a consolé et elle m'a dit qu'en attendant le déjeuner, j'aille jouer dans le jardin, que peut-être je pourrais inviter Marie-Edwige qui venait de rentrer de vacances. Alors je suis sorti en courant pendant que maman parlait avec papa. Je crois qu'ils parlaient de moi, ils sont très contents que je sois revenu.

Marie-Edwige, c'est la fille de M. et Mme Courteplaque, qui sont nos voisins. M. Courteplaque est chef du rayon de chaussures aux magasins du « Petit Épargnant », troisième étage, et il se dispute souvent avec papa. Mais Marie-Edwige, elle est très chouette, même si c'est une fille. Et là, c'était de la veine, parce que quand je suis sorti dans notre jardin, j'ai vu Marie-Edwige qui jouait dans le sien.

— Bonjour Marie-Edwige, j'ai dit, tu viens jouer dans le jardin avec moi ?
— Oui, a dit Marie-Edwige, et elle est passée par le trou dans la haie que papa et M. Courteplaque ne veulent pas arranger parce que chacun dit que le trou est dans le jardin de l'autre. Marie-Edwige,

depuis que je l'ai vue la dernière fois avant les vacances, est devenue toute foncée, et avec ses yeux tout bleus et ses cheveux tout blonds, ça fait très joli. Non, vraiment, même si c'est une fille, elle est très chouette, Marie-Edwige.

– T'as passé de bonnes vacances ? m'a demandé Marie-Edwige.

– Terribles ! je lui ai dit. J'étais dans une colo, il y avait des équipes, et la mienne c'était la meilleure, elle s'appelait « Œil-de-Lynx » et c'était moi le chef.

– Je croyais que les chefs c'étaient des grands, m'a dit Marie-Edwige.

– Oui, j'ai dit, mais moi, j'étais l'aide du chef, et il ne faisait rien sans me demander. Celui qui commandait vraiment, c'était moi.

– Et il y avait des filles, dans la colo ? m'a demandé Marie-Edwige.

– Peuh ! j'ai répondu, bien sûr que non, c'était trop dangereux pour les filles. On faisait des choses terribles, et puis moi, j'ai dû en sauver deux qui se noyaient.

– Tu racontes des blagues, m'a dit Marie-Edwige.

– Comment des blagues ? j'ai crié. C'est pas deux fois, mais trois, j'en avais oublié un. Et puis à la pêche, c'est moi qui ai gagné le concours, j'ai sorti un poisson, comme ça ! et j'ai écarté les bras autant que je pouvais et Marie-Edwige s'est mise à rigoler comme si elle ne me croyait pas. Et ça, ça ne m'a pas plu ; c'est vrai, avec les filles on ne peut pas parler.

Alors, je lui ai raconté la fois où j'avais aidé la police à retrouver un voleur qui était venu se cacher dans le camp et la fois où j'avais nagé jusqu'au phare et retour, et tout le monde était très inquiet, mais quand je suis revenu à la plage, tout le monde m'avait félicité et avait dit que j'étais un champion terrible, et puis la fois aussi, où tous les copains du camp s'étaient perdus dans la forêt, pleine de bêtes sauvages, et moi je les avais retrouvés.

— Moi, a dit Marie-Edwige, j'étais à la plage avec ma maman et mon papa, et je me suis fait un petit copain qui s'appelait Jeannot et qui était terrible pour les galipettes…

— Marie-Edwige ! a crié Mme Courteplaque qui était sortie de la maison, reviens tout de suite, le déjeuner est servi !

— Je te raconterai plus tard, m'a dit Marie-Edwige, et elle est partie en courant par le trou de la haie.

Quand je suis rentré dans ma maison, papa m'a regardé et il m'a dit : « Alors, Nicolas, tu as retrouvé ta petite camarade ? Tu es de meilleure humeur maintenant ? » Alors, moi, j'ai pas répondu, je suis monté en courant dans ma chambre et j'ai donné un coup de pied dans la porte de l'armoire.

C'est vrai, quoi, à la fin, qu'est-ce qu'elle a Marie-Edwige à me raconter des tas de blagues sur ses vacances ? D'abord, ça ne m'intéresse pas.

Et puis son Jeannot, c'est un imbécile et un laid !

Table des matières

Le Petit Nicolas

Un souvenir qu'on va chérir, 9

Les cow-boys, 19

Le Bouillon, 27

Le football, 37

On a eu l'inspecteur, 45

Rex, 55

Djodjo, 63

Le chouette bouquet, 71

Les carnets, 81

Louisette, 89

On a répété pour le ministre, 97

Je fume, 105

Le Petit Poucet, 115

Le vélo, 123

Je suis malade, 131

On a bien rigolé, 139

Je fréquente Agnan, 147

M. Bordenave n'aime pas le soleil, 157

Je quitte la maison, 165

Les récrés du Petit Nicolas

Alceste a été renvoyé, *177*

Le nez de tonton Eugène, *185*

La montre, *193*

On fait un journal, *201*

Le vase rose du salon, *211*

À la récré, on se bat, *219*

King, *227*

L'appareil de photo, *235*

Le football, *243*

Le musée de peintures, *265*

Le défilé, *273*

Les boy-scouts, *279*

Le bras de Clotaire, *287*

On a fait un test, *295*

La distribution des prix, *301*

Les vacances du Petit Nicolas

C'est papa qui décide, *311*

La plage, c'est chouette, *319*

Le boute-en-train, *327*

L'île des Embruns, *335*

La gym, *341*

Le golf miniature, *349*

On a joué à la marchande, *357*

On est rentrés, *365*

Il faut être raisonnable, *373*

Le départ, *381*

Courage ! *391*

La baignade, *401*

La pointe des Bourrasques, *409*

La sieste, *417*

Jeu de nuit, *425*

La soupe de poisson, *433*

Crépin a des visites, *441*

Souvenirs de vacances, *451*

René Goscinny

René Goscinny est né à Paris en 1926 mais il passe son enfance en Argentine. « J'étais en classe un véritable guignol. Comme j'étais aussi plutôt bon élève, on ne me renvoyait pas. » Après une brillante scolarité au collège français de Buenos Aires, c'est à New York qu'il débute sa carrière au côté de Harvey Kurtzman, fondateur de *Mad*. De retour en France dans les années cinquante, il collectionne les succès. Avec Sempé, il imagine *Le Petit Nicolas*, inventant pour lui un langage et un univers qui feront la notoriété du désormais célèbre écolier. Puis Goscinny crée *Astérix* avec Uderzo. Le triomphe du petit Gaulois sera phénoménal. Auteur prolifique, il est également celui de *Lucky Luke* avec Morris, d'*Iznogoud* avec Tabary, des *Dingodossiers* avec Gotlib... À la tête du légendaire magazine *Pilote*, il révolutionne la bande dessinée. Humoriste de génie, c'est avec *Le Petit Nicolas* que Goscinny donne toute la mesure de son talent d'écrivain. C'est peut-être pour cela qu'il dira : « J'ai une tendresse toute particulière pour ce personnage. » René Goscinny est mort le 5 novembre 1977, à cinquante et un ans. Il est aujourd'hui l'un des écrivains les plus lus au monde.

www.goscinny.net

Jean-Jacques Sempé

Jean-Jacques Sempé est né à Bordeaux le 17 août 1932. Élève très indiscipliné, il est renvoyé de son collège et commence à travailler à dix-sept ans. Après avoir été l'assistant malchanceux d'un courtier en vins et s'être engagé dans l'armée, il se lance à dix-neuf ans dans le dessin humoristique. Ses débuts sont difficiles, mais Sempé travaille comme un forcené. Il collabore à de nombreux magazines : *Paris-Match*, *L'Express*...

En 1959, il « met au monde » la série des *Petit Nicolas* avec son ami René Goscinny. Il a, depuis, publié de nombreux albums. Sempé, dont le fils se prénomme bien sûr Nicolas, vit à Paris (rêvant de campagne) et à la campagne (rêvant de Paris).

Dans la collection Folio Junior, il est l'auteur de *Marcellin Caillou* (1997) et de *Raoul Taburin* (1998) ; il a également illustré *Catherine Certitude* de Patrick Modiano (1998) et *L'Histoire de Monsieur Sommer* de Patrick Süskind (1998).

Retrouvez le héros
de **Sempé** et **Goscinny**

dans la collection

LE PETIT NICOLAS ET LES COPAINS

Mon premier a un papa qui lui achète tout ce qu'il veut. Mon deuxième est le chouchou de la maîtresse. Mon troisième est le plus costaud. Le papa de mon quatrième est agent de police. Mon cinquième est le dernier de la classe. Mon sixième, qui est très gros, aime manger. Mon tout est la plus chouette bande de copains qui ait jamais existé : Geoffroy, Agnan, Eudes, Rufus, Clotaire, Alceste... et le Petit Nicolas !

LE PETIT NICOLAS A DES ENNUIS

Tout le monde peut avoir des ennuis. Quand il s'agit du Petit Nicolas et de ses copains : Alceste, Eudes, Maixent, Agnan, Clotaire, Geoffroy et Rufus, les ennuis peuvent devenir terribles ! Surtout si le directeur de l'école ou le Bouillon s'en mêlent ! Mais avec le Petit Nicolas, les choses finissent toujours par s'arranger… même si rien ne se passe d'une façon très logique !

LA RENTRÉE DU PETIT NICOLAS

En classe, la maîtresse est vraiment chouette. Même quand elle punit Clotaire, qui est le dernier. Et pendant la récré, avec les copains, si on évite le Bouillon (c'est le surveillant), on peut se battre et jouer à des jeux incroyables. C'est pourquoi Nicolas, Alceste, Geoffroy, Eudes, Clotaire, Maixent, Rufus, Joachim et Agnan, le chouchou, ont toujours hâte de retourner à l'école.

LES BÊTISES DU PETIT NICOLAS

Ensemble, le Petit Nicolas et ses copains s'amusent beaucoup. Il faut dire qu'à la maison, au cirque, à la fête foraine ou en retenue, ils ont toujours des idées chouettes comme tout, même si le surveillant, le directeur, la maîtresse, les parents, les voisins et le patron de papa n'ont pas l'air d'être de cet avis… Pourtant, Nicolas et ses amis ne font jamais de bêtises, c'est vrai quoi à la fin !

LE PETIT NICOLAS ET SES VOISINS

D'après le papa de Nicolas, entre voisins, il faut s'entraider. C'est sans doute pour ça qu'il aime tant taquiner M. Blédurt, qui habite la maison d'à côté. Et ce n'est pas M. Courteplaque, le nouveau voisin, qui dira le contraire, surtout depuis que le papa de Nicolas l'a apprivoisé. M. Courteplaque, c'est le papa de Marie-Edwige, qui est une fille et qui est très chouette, comme voisine.

LE PETIT NICOLAS VOYAGE

Ce qui est bien à la maison, c'est qu'on peut s'amuser avec maman, faire des mots croisés très difficiles avec papa ou téléphoner à Alceste. Mais, en train ou en avion, en Bretagne ou en Espagne, quand on part en vacances, on est drôlement content parce que c'est toujours une aventure terrible ! Après, on a des tas de souvenirs à raconter aux copains quand on rentre à l'école…

LES SURPRISES DU PETIT NICOLAS

Fêter l'augmentation de papa au restaurant, faire des grimaces au lama du zoo avec Alceste, goûter avec l'insupportable cousin Éloi, aller voir les vitrines des grands magasins avec des tas de lumières partout et des gens qui klaxonnent... La vie du Petit Nicolas est pleine de surprises. Mais quand Nicolas répète le gros mot qu'a dit Eudes à la récré, ce sont ses parents qui sont surpris...

LE PETIT NICOLAS, C'EST NOËL !

Ce qui est bien à Noël, c'est qu'il y a tout un tas de choses à faire à la maison : maman prépare un dîner terrible. Papa a fait une chouette étincelle en décorant le sapin avec les petites ampoules qui brillent et après il a dit un gros mot. M. Blédurt rigole beaucoup et maman trouve que ça n'avance pas très vite… Heureusement, le Petit Nicolas est là, et il aide drôlement !

LE PETIT NICOLAS S'AMUSE

Dans la vie, le Petit Nicolas aime bien s'amuser. Faire un puzzle avec papa, partir en pique-nique avec le voisin M. Blédurt, retrouver ses cousins Roch, Lambert et Éloi au mariage de Martine, c'est drôlement chouette. Et avec les copains, quand on joue à la corrida, au ballon ou à un jeu de société, ça se termine toujours par des bagarres terribles ! Il faut dire que les copains, c'est tous des guignols !

LES BAGARRES DU PETIT NICOLAS

Qui est aussi redoutable que le pirate Barbe-Rouge ? Qui fait les plus belles boules de neige de l'école ? Qui aime bien donner des coups de poing sur le nez des copains ? Qui n'aime pas trop les chouchous des maîtresses ? Qui vise le mieux à la pétanque ? Qui fait des grimaces terribles ? C'est le Petit Nicolas, non mais sans blague !

LE PETIT NICOLAS – LE BALLON
ET AUTRES HISTOIRES INÉDITES

Manger des œufs de Pâques à s'en rendre malade, pousser le chariot de la nouvelle épicerie ou faire éclater un ballon au nez de M. Blédurt, le voisin, ça, c'est chouette comme tout ! Mais passer pour un guignol parce qu'on porte un pull-over avec des canards dessus, ça devrait être interdit… Heureusement, il y a toujours le Grand Cirque des Copains pour rigoler : oui, monsieur, c'est vrai, avec des galipettes et des cacahouètes à l'entrée !

folio junior

Le Petit Nicolas, n° 940

Les récrés du Petit Nicolas, n° 468

Les vacances du Petit Nicolas, n° 457

Le Petit Nicolas et les copains, n° 475

Le Petit Nicolas a des ennuis, n° 444

La rentrée du Petit Nicolas, n° 1474

Les bêtises du Petit Nicolas, n° 1468

Le Petit Nicolas et ses voisins, n° 1475

Le Petit Nicolas voyage, n° 1469

Les surprises du Petit Nicolas, n° 1489

Le Petit Nicolas, c'est Noël ! n° 1557

Le Petit Nicolas s'amuse, n° 1530

Les bagarres du Petit Nicolas, n° 1569

Le Petit Nicolas, le ballon, n° 1592

Découvrez également :

Les premières histoires du Petit Nicolas

Histoires inédites du Petit Nicolas
Volume 1 et volume 2

Le Petit Nicolas – Le ballon
et autres histoires inédites

Le Petit Nicolas
Les récrés du Petit Nicolas
Les vacances du Petit Nicolas
Le Petit Nicolas et les copains
La rentrée du Petit Nicolas
Le Petit Nicolas, c'est Noël !

Le Petit Nicolas en latin
Le Petit Nicolas en langue corse
Le Petit Nicolas en breton
Le Petit Nicolas en yiddish
Le Petit Nicolas en arabe maghrébin

IMAV éditions

Le papier de cet ouvrage est composé de fibres naturelles, renouvelables, recyclables et fabriquées à partir de bois provenant de forêts gérées durablement.

Loi n° 49-956 du 16 juillet 1949
sur les publications destinées à la jeunesse
ISBN : 978-2-07-066015-5
Numéro d'édition : 271922
Premier dépôt légal dans la même collection : février 1988
Dépôt légal : juin 2014

Imprimé en Italie par Grafica Veneta